新闻四部曲之二

A PRIZE JUDGE'S VIEW

WHAT MAKES REPORTS BETTER

评委笔记

新闻绿叶的脉络

梁衡 著

中国人民大学出版社
·北京·

图书在版编目（CIP）数据

评委笔记：新闻绿叶的脉络/梁衡著．—北京：中国人民大学出版社，2018.10
（新闻四部曲）
ISBN 978-7-300-26227-7

Ⅰ.①评…　Ⅱ.①梁…　Ⅲ.①新闻写作　Ⅳ.①G212.2

中国版本图书馆 CIP 数据核字（2018）第 208997 号

新闻四部曲
评委笔记
新闻绿叶的脉络
梁　衡　著
Pingwei Biji

出版发行	中国人民大学出版社		
社　　址	北京中关村大街 31 号	**邮政编码**	100080
电　　话	010－62511242（总编室）		010－62511770（质管部）
	010－82501766（邮购部）		010－62514148（门市部）
	010－62515195（发行公司）		010－62515275（盗版举报）
网　　址	http://www.crup.com.cn		
经　　销	新华书店		
印　　刷	涿州市星河印刷有限公司	**版　　次**	2009 年 6 月第 1 版
开　　本	720 mm×1000 mm　1/16		2018 年 10 月第 2 版
印　　张	18 插页 2	**印　　次**	2024 年 2 月第 2 次印刷
字　　数	242 000	**定　　价**	68.00 元

图1　1994年在新闻出版署办公室，时任副署长。

图2

本书原名《新闻绿叶的脉络》，这是本书的部分版本。

图3

图4　1990年，时任新闻出版署报纸司司长，视察《闽北报》铅排车间。

图5　1990年视察广州期刊出版工作。

图6　1993年与赵朴初先生共商佛教文化期刊的出版。

图7　1995年8月《觅渡，觅渡，渡何处？》一文发表，
翌年会见瞿秋白的女儿瞿独伊老人。

图8 1995年在书房，翻开新出版的《新闻绿叶的脉络》，即本书的初版。

图9 1995年在贵阳主持全国报刊工作会议，全体代表合影。

图10　1998年在宜昌主持全国地方报纸研讨会。

图11　1998年在宜昌主持全国地方报纸研讨会，全体合影。

图12　1998年在延安主持全国书市开幕式。

图13　1998年在湛江主持全国百好报纸评比，会后为乒乓球邀请赛开球。

图14　2001年在长春接受记者采访。

总　序

从大学毕业到退休，我这一生的公务年龄都是在新闻这个平台上度过的。全部时间中正好有一半是做新闻业务，一半是做新闻管理。而且是干几年业务，又做几年管理，再回归业务，两面体验，交错而行。县委宣传部干事、省报驻县记者、省委宣传部干事、中央报纸驻省记者、国家新闻出版署官员、《人民日报》副总编。管过人，也被人管。新闻人如我这样的夹馅面包，并不多见。其中甘苦只有自知。就是退休之后，也还在大学带博士生，在为报纸写文章，总之是没有离开新闻业务。此生难脱新闻的干系了。

我大学学的专业并不是新闻。一个外行，一步步走入新闻殿堂。我总觉得自己是个外来户，一方面心存怯懦，如履薄冰，小心观察，谨慎体悟，孜孜以求。另一方面，没有旧框子、旧规矩，常有奇想，时有新论。我有一个顽固的习惯，不论是从事管理工作、新闻写作还是文学创作，都不盲目跟行前车之辙，总想在实践的同时弄清它的理论根据，走自己的路。我把这比作“打着灯笼走路”。

中国古代的学术研究有一个好的传统，就是联系实际探求理论。但这个理论绝不枯燥，探求的过程也不艰涩，是寓研究于体味、把玩、欣赏之中。这就是诗话、词话、笔记这一支。这有点类似现代西方的案例教学，但现在的教学有事，有理，却少有其美。中国画的教学作品叫“课徒稿”(比现在电脑课件要早好多年)，是教师边画边讲演示技法的手稿，有其法，有其理，却又一样地美。有的简直成了传世名作，如著名的《芥子园画谱》。鲁迅小时候，在私塾里除学正课外还偷偷地临它，可见其吸引力，至少说明它不枯涩。这大概就是列宁说的笑谈真理。我从小就喜欢诗话、笔记体的学术书，后来做了新闻，便以这种方式边实践边探寻新闻写作和管理的原理。积以时日，当我告别新闻平台时便有了现在这个“新闻四部曲”。它不是作品集，是作品加剖析；也不是回忆录，是回忆加反思。它是我自己几十年在新闻之路上使用过来的一盏照路的灯笼，或一根跋涉用的拐杖。

“四部曲”其实是我一生所亲历的四种新闻业务人身份的忠实记录。

第一部《记者札记：没有新闻的角落》，是我 1978 年到 1987 年在《光明日报》驻基层记者站期间新闻作品的自我剖析。本来记者你我，大同小异，并无可记之处。但这里有两点特殊。一是，这九年正是中国经“文革”大乱之后的一个复兴转折期。这些文字中所记的人物、事件、思想都已超出新闻而有了时代印痕，对研究那一时期社会可资参考。二是，以个人而言，可以看出一个小记者的成长过程。九年来我以大报记者身份沉在最基层，初出茅庐，含辛茹苦，格外小心，因之也有一些特殊的收获。这期间曾获得“全国好新闻奖”“青年文学奖”“全国优秀科普作品奖”，还有四篇作品入选中小学语文教材，有作品入选大学新闻教材。这本书原名《没有新闻的角落》，本意是一个记者在不大出新闻的地方，如何抓到新闻，有所作为。该书 1990 年 7 月由山西书海出版社初版，后又经新华出版社、人民出版社先后再版、重印 14 次，影响过一代新闻人。书中归纳出的一些新闻法则、警句也广为流传，如“记者出门跌一跤，也抓一把土”“三点一线采访法”等。

第二部《评委笔记：新闻绿叶的脉络》，是我在新闻出版署工作期间担任各种新闻奖项评委时的随笔。时间约是 1987 年到 2000 年。当时的管理工作分两条线，一是报纸的行政管理，二是报纸内容的质量管理。为配合行政管理，我每年都要主持和组织各种新闻作品评奖。没有哪一个新闻人不梦想得奖、一稿成名的。评奖过程，最能看出作者的拳路和作品的写作脉络。但过去人们较多地关注得奖名次，而忽略了作品上榜或落榜的理由。这是新闻研究中的一大空白，也是纯新闻院校或一个新闻单位自身难以做到的。必须有一个机构能统筹全国和各方之力。我有幸参与其中。评奖过程，其实就是对作品的解剖，是案例教学，是大赛后的复盘，是“顺瓜摸藤”逆求新闻原理和新闻写作方法。工作之便，我保存了大量送评原稿，这本研究笔记就是一一辨析作品的得失，它们上榜、落榜的原因，并尽量上探其源，分别归纳为采访、写作、原理等八个方面。该书原名《新闻绿叶的脉络》，1995 年 5 月由新华出版社出版，先后五次再版、重印。这次略有补充修订。

第三部《署长笔记：新闻原理的思考》，是我在新闻出版署期间的工作记录和全局性的理论、政策思考笔记，包括一些重要的职务性讲话、调研报告、案例资料。当年机构初立，百废待兴，这是一份摸索求真的探路实录。1987 年国家组建新闻出版署，我从基层记者站直接调到国家机关。时间跨度是 1987 年到 2000 年，曾先后任研究室主任、司长、副署长，从事新闻出版的行政管理。在这之前，国家没有专门的新闻出版研究机构。理论思维的习惯使我在管理之余读书、调研，探求一些新闻出版的原理，所以当初这本书 1996 年 8 月由人民出版社首次出版时就定名为《新闻原理的思考》。该书先后四次再版、重印，书中提出了一些重要原理，如新闻的新定义、报纸的四个属性等。

第四部《总编手记：版面背后的故事》，是 2000 年到 2006 年底我在《人民日报》任副总编期间的策划和改稿记录，及退休后为报纸写的少量时评。说是记录，但不是流水账，重在展示思考和操作过程。同是研究怎样写稿，但该书与《记者札记》《评委笔记》的角度完全不同。首先，它强调站在全局看一点，一稿牵全局，特别是头条稿的编排使用。实际上是讲怎样当总编。虽然是一个具体改稿过程，但心里总是想着整张报纸，想着新闻与社会。其次，由于负有领导之责，所以由稿及人，也总是着眼于队伍素质的提高，间或还有一些尖锐批评。让部下难堪、哭鼻子的事也曾有过。另外，书中文章不只是改稿，更多的时候是选题、策划、版面、新闻思想等宏观层面的运筹。书中内容大都是在夜班审稿、编前会定稿、出报后评稿时的批语、发言，间有一些编报背后的故事。这些文章大都在业务研究刊物上发表过。这本书 2008 年由中国人民大学出版社初版，先后四次再版、重印。这次出版时为体例统一加了一个副题《版面背后的故事》。

本来在2008年时中国人民大学出版社曾将《记者札记》《评委笔记》《总编手记》作为“跟梁衡学新闻书系”出版，现都已售罄。当时主要考虑《署长笔记》偏重宏观理论和管理，未收入丛书。随着时间推移，《署长笔记》的史料和理论价值愈加显现，所以这次便合收为一套完整的“新闻四部曲”，以备学者和一般读者查用。

这套丛书，时间跨度从1978年到2018年，客观上记录了我国改革开放后新闻业发展过程中的一个侧面，也记录了一个新闻人的成长。这是一件没有刻意包装，甚至没有特别打磨的产品。四本书严格保持原来的时空背景，只是修订时为论证方便，使用了后来见报的个别例子，这是需要提醒读者的。之所以这样，是想保持一点原生态，为新闻史和研究工作者留一点资料，同时也是敞开心扉与同行切磋交流。

感谢我的母校中国人民大学的出版社能出版这套体例特别的书，愿读者能够喜欢。

梁衡

2018年5月10日

第四版序

本书原名《新闻绿叶的脉络》，是我 1987—2000 年在新闻出版署任职期间，主持或参与各种全国性新闻评奖时对得奖或落选作品的意见，或事后的研究。其本意很清楚，就是把一篇稿子当作一片绿叶，抽出其中的脉络。一篇稿子好不好，不只是贴一个标签，或打一个分数，而是要说出其中的道理。全国各种新闻评奖是研究稿件写作的最好机会。可惜我们大部分时候是投票了事，大家只注重结果。我因学术所好，就多留了一份心，来分析其构成和脉络。这是一种案例研究，涉及采访、立意、写法、标题，甚至新闻原理等等。与《记者札记》不同，那是解剖自己的稿子，这是解剖别人的稿子，多了一分旁观者清的味道。又因为是研究问题，除了列举成功之例，也不免要举失败或欠佳之例，要请作者谅解。总之，是历年新闻评奖的如实的记录和思考。

本书 1995 年初版、1997 年二版、2002 年三版，收入《梁衡文集》时列为第五卷，其间重印多次。这次中国人民大学出版社编“跟梁衡学新闻书系”时又收入几篇，并有所改动，更名为《评委笔记》，应是第四版了。这些案例虽已有些岁月，但有的已沉淀成新闻教学和研究的经典案例，相信对现在的读者还有一些参考价值。

是为序。

梁　衡

2009 年 4 月 2 日

新闻有学，学在有无中（初版序）

因为工作关系，我常参加各种全国性的新闻作品评奖。我是把这件事当作学问来做的。我们国家这样大，报刊这样多，能够在全国得奖是凤毛麟角。经过一级一级筛选而送上来的稿子，绝大多数是精品，其中饱含着新闻写作的道理和方法。所以每次评奖都大有收益，仿佛重上了一堂写作课。但同时也会发现一些稿子有毛病，甚至有的违反新闻原理和常识，有的不合语言规律。试想一篇稿从记者落笔、编辑编稿、部主任改稿、值班总编定稿，再经过各级评委认可，一级一级送上来，要过多少关，但还是不能尽如人意，可想平时报纸上的粗糙之作又有多少。每到这时我耳边就响起社会上流传的那句话："新闻无学。"新闻界是最不爱听这种话的，这是一种无法忍受的蔑视。但是再转念一想，如果现在是评一篇国家级的科学论文呢？恐怕不会有这个笑话。看来有学无学之争还要认真对待一下。

"新闻无学"论者有三方面的根据。一是，你那个新闻稿简直是大白话，有啥说啥，见啥写啥，和我们平时讲话、写信，甚至打电话、捎个口信差不多，有什么特别之处？二是，新闻稿谁都能写，只要有个初中文化，句子通，字不错就行了，不要专门训练。试看报社门外的通讯员有多少，报社门内没有学过新闻的又有多少，不是照样写新闻？三是，课堂上专门传授的业务也没有什么深奥之处，比不得物理、化学，甚至也比不得音乐、美术。

应该说这里所举的三方面都有道理，但这是外行人的眼光，没有看到深处。新闻是大白话，一般人也会写两下，但白话未必就好写。人人要吃饭，家家要做饭，够得上厨师的毕竟是少数，这里有学问。人人能走路，能当竞走运动员的也是少数，这里也有学问。新闻，偶一为之，人皆可写，但要写成个新闻样，写出好新闻，或者就某人来说，他所有的新闻稿都不犯错，这就难了。这就用得着规律，用得着技巧，要掌握它的学问了。新闻肯定有学问，这个问题不容置疑。主要是外行人看不懂，不知道新闻的学问在哪里，干脆就说新闻无学。正如我们看竞走，觉得不如技巧、球类比赛复杂（或者说好看），就以为这里无学问。所以新闻有学无学，实质上是新闻的学问在哪里。

新闻有学，学在有无中。

新闻的学问为什么不为人注意？因为它的学问被化掉了，化作似有似无，化在了政治、经济、文学、艺术、哲学、科学以及各种专业知识和生活知识之中，化在各行业、各种人身上。大家都能感觉到它，就觉得很平常，平常到和没有一样。就如空气，常被人看作是"空"的，但要是一认真，就发现这"空"中还有氧，有氮，有氦、氖、氩、氪、氙，有温度、湿度，有空气动力学，等等。

学问大约可以分为两种。一是很专、很深，也就很窄。这种学问所从事的人少，相对来讲外行就多，就越显得神秘，越显得有学问。另一种学问是知识面广，包含的内容多，如文学、政治等，从事的人多，相对来讲外行就少，大家都知道一点，就不太神秘了，以至于好像没有什么学问。比如政治，在许多人眼里不是学问，是当官，是权术，是斗争。殊不知政治是包容最多的学问。新闻也是受了这种冤枉。世界真不公平，你越小、越少、越窄，人家倒越怕你；越大、越多、越宽，人家倒轻视你，侮慢你。比如，一根棍子，人人可以随便扛着、提着、抱着，摸来摸去。要是一根针呢？却小心翼翼，决不敢随便放在口袋里。

外行人怎么看新闻，这不怕，也无关大局。怕的是我们自己怎么看，怎么做。新闻记者和通讯员中有相当一部分人也认为新闻无学，或者不知道新闻"学"在何处。他们长年，甚至一生都在马马虎虎地写，总在重复着三流、四流的稿子，以为这就是新闻，从而给新闻无学论者提供了以上的根据。这一方面是因为不少同志没有专门学过新闻，没有仔细地辨析并把握住新闻的个性；另一方面是因为新闻中融进了太多的其他行业的知识，即使学了专业，不再刻苦地、不断地充实自己也不行。还有，人不聪明，少悟性也不行。难矣，新闻。新闻的作用很多，它除了传播信息，还有宣传教育、指导工作、普及知识、批评监督等功能，我们在运用新闻这个手段时，常常有一种错觉，忘记了手里使用的正是新闻。新闻这个框子又实在是太大了，它很容易装进其他东西，也经常装满了其他东西，所以有时也会产生错位。比如在新闻和文学之间就常闹笑话。经常有写得如小说、散文一样的作品，被当作好新闻得奖，甚至还拿到大学新闻系的课堂上去做范文。搞文学的人当然要窃笑我们新闻无学了。

新闻用处既多，框子又大，内外这么一化，粗看起来，也就没有什么学问了。我想了半天，以新闻比国画，是再合适不过的了。记得 1994 年我儿子考上了美术系，我带他去见老师。一见面，教授的第一句话就是："国画是画文化。"真是精辟之至。确实，纸上的那几笔墨痕硬是代表了你的文学、艺术、历史、书法、修养、气质、阅历及各科知识。如果哪个方面（比如历史）缺一点儿，任你将笔抡圆，使出关公耍大刀的力气，也还是洒不出所要的那一点水。行家一看："三流！"写到此，我不禁想起国内一家大报上曾发表过一幅国画，题目是《李白月下宴桃》。有点古文常识的人都知道李白的名文《春夜宴诸从弟桃李园序》，怎么变成李白请桃子吃饭了呢？这样的修养怎么能搞国画？画家无学，这样的画登在报上，我们也只好让人家说新闻无学了。1987 年，国门初开，时在广州，我第一次陪外宾在白天鹅宾馆吃饭，一顿饭数千元。我说怎么能值这么多？主人笑道："你以为这只是吃饭吗？我们来这里是吃高级灯光、音乐，吃小姐的微笑。"说得深刻。那回着实开导了一下我这个"老外"，我永远记住了这个分析，就是一个普通的吃饭也这么多学问，何况皇皇新闻呢！

那么，一篇新闻稿里究竟含有什么呢？主要包括：一、新闻的基本原理、功能；二、作者的人品和政治修养、社会责任感、工作作风，比如是否深入、顽强，能不能吃苦、牺牲；三、作者的知识修养和写作技巧，包括文学、艺术、思维、语言、各科知识、社会阅历等等，及这些东西的综合运用。这一堆东西都凝结在那一张薄薄的稿纸上，凝结在几百字的消息中。

你有很多知识，别人未必知道你文章的好坏，但看你的文章就知道你知识的厚薄和技巧的生熟。因为写作是创造，是一个既要准备米，又要做成饭的过程。我以为研究新闻的一个好方法就是把稿子拿来透视，这里面的学问是大学讲义里所没有的。所以，我在每次评奖之后总是把那些有代表性的稿子留下来，不管它是得奖的还是落榜的，只要其中有一二可资研究，就写成点评文章，目的是透过稿纸研究新闻写作的道理和渊源。这样从 1991 年 10 月发表第一篇评奖随笔起，三年多来我共写了 47 篇，取名为《新闻绿叶的脉络》，1995 年 5 月出版第一版，以后多次重印。这次重新出版时又加入了几篇新稿。

梁　衡

1994 年 12 月初序

2002 年 6 月三版再改

目　录

第一编　什么是新闻

第三编 怎样写稿

第四编 怎样拟标题

第五编 怎样写评论

第六编 新闻的编辑与策划

第一编

什么是新闻

七字标准

现在各地都有大大小小的新闻评奖。到底什么样的稿算好稿，能得奖，无统一标准，也难有一刀切的标准。但就像好质量检查员手中总得有把卡尺一样，我自己看稿时一般是用这七个字来衡量：大、新、深、快、短、活、强。就是说：取材要大、达意要新、挖掘要深、抢发要快、文字要短、写法要活、效果要强。这七个字又可分成三组看，“大、新、深”是从内容方面要求；“快、短、活”是从形式或技巧方面要求；“强”是换一个角度，从读者接受方面来考察。

大，指取材。记者向读者传播信息，当然是要拣重大信息、有轰动效应的信息，在一定时间或地域内总是有一些为大多数人共同注目的事件。将这种信息传递出去是记者的首要选择。比如，1991 年夏天，全世界都在关注海湾战争；奥运会期间，各国都在关注本国选手的成绩；平时国家政权的变动、重大政策的出台、突发事件的出现等等。这种消息内容大，覆盖面广，易引起反响，有天然的竞争优势。总编辑为报纸选头条，主要是考虑这类题材。从评奖角度说，它占有天然的优势。

新，有两层意思，一是刚发生的新鲜事，二是老事情新角度，由这个新角度所揭示的新内容。苏轼庐山诗：“横看成岭侧成峰，远近高低各不同。”角度出新意。新闻是捕捉新的信息，但现实生活中常常不可能每天一个新花样，也有许多重复来重复去、让人看惯听腻了的东西，比如会议报道、春种秋收消息、年终完成计划、科技成果消息等。过去我当记者时最愁写教育新闻，学校按部就班的生活，教师崇高又平凡的工作，像一块纯洁透明的平板玻璃，你的笔很难切入新角度，这很考验记者的真功夫。尽管我们强调新闻的客观公正，但从自然信息到新闻信息，这过程中已无疑有了记者的再创造。记者常常就是借这一点机会、这块用武之地在旧题材下换新角度，从而换出新意，竞争过对手。

深，指稿件所揭示的问题的深度。信息并不是事物本身，比如我们看海湾战争的消息，并没有看到战争现场。信息是事物的表象、特征和外部信号。这些表象的东西有时反映本质，有时不反映本质。一条新闻的深浅或它的价值大小，就看记者通过信息反映事物的本质的程度如何。

快，指事情发生的时间与稿件见报时间的距离。评奖时一般先看一下这时间差。快速传播是新闻的特点，也是检验记者抢采抢发、编辑独具慧眼、为好稿让路的一个标尺。

短，指篇幅。虽然有话则长，无话则短，但基于快速传播和增大报纸信息量的总体要求，新闻稿要短，这是个基本尺度，也是要经常大声倡导、时时提醒的。新闻求短，如逆水行舟，稍一疏忽，长风就起。

活，指技巧。新闻是天生呆板的文体，它既要客观真实不得巧构编造，又要快速抢发，无暇修饰雕琢，为适应此还形成了一个固定模式。因此怎么在程式中求变，呆板中现活，便是一个难题。谁能突破便是木秀于林，该有所奖。

强，指反馈效果。衡量一篇稿子的好坏除分析稿子本身的各要素外，还要看它经实践检验的结果。作品的效果是由作者和读者共同完成的，正如美学中讲的接受美学，还要看接受一方是否配合，而许多作品的效果常常是作者自己也始料不及的。美国女作家斯陀夫人写的《汤姆叔叔的小屋》引发了解放黑奴的南北战争。林肯总统曾把斯陀夫人称为“发动南北战争的小妇人”。新闻评奖一般都在一年之后，有充分的时间观察它在社会上的反馈效果。

“大、新、深、快、短、活、强”这七个字基本上概括了一篇好稿各方面应具备的要素。这是一个综合指标，在实际运用中可能这一方面强些，另一方面弱些。因为一篇好稿要受客观素材、作者能力、所处条件、读者对象等诸多因素的制约，甚至一些技术问题也能影响到这稿子的命运。记者在写稿时对这七个方面不能平均追求，要审时度势，突出一点，以长补短。比如发现一个重大题材的新闻，就用最快速度发回，不要顾及其他。像《史记》上樊哙将军说的："大行不顾细谨，大礼不辞小让。"如果是时间性不强的新闻，在"大"和"快"上已失去优势，便要小心设计、精雕细刻，在"深"和"活"上做文章。这叫"夏粮丢了秋粮补"。比如在 1991 年全国抗洪救灾优秀新闻奖评比中，新华社采写的一篇《国家防总 24 小时》，从防汛总指挥部这个核心来写，无疑占了"大"的便宜。《人民前线报》发的一篇《夫妻对话 100 秒》写救灾前线的一个小镜头，生动活泼，也很动人。两稿同样得奖。犹如一幅十米长卷与一帧精绘扇面，或者一部《三国演义》与只有 81 个字的《陋室铭》，都一样可以传世，当然也一样可以得奖。总之，七个字加起来是 100 分，也许七字均摊得分，一字就占去 80 分。

（1992 年 4 月 1 日）

第一不都是新闻

在第二届全国现场短新闻评选中有一篇题为《羊年第一“羔”》的参评稿。说的是1991年，农历羊年的正月初一，天津妇产科医院里接生了第一个孩子。记者为写此稿不辞辛苦，半夜守在产房，终得此“现场新闻”。这篇稿未得奖。

我们许多记者爱抓“第一”“之最”之类的稿，但是第一并不都是新闻，所以就会出现貌似新闻其实不是新闻的稿子，就像围棋中的假眼，新手常见眼就以为是活棋，其实并没有活。新闻是信息，但信息并不都是新闻。构成新闻的信息必须是：（1）新发生的；（2）读者不知道的；（3）读者想知道的。新闻的价值决定于读者接受反响的程度，正如美学要讲接受美学一样。你构思如何巧，采访如何辛苦，读者反应木然，还是无用。1937年卢沟桥中国军队向侵略者打出反抗的第一枪，标志着抗日战争的开始；1949年天安门升起第一面五星红旗，标志着中华人民共和国成立。这些“第一”是重大新闻。春天农民盼雨，第一场春雨是新闻；一个大钢厂投产，第一炉钢是新闻。它虽不是多么重大，但总是与人民有关的事。生活总在不断地旧去新来，死生交替，无数个第一在时时日日地产生。许多局部的链节接在全局的链条之中。如果要找第一，每一个链节上都有其首端可寻。记者的目光应该到全局中找第一，在时间的长河段中，在空间的某一大方位中找第一。这种第一应该是社会纵向或横向的坐标点（尽管这点有轻重大小之分），这样才能够成为新闻。

那么这新年第一婴的信息真的就无人想知道吗？有，如他的亲人、家属、朋友，但面太小，构不成社会新闻，充其量也是闲谈材料，因为生孩子是平平常常每天都发生的事，每年正月初一也必定会有婴儿降生，这“羊年第一‘羔’”也无其他独特之处可告诉读者。另外，记者决不可把精力放在这样守株待兔式的采访上，循此方式，明年后年还可不断地写：牛年第一“犊”、马年第一“驹”、狗年第一“崽”……这种你不写读者也完全可以知道的信息。记者要将自己的注意力放在捕捉社会变革的坐标点上或广大读者感兴趣的聚焦点上。

另外，这篇稿用墨重点是在婴儿出生，而不在医务人员的辛苦，和一般写节假日坚守岗位工作的稿不同。文章大半用第二人称，中间部分又突然转用第三人称，前后不一，也不合适。

(1991 年 10 月 18 日)

附 1

羊年第一“羔”

除夕之夜，在人们辞旧迎新欢度新春佳节之际，你——羊年的第一个小“羊羔”，在市中心妇产科医院产房呱呱坠地。听这响彻津门的爆竹，看那流光溢彩的花炮，一起迎接你的降临，真比欢迎国宾元首，还要热烈、红火！

你应该记住这一时刻：辛未年正月初一零点十五分，你诞生了。可你更应该记住并感谢这些为你接生的白衣天使。除夕之夜，当人们举杯把盏合家欢聚的时候，他们却守护在你的身旁，让你尝到了人世间最初的爱。

你比预产期提前 9 天就诞生了。你那急促而响亮的第一声啼哭，也许正是想告诉人们，你多么渴望尽早来到这温馨的人间；或许你是要说，你知道你父亲从前一天中午便守候在产房门口，迫切地期盼着你的到来，而你是不忍心让他过久地等待。可我要说，这哭声对你母亲和在场的每一位医护人员来说，无疑是新春的第一声问好。

刚刚降临人世间的你，胖乎乎的脸蛋，乌黑的头发，躺在中心妇产科医院产房的热射床上，眯着还不习惯光亮的双眼，不时地晃动着小手和小腿，安详地听从医生对你的身体进行检查。“女孩，体重2 950克，身长 50 厘米，发育正常。”医务人员的报告，使你那因生产极度疲劳的母亲脸上露出了微笑。

孩子的母亲是一位工人，父亲是汽车司机。当记者问到他们喜欢男孩还是女孩时，母亲说：“我无所谓，都喜欢。可奶奶盼的是孙女，因为她一共生了两个儿子，没有女孩。”当父亲的则只是嘿嘿地乐，喜得说不出话来。

真是无巧不成书。当我和医务人员获知你的父母今年同是 24 岁、也是属羊时，大家异口同声地向你那笑得嘴也合不上的父亲表示衷心的祝贺，这可谓是三羊开泰，大吉大利。

古人以羊为祥，大自然中的羊，给人一种安详、温顺和圣洁的印象，我猜你长大后定是一个温顺而漂亮的姑娘。

（《天津日报》1991年2月16日）

新闻效果有两个标准

读罢《万里圆月》这篇 960 字的短通讯，我的眼眶湿润了。这是阅读 200 多篇现场短新闻参评稿时唯一的例外。为什么会这样？主要有两点：一是作者抓住了有价值的新闻；二是作者运用了典型手法。

新闻是信息，你传播的信息必须是新发生的，最好是过去从未有过的，读者感到新鲜而亟想知道的。如久饿之人突然给他一块面包，久渴之人突然送他一杯清茶。新闻是解决读者的信息饥饿的，人家真饿想吃东西时你送东西才有用。中国传统的中秋节——家人团聚的节日到了，这时读者想知道的是那些不能与家人团聚的人怎么过中秋。对月独饮、造致书信等已不新鲜，这时需要一种新信息、新内容才能满足读者的“饥饿感”。万家灯火月圆时，忙煞捕捉新闻人。算记者走运，他在山东胜利油田基地，碰到了指挥机关组织家属和派往新疆的一线职工用对讲机共话中秋。从事实本身来说，就是新鲜事，只有科学技术发达的今天才会有，只有关心职工的企业才会有，也只有这种远距离长战线又高科技的部门才会有。从新闻的客体即读者来说，也只有在中秋时才会有人关注此事。这样时空交叉，八方辐辏，共汇于一点，这就是新闻眼，新闻的焦点。物以稀为贵，信息以新为上。作者在特定时间内采到了读者关心的新信息。稿子符合新闻规律，作者先占住天时地利，得先天优势。

人饿时，先让他吃饱，这当然好；但吃饱的同时还能吃好，不只是给一块面包，而是美酒佳肴，岂不更好。读者对信息的需求在饥饿感之后还隐藏着一种品味欲。这就要讲究写作技巧，不但稿子的内容有用，它的表现形式还要美。说到美，就要借助文字。新闻的本质是信息，解决“知”（知道信息）这一起码需要；文学的本质是艺术，解决“赏”（美感的获得）这一更高要求。文学讲究典型手法，典型就是集中，锥因尖而锐，刀因刃而利，凡事物集中才能发挥最大的效用。

文学的集中是高于生活的塑造，新闻的集中是忠于事实的剪裁，殊途同归达到典型效果。这篇稿子本身就是一个怎样过中秋的典型，通过这个典型信息来体现亲情关系、企业与职工的关系。而在具体表现时，作者又精选了“儿行万里母担忧”“母女念亲人”“是喜不是哭”三个典型情节和老、中、少三个典型人物。从文章一开始背景的交代、气氛的烘托到后来步步推出典型，步步深入人的内心世界，作者笔力渐渐凝于一点，如凸镜聚焦，如银针点穴，读者人人都有的“每逢佳节倍思亲”的那一根神经，就被拨得难以平静而共鸣起来。我的泪大概就是这样涌出的。

我们可以把新闻效果分为最低标准，就是让人知道；较高标准，就是知道之外于情理方面又有更大的触动。这篇稿子是达到了较高标准的。可惜不少稿件总是满足于最低标准，这大概是一些新闻呆板、枯燥的原因。

(1991 年 11 月 1 日)

附 2

万里圆月

中秋之夜，记者在胜利石油管理局钻井总公司目睹了“万里圆月”的一幕。

从山东东营到新疆库尔勒，遥遥相去近万里。万家团聚之时，参加塔里木石油勘探开发会战职工的家人们，通过无线电对讲机与亲人共圆中秋月。

20 时，记者走进钻井总公司调度室，只见无线电对讲机旁早已围满了四五家老老少少十几口人。人们不时地抬腕看表，似乎那期待已久的时刻来得太慢、太慢。

20 时 30 分是约定的通话时间。随着对讲机的调通，人们的情绪旋由焦灼转为激动和欣喜。塔里木胜利钻井公司党委副书记苏仁堂的母亲，第一个接过话筒：“仁堂啊，我听到你声音了。咱全家都来了，一块圆月。我的病好了，好了！真的好了！你放心工作，多打油，多打油啊！别惦念我。”68 岁的苏大娘几乎是一口气说出这一切。当她听清对方一切都好时，舒心地喘了一口长气。

儿行千里母担忧，更何况是万里呢。但为了能让儿子安心会战，老人是硬撑着病弱的身子来和儿子圆月的。就在苏仁堂赴塔里木之时，老人还在医院的病榻上呢。

8 岁的小韩雪，今晚却一直噘着小嘴，显得满脸的老大不高兴。她对记者说：“听妈妈讲，爸爸中秋节要外出，可能不在。”韩雪的爸爸韩宗森，是搞物资供应的计划员，整日奔波于天山南北。还好，他今晚刚从外地赶回来。当小韩雪听到爸爸呼唤她的声音时，竟高兴得忘记早已准备了足够一百遍的话，只是一个劲地喊：“爸爸，爸爸，我是小雪，我是小雪……”小雪的母亲张新民拿起话筒对丈夫说：“小雪想你，我也……家里，我能挺住。”只两句话，再也说不下去了。看得出，她是不想让远在边疆的丈夫为她们母女分心。

记者注意到，当张维宗的母亲——68岁的张大娘坐在对讲机面前的时候，老人早已掩饰不住内心的激动了，泪水涌上了眼帘。老人反反复复对儿子念叨：“家里都好，家里都好……”当挂上听筒，儿媳虢泓芬劝慰时，老人却破涕为笑：“不是哭，不是哭，是喜呀！”情景十分感人。

十五的月亮，照在塔克拉玛干飘逸油香的沙海，也照着黄河三角洲这片新生的土地。21时30分，短短1小时的通话时间结束，但圆在亲人们心中的月亮却从此不会阴缺，因为：心圆人自圆，“千里共婵娟”。

（《中国石油报》1990年10月14日，作者：刘东昌　陈晓）

不能太像

《鲜花不知送给谁》这篇稿子初看觉得不错，再一细品就觉得有点儿不足。不是技巧不高，而是过了，它太像文学作品了。太像了也不好，削弱了自己的个性。此稿虽然获奖，但由此引出的问题很值得探讨。

新闻像什么？从写作上说最像文学，因此常从文学借他山之石。但是一切事物在向他事物借鉴时首先要注意保有自己的个性。新闻的本质是信息，其手段是如实传播，说出最新的事实，目的是让人知道。文学的本质是艺术，其手段是典型塑造，塑造人物，铺写场景，主要满足人的审美需要。虽同是使用文字，表现方法却大不同。这篇稿子写的是一位在国际数学比赛中得奖的中学生，手捧鲜花回到学校。从新闻角度说："得奖归来。"这就够了。他手中的一束花只是附带的闲笔。但是作者却如枚乘写《七发》，铺排出许多情节：这花给谁呢？给校长、妈妈还是老师？我倒觉得他自己拿着就好，不必横生枝节。而作者又安排几位长者在几分钟内每人都给这位小主人讲了大段的话，其实是硬扯着小主人的耳朵来让读者听一番爱母、爱师、爱国的说教，反露出刻意塑造的痕迹，引起读者对情节的怀疑。事实上在评奖时就有评委提出是否有必要核实一下这稿件的真实性。后来大家本着对推荐单位的信任决定不再核实。但这至少说明这种写法不合乎新闻真实、公正、朴素、自然、干净的风格要求。稿子向文学靠得太近，反离新闻太远了，并不合算。

文学创作中有许多手法可以借到新闻中来，但它始终是新闻的俘虏，而断不能导致新闻对文学的投诚。一切事物，特别是某种艺术，其生命力在于自己的个性。所有的借鉴都是以能最大限度地发挥个性为前提。为了个性的丰富、完美，艺术家在创作过程中就不断地去追求"像"什么，以从多角度来吸收营养，在多重相似中获得新的美感。

但这个度要掌握好，像得恰到好处是杂交优势；像过头，是串种、退化。有一故事，说一说书人模仿驴叫声很像，另一说书人不服，便以布为幔，在里面说书并拴上一头驴，说到某情节时他就打驴，让其发出叫声，外面的听众都被吓跑了。因为他太像了，像得过了头，失去了人的个性。据说好莱坞电影拍床上镜头时，导演在男女主角的胸前贴一块胶布，提醒演员，这是演戏，要把握艺术分寸，不能太像。事实上我们常说的“像”什么，并不等于是什么，它只是一种借鉴。这“像”的过程就是进行新创造的过程。而成功的借鉴会创造出新奇的美感；失败的借鉴，会落个四不像的下场。齐白石说“学我者生，似我者死”，就是这个道理。

铺陈塑造的自由度当然大于客观如实的报告，正如绘画的自由度大于摄影。一般来讲，文学的形象性、表现力、感染力大大超过新闻。所以初学新闻的人，总想走捷径，往文学上靠。其实这是一种误会，而且会误入歧途。文学是舞台上的演员，长裙广袖，粉黛珠环，是一种化妆之后的美；新闻是比赛台上的健美运动员，体形硕健，力量饱满，是一种天然的美。健美运动员登台时也要少许化妆，比如身上涂一点油，着三点式装，但决不能浓施粉黛，穿华贵的时装。这样虽可得到一点文艺表演中的艺术美，却丢失了体育比赛的健美。新闻作者要学会在稿件中少用修饰，像健美运动员那样尽量少着衣饰，并设法突出自己的体格和肌肉。就是突出基本的事实，和读者最关心的信息。新闻可以向文学借衣服来穿，但切记不可太像文学的装扮。

(1991 年 11 月 18 日)

事有凑巧，三年后，还是这所中学的另一名学生又获得第 34 届国际数学奥林匹克竞赛金牌，作者又抓了一篇稿《“千里马”夺金　“伯乐”受重奖》。这回可是一篇干净利落的新闻。

(1994 年 11 月 7 日补记)

附 3

鲜花不知送给谁

7 月 20 日下午，第 31 届国际数学奥林匹克金牌得主、17 岁的周彤由京城载誉返回武钢三中时，手里捧着一束鲜花。

这束鲜花，是周彤中午刚下火车，踏上武昌车站月台时，湖北省人大常委会副主任梁淑芬、副省长张怀念等领导及少先队员们欢迎他时送给他的。

现在，周彤出现在母校会议室门口，在这里等候儿子胜利归来的爸爸周进元和妈妈魏连英立刻兴奋得站起来。教学副校长陈泰坤见周彤手持鲜花向校领导奔来，赶紧说："快把鲜花给你妈妈呀！从你牙牙学语起，你妈连乘车走路的空都不放过，编儿歌见缝插针地教你知识，鲜花应该属于母亲。"妈妈一使眼色，指着武钢三中特级教师钱展望，对儿子说："彤彤，快把鲜花给钱老师！钱老师一周几个晚上为做辅导，连寒暑假的学习都替你安排，还'满世界'跑书店为你买参考书。鲜花应该属于苦心培养你的老师。"钱老师连连摆手："周彤几年来就盯着这块金牌。为迎接这场竞赛，解数学题三千多道，草稿纸堆起来只怕比他人高。鲜花应该属于得金牌的人。"

正在推让之际，武钢副经理赵文源和李运茂赶来学校了。他们齐向周彤道贺，勉励他取得荣誉后要饮水思源，加倍努力，报效祖国。此语使周彤蓦然想起中午在火车站时，省科委一位领导同志说的一句话："在这个时刻，你们会想到自己的母亲，更要想到祖国母亲！"望着眼前的领导、老师和父母，周彤迷茫了，鲜花送给谁呢？这位没被国际数学竞赛难题难倒的数学"王子"，竟被眼前这道难题难住了。

多亏校长王锦龙巧指迷津："来，周彤拿着鲜花站当中，我们一起照张相！"

咔嚓一声，银光一闪，这一历史瞬间永远凝固了。然而，出现在照片上的周彤并未拿鲜花。鲜花被他悄悄留在学校会议室里了。

（《冶金报》1990 年 8 月 7 日）

又附：

“千里马”夺金　“伯乐”受重奖

本报讯　武钢三中学生杨克在第 34 届国际数学奥林匹克竞赛中夺得金牌后，29 日返回武汉，昨日下午，武钢举行新闻发布会。公司副总经理李运茂当场宣布，对培养杨克倾注大量心血的指导老师钱展望晋升一级工资，发给奖金 1 万元，杨克的班主任老师彭甫华晋升一级工资，奖给 2 000 元。

据介绍，钱展望老师是武钢三中特级教师、全国五一劳动奖章获得者。几年前，他指导的另一名武钢三中学生，在国际数学奥赛中也曾获得金牌。

昨日，武钢还向金牌得主杨克赠送了价值千元的纪念品。

（《长江日报》1993 年 7 月 31 日）

版图效应与秤砣效应

1991 年 10 月底在南京举行的首届中国新闻奖评选中爆出一条有关新闻的新闻：三十多位评委发出公开信，向全国同人呼吁一件极平常、过去又不知讲过多少遍的事，就是希望把稿子写得短一些（见《新闻出版报》10 月 28 日）。这确是一句大白话，但这种大白话要全体评委用公开信的方式来郑重呼吁，说明这事之难非要来个“全民动员”不可了。

解决这个难题要从分析读者心理和记者心理入手。读者读报的心理是希望用最短的时间得到最新最重要的信息，最好扫一眼就知道怎么回事，观一叶而知秋，而不会对着整片秋林欣赏个没完（那是文学不是新闻）。记者写稿的心理是希望人一打开报纸就先注意到自己的稿子，读后进而记住自己的名字。最简单的办法是多占地盘。就像地图上大版图的国家和地区，这叫“版图效应”。这两种心理有点错位，不能吻合。

应该说，追求版图效应是一种较蠢的办法。大并不一定最强最好。版图再大都是沙漠又有何用？世界上版图小却强而富，大却贫而弱的国家有的是。现代社会的进步倒常表现出小就好。要两万吨普通炸药才可得到的威力，有十几公斤核燃料的原子弹就可达到。计算机刚研制成时，一台要摆几个房间，现在可以置于一个桌面上。过去一个报社的排字房要一层楼，现在一台激光照排机就解决问题。以大为荣，靠稿子在版面上占地盘取胜是一种陈腐的观念，应彻底更新。

“水不在深，有龙则灵”，稿不在长，有信息则灵，有新信息、重要的信息更灵。当然稿子短了，信息容易有限，但是稿子长了，报上的消息条数就少，信息总量更少。就一篇稿来说，你想写长点，多说几句，读者反而不看，信息等于零。过去当记者时总编劝我们写短稿，他说：我每天上班看报总是拣短消息看，碰到长文章就想有空再看吧，先将报纸放到一边。明天来了新报，又是这样，长文章压多了，最后一起扔掉。这是读者心理。我们写文章时总想多占“版图”，读文章时又想拣短的读。记者要想抓住读者，要多发有重要信息的短消息。不要靠占地盘，要靠稿子自身的分量，秤砣虽小压千斤，要求“秤砣效应”。所以说短的背后是一个“重”。要全力捕捉重大题材、重要信息，要有非重不写的大志。要用大眼网捕鱼，只捞大的；要守着水边买鱼，只要活的。用消息本身的重量去压版面，不靠稿子的身长体胖来争座位。

长和重不是一个范畴里的东西。长短是文章的形式，轻重是指文章的内容。我们要想文章好，稿子吸引人，这两方面都要努力。但是首先是内容。形式的东西可以为稿增色，但是不能解决实质问题，不能越俎代庖，诚如不能让男人生孩子。它不能增加稿子的含金量，不能满足读者追求信息的心理，也达不到作者的成名目的。当然不是说文章一长就再无出路，就要寻“短见”。形式另有一块天地，比如标题的制作、文字的加工、位置的选择等。长，对内容而言是隔靴搔痒，对形式来说也不是好的选择。

（1992 年 3 月）

附 4

三十六名复评委员发出呼吁

狠刹长风　提高新闻质量

本报讯　首届“中国新闻奖”复评委员于10月27日发出呼吁：多发短消息，减少长通讯。呼吁书全文如下：

各新闻单位的总编辑、台长并同行们：

我们，首届“中国新闻奖”复评委员，在阅评了全部参评稿件以后，深感有必要向你们呼吁：多发短消息，减少长通讯。

我们一方面看到我国新闻事业在1990年有了长足进步，出现不少上乘之作；另一方面，也不安地注意到，在送评稿件中，消息较少，质量较差，通讯偏多，长风甚烈。

这是新闻主体观念薄弱，报纸“杂志化”、“通讯挤消息”、“长挤短”现象的一种反映。这种状况发展下去，将导致新闻载体信息量减少，新闻质量降低，势必影响宣传效果，脱离群众，不可能造就出好的新闻队伍，也难以完成我们在社会主义现代化建设事业中所应承担的任务。

为此，我们呼吁：

一、总编辑、台长要花大力气抓消息，刻意经营短消息和现场短新闻，减少长通讯，狠刹长风，以此作为新闻改革的重要内容。

二、新闻单位应制订有利于多发短消息、减少长通讯的各种措施与制度。

三、新闻界的各种会议、报刊大力倡导短消息；各种新闻评奖活动应采取鼓励短新闻作品的办法。

首届“中国新闻奖”36名复评委员

1991年10月27日于南京

（《新闻出版报》1991年10月28日）

新闻出版报

1991年11月1日　星期五　第440期　主办单位：中华人民共和国新闻出版署　国内统一刊号：CN11—0079　邮发代号：1—50　国外代号：D21

PRESS AND PUBLISHING JOURNAL

「中国新闻奖」送评稿件　通讯偏多　长风甚烈　消息较少　质量较差

三十六名复评委员发出呼吁

狠刹长风　提高新闻质量

本报讯　首届“中国新闻奖”复评委员于10月27日发出呼吁：多发短消息，减少长通讯。呼吁书全文如下：

各新闻单位的总编辑、台长并同行们：

我们，首届“中国新闻奖”复评委员，在阅评了全部参评稿件以后，深感有必要向你们呼吁：多发短消息，减少长通讯。

我们一方面看到我国新闻事业在1990年有了长足进步，出现不少上乘之作；另一方面，也不安地注意到，在送评稿件中，消息较少，质量较差；通讯偏多，长风甚烈。

这是新闻主体观念薄弱，报纸“杂志化”、“通讯挤消息”、“长挤短”现象的一种反映，这种状况发展下去，将导致新闻载体信息量减少，新闻质量降低，势必影响宣传效果，脱离群众，不可能造就出好的新闻队伍，也难以完成我们在社会主义现代化建设事业中所应承担的任务。

为此，我们呼吁：

一、总编辑、台长要花大力气抓消息，刻意经营短消息和现场短新闻，减少长通讯，狠刹长风，以此作为新闻改革的重要内容。

二、新闻单位应制订有利于多发短消息、减少长通讯的各种措施与制度。

三、新闻界的各种会议、报刊大力倡导短消息，各种新闻评奖活动应采取鼓励短新闻作品的办法。

首届“中国新闻奖”36名复评委员

1991年10月27日于南京

金钥匙开启智慧之门　读好书指明成功

第五届全国图书“金钥匙”奖在郑

本报讯　郑州10月29日电（**记者郭晓虹，特约记者孙法智**）旨在为促进全国图书出版工作的繁荣，加强出版社与读者联系的全国群众性评选活动——“金钥匙”图书奖至今已颁奖5次。这项由国内出版、书评界有影响的《新闻出版报》、《文汇读书周报》、《博览群书》等8家报刊联合发起的活动，今天在此间向获得一、二、三等奖及优胜奖的出版社颁发了具有河南地方特色的工艺品——钧瓷奖杯。

据本届评选活动承办单位《中州书林》报负责同志介绍，“金钥匙”奖相当于电影界的“百花奖”，每年举行一次。参加本届“金钥匙”奖评选的有全国152家出版社推荐的736种图书，分别比上届增加14.5%和29.6%（**本届“金钥匙”奖一、二等奖获奖名单见今日本报二版**）。

据介绍，在本次评选活动中，得票最多的是河南人民出版社出版的《邓小平——中国新时期的总设计师》，所得票数占总有效票数的47.6%。此外，本次活动还颁发了“热心读者奖”。中央文献出版社中奖率最高，参评图书4种，获一等奖1种，二等奖2种，其中一等奖为《毛泽东和他的秘书田家英》。在全部60种获奖图书中，哲学、政治及经济类读物中奖率最高，共22种，占获奖总数的36.7%；文化艺术类读物13种，占21.7%；文史类读物8种，占13.3%；工具书、科普读物和青年思想读物各

4种，分别占6.
读物（3种），关
曾一度繁盛的
次未能获奖。

出席今天颁
国版协及中共河
导同志有：吴基
刘祖禹、胡涌、

“金钥匙”
开始举办，前4届
览群书》（北京）
西）、《书讯报
研究》（浙江）
办单位轮流承办
图书“金钥匙”
闻出版报》（北

打破“酒好不怕巷子深”的旧观念

文汇报社“老总”分赴各省抓发行

明年将出八版，已出两期试刊

本报讯　（记者孙月沐）九十月间《文汇报》在一版头条刊发的该报明年改版消息及连续两次在一版刊登的“改版启事”，这一异乎寻常的举动引起了阅读界的广泛关注。10月19日，该报驻京办事处负责同志告诉记者：这只是该报最近展开的“宣传本报”计划中的一个措施。

“我们社6名头头，包括1名总编辑（兼党委书记）、1名专职党委副书记和4名副总编辑，已经全部分赴各省抓本报发行”。该办事处负责人说，经营了53年，在国内外读者中产生了广泛影响的《文汇报》，自9月23日

怕巷子深”和“不要宣传自己”的旧观
要十分关注发行，千方百计把报纸“
的“宣传效益”落到实处。

为此，该报已在10月8日、10日
此外，该报已决定从现在起，就用
副刊的面目，出好今年后两三个月中
让读者及早地了解明年该报的大致

明年该报8版中，1—4版是新闻
刊和副刊。据悉，专、副刊将成为这
读者的有特色的版面。

“哇”字牌通讯

不知怎么，翻看着新闻参评稿，思维之车一下滑向感叹词这个轨道。古文感叹用“兮”，刘邦“大风起兮云飞扬”；用“噫”，范仲淹“噫！微斯人，吾谁与归”；用“哉”，梁启超“壮哉，我少年中国”。现代白话文用“啊”、用“呀”、用“哎”。古今文章不知读了多少，不管“兮、噫、哉”还是“啊、呀、哎”都觉得很自然，说话人在流露真情。近年来在都市人的口语中，悄然出现了一个“哇”字。这个字很有意思，妙在它所表现的情感，不但有七分真情还有三分假意。“哇！真好吃。”“哇！我好开心。”好吃、开心是真，但真感叹之外还有三分的自我表演与自我欣赏。

现在一些记者不喜写消息喜写通讯，因为消息太简单不便发挥。写通讯又专爱写一种“哇”字牌通讯。一提笔就先“哇”一段感叹的话。你不把这十行八行，甚至几段的“哇”语读完，你真不知道这篇文字要说什么。写抗洪救灾的稿子就先说：“在我们这片古老的土地上曾出现过一个大禹……”要记一件事必先说：“历史记下了这个时刻……”要是记一个人可能这样开头：“人和动物的区别在于……”总之它的模式是一定不提事情本身，而是用最大的语气，从最远处大大地“哇”一声，然后才进入报道本身。毛泽东同志在《反对党八股》里批评那种“一国际、二国内、三边区、四本部”的报告模式。这种通讯是一历史、二哲学、三文学、四才轮到新闻。每次评奖都能遇到这种扯旗唬人、泰山压顶，近万字的大通讯。为什么非要从海外、天边不厌其远地扯起呢？据说是追求文章的气魄、力度，高屋建瓴。但这实在不必。新闻不是抒情诗，像李白一开篇就：“噫吁嚱，危乎高哉！”不是论文，先摆论点；也不是小说，先设悬念或发议论，像《安娜·卡列尼娜》那个著名的开头。新闻是信息传播，要求直说，不能太长，不许绕圈子。所以这种所谓的气魄、力度是借机自我表现。就如自负又浮浅的姑娘见了好景好物先“哇”一声，其眼睛的余光却在扫着旁人：我的天姿、风度如何？这种通讯的作者开篇先“哇”一段时，也在偷眼看读者的表情：“我的知识、才气如何？”过去我当记者时与一位青年作家同桌吃饭。他问：“记者与作家有什么不同？”我说：“你们是为自己的，我们是为他人的。”他大惑不解。我说：“比如碰到同一个题材，作家首先想，我能创作一篇好小说，得奖、成名。记者首先想，要将此事用最快的速度、最简洁的手法告诉读者。”文学作品力求有作者的个性，新闻作品则力避作者的影子，力求客观。文学有我，新闻无我。任你才高如山，情炽如火，凡读者不需，一毫而不赘。就是要这种目明如镜，心静如水。有一篇写抗洪中省、地、县三级领导在现场的通讯，第二节直取现场，写人写事让人落泪。可惜开头很长的一段“哇”文十分碍眼。这“碍”有二，一是在事实前插了一堆与事无关的垒块；二是在事实与读者间插进了一个作者的“我”。就像红娘促成了张生与莺莺的幽会，自己却又不走，非要站在中间插嘴不可。

新闻又是历史，后人只看事实。作者的这些花腔、花絮不要说什么经历史的风雨，我们现在评稿，时隔不过数月，摆在桌上的“哇”段文字已做作得叫评委们如坐针毡了：好像在看大人表演儿歌，又像看小儿板着脸学大人朗诵。这时如作者在场也会赧颜避席。司马迁的《鸿门宴》一开头就：“沛公军霸上，未得与项羽相见。”地点、人物一下点出。毛泽东同志著名的渡江新闻稿，开头：“英勇的人民解放军 21 日已有大约三十万人渡过长江。”（《我三十万大军胜利南渡长江》，见《毛泽东新闻工作文选》，286 页，北京，新华出版社，1983）时间、地点、事件，一笔切入。这种文章时间愈久，愈见风骨。如果魏巍当年的朝鲜战场通讯也这样“哇”着写，我们的战士也就不可爱了。

虽是普通的感叹，一个“哇”字就与“啊”或“哎”有这么多的区别。每个词的周围都有一种无形的包蕴和气氛，如月亮的晕圈。陈望道的《修辞学发凡》称此为修辞的积极作用：“语言文字大抵都有它自己的历史或背景，形成它的品位和风采。”“哇”字牌通讯也是一种风采，也有一种作者的心理背景，但这是一种不务实，不全身心为读者，带有三分自我表现的风采。要不得。

（1992 年 3 月 2 日）

不要雁过拔毛

某次评奖中有这样一件事：一篇记者与通讯员联合署名的稿件获奖，事后通讯员很有意见。原来此稿是通讯员所写，寄报社，发表时记者作了一些改动，就添上了自己的名字。此类事在平时也时有发生。这里有道德问题，也有记者的志向问题。

当记者想成名，必得有成名作。记者工作有许多优势，但也有劣势，其中之一就是被动性。他必须是在发生了某件有影响的、为人所关注的事实的前提下，才可能写出有影响的稿件。本来这材料在长期的、经常的深入生活中是一定可以采得到的，但我们一些记者，或者不肯下基层吃生活之苦，或者不肯学采访功夫，怕吃业务之苦，于是便在通讯员稿上作一点形式上的加工润色，添缀其名，这是有作为的记者耻而不为的。

现在报社的体制编采不分。编辑部人员兼有编辑和记者的双重身份和优势，既能总览来自四面八方的稿件，从中发现最有利的新闻素材，又可动笔改写，以作者名义署名登在报上。但是不要忘掉这双重优势的另一面是双重责任。作为编辑就是要默默地为人作嫁衣，发现和推出好稿。事实上许多佳作名著的背后都有编辑无声的劳动。如五六十年代的名著《高玉宝》《红岩》，书稿送到编辑部之初，只是一堆材料，甚至有错字、病句。但编辑促成了这些书的出版，促成了作者成名，却并未署上自己的名字。这是职业道德，也是社会分工。作为记者就要到第一线采稿，并对事实负责，用二手材料，算什么采访？更何况借兼编辑之便，窃作者之材，成记者之名，就是借编采之公职图私人之虚名了。写到这里，我想起一件亲身经历的事。当年我任《光明日报》记者，与县里一通讯员合写一稿。这稿后来获一项并不重要的全国奖，我也未注意此事。后这位通讯员从报上看到得奖消息立即来信告诉我，并说："我什么都不要，只请把得奖证书归我保存。"

我知道，这些事对一个记者可能关系不大，但对一个通讯员可能就是他提职、提级，或鼓励他向新高度冲刺的重要一环。当即将证书寄他。

抛开道德不说，还有个人情问题。我们应该替通讯员设想一下，他们除了在贴近生活这一点上强于记者外，还有三条劣势。一是，“只缘身在此山中”，缺乏高屋建瓴的角度，常发现不了有价值的新闻。二是，缺乏专业训练，写作技巧略差一筹。三是，不直接掌握版面，寄腹怀胎，发稿机会少。偶有一篇稿见报获奖，我们唯有替他额手称庆，决不可乘机生什么邪念。

写到这里我想起一件科学史上的美谈。1858 年英国生物学家达尔文积 27 年的辛苦研究，终于写成划时代的巨著《物种起源》。当他正校阅手稿时，收到远在南美的一个不相识的人的来信。这个人叫华莱士，向他谈起物种起源的观点，竟与达尔文不谋而合。达尔文看后立即要烧掉自己的书稿。他说，我的书出版后世人将怎样看待我的行为，我不愿受剽窃之名，幸被家人和朋友苦劝制止，要不科学史将不知怎么被改写。但他还是坚持以两人名义联合宣读论文。正是：君子爱财，取之有道；文人重名，更重节操。我们应从这里得到一点借鉴。一个真正的记者应深入生活，自己采，自己写，若有通讯员帮助，发表时就该主动署上人家的名字，切不可在通讯员的稿子上雁过拔毛。本来他们的羽毛难得有一回丰满，这一拔，也许他们就永无起飞的机会了。

（1992 年）

导向悄无声

1993 年中国新闻奖的参评稿中有一篇《北大女生拒绝选美》(《北京青年报》1993 年 4 月 27 日)，写得不错。可谓：冷眼观事变，导向悄无声。

有一段时间选美活动在社会上沸沸扬扬，一些传媒机构也推波助澜，甚至形成了一种导向，好像青年人，特别是女青年，不必求才学、追事业，靠脸蛋、靠腰肢，就可成名发财。一次选美奖金多达五万、八万，以至于全国妇联负责人不得不正式发表谈话明确反对这种做法。她说：这个数字是我们一个普通女工、女知识分子十年、二十年的工资。这种选美只能鼓励青年人更轻视诚实的劳动。就在官方正式表态前的两个多月，《北京青年报》就发表了这条消息，我们不能不佩服记者和编辑的眼光。

报纸有一种作用就是舆论导向，这是宣传教育功能的具体运用。世界上没有不讲导向的报纸，也没有没有自己观点的记者。只要你在办报，写文章，你就在宣传一种思想，一种世界观。这一点毋庸讳言。相反，倒是要提醒记者时刻勿忘社会职责，勿忘正确导向。问题是这个向怎么导。记者不能像官员那样发表讲话布置工作，也不能像评论员写文章那样摆观点谈看法，他只能选择事实，选择适合自己观点的事实，如实摆出来，告诉人们应该做什么，不应该做什么。从这篇稿子中我们至少可以学到两点：一是记者观点分明，自觉导向的责任意识；二是他不露声色，不强加于人的导向艺术。

我们先看看材料的选择。在这之前社会上多次的选美，作者一定是早有所闻。但是他不说话（如果是评论家、杂文家是可以说的），单等到北大出现拒绝选美时，他才从战壕里一跃而出，哗啦啦抖开了这面旗。首先材料的主体选得好，北大作为中国最高学府，它的位置，其师生所具有的文化素质以及他们对这个问题的看法，无疑很有说服力和影响力。其次是材料的细节。这篇约 800 字的短文，仔细筛选出了三个“材料点”。这就是：虽经十天的大肆宣传，八万元悬赏，报名者仍门可罗雀；几位“星”级人物，无一参加；一个月前虽曾有一学生在校外入选，校内却反应冷淡。再看看作者怎样使用这材料来导向。本来材料的摆出已经是一种导向，但是作者又进一步强化它，把无声材料变成有声材料。这里推出三种人来说话，一是老师的感慨：“我看了报上登的照片，奥运先生西装革履，奥运小姐却只能穿泳装，妇女解放运动任重道远。”二是一位有可能入选的女生的话：从本质上讲这是男女的不平等。三是一般同学的话：这是因为校园文化与娱乐圈有天壤之别，选美与最高学府的形象不符。这种“冷材料”加“热材料”的方法，好像是把事件托在你的面前，说：你看，你看，你听，你听。文中通篇没有作者自己的话，但是他自始至终在字里行间保持了一种冷静的批判（原来我想说静静的鄙视，似乎言重了）。这一点从导语中可以集中体现出来：“春暖花开，被色彩缤纷的春装点缀得更加婀娜多姿的上千名北大女孩，却以千篇一律的冷面孔，给了校学生会当头一棒——由学生会主办的‘北大小姐’竞选，成为近年来北京大学参加人数最少的活动之一。”文章的视角选得好，可以说作者是静静地观察着“选美”这件事在社会上、在北大的变化，然后又悄无声息地进行导向。就像太极拳的推手一样妙在借力和化解。正是：

冷眼观事变，
导向悄无声。
顾盼即有意，
抑扬墨色中。

（1994 年 10 月 28 日）

附 5

北大女生拒绝选美

本报讯 春暖花开，被色彩缤纷的春装点缀得更加婀娜多姿的上千名北大女孩，却以千篇一律的冷面孔，给了校学生会当头一棒——由学生会主办的“北大小姐”竞选，成为近年来北京大学参加人数最少的活动之一。

主办者原计划选出 21 名获奖者，怎料经过近十天广告宣传和校、系学生会干部苦口婆心的动员，参加者仍然只有 12 名。

数日前，一次颇有影响的“选美”活动在北大选区的报名工作再度受挫，组委会特为北大女生延长五天报名时间，不断贴出的大幅广告更是一再强调八万元奖金、空调、纯金王冠等“重要内容”，但报名处依旧门可罗雀，被同学公认“起码能得 5 000 元”的几位“星”级人物，则无一人参加。

3 月，正当北京各传媒纷纷报道北大英语系毕业生何薇小姐在“奥运风采”大赛中夺冠消息之时，何薇的老师却站在讲台上对何薇的师妹师弟大发感慨：“我看了报上登的照片，奥运先生西装革履，奥运小姐却只能穿泳装，妇女解放运动任重道远。”男女学生均洗耳恭听。

从“选美”活动在北大两次受挫的情况看，这位教授的话似乎反映出不少学生的心态。一位据说完全有实力问鼎“北大小姐”前十名的女生表示：从本质上看，“选美”的出发点依然是把女性作为生活中的一种点缀，参赛人员须知道一点儿并不复杂的常识，各项标准无一不是从男性的审美需要考虑。

而且，按照别人的要求做各种动作，被人品头论足，这对大多数知识女性来说是难以接受的，更何况表演时要穿泳装。

更多的学生则认为，美与不美，一靠个人自我感觉，二靠周围公众认定，何必再由所谓专家评判。再者，校园文化对于这种单纯的娱乐圈活动似乎有天然抵触，二者审美标准常常大相径庭。

于是，北大人希望通过不理睬来维护学校的传统，证明自己的清高。

同时也有人担心，一旦入选，虽能引起轰动效应，在校园环境中却未必能得到真诚的羡慕和尊重。

对于“北大小姐”这种校园内部的选美活动，绝大部分师生持反对态度，认为与最高学府的形象不符。

（《北京青年报》1993年4月27日，作者：高菁）

教育不能忘

作为大众传媒的报刊，其任务除了传播信息、普及知识、批评监督、提供娱乐之外，还有重要的一条，就是教育民众。为了把人民凝聚在一个共同的理想和事业上，就要有一个科学的、统一的思想标准和道德规范。这要靠培养和灌输。邓小平同志讲："十年最大的失误是教育。这里我主要是讲政治思想教育，不单纯是对学校、青年学生，是泛指对人民的教育。"《时代姐妹》1993 年 7 月发表、曾获全国妇联好作品一等奖的通讯《开满白色小花的山坳》，就是一篇对人民进行教育的好文章。

这篇稿子写山区农村一位普通的母亲，在极贫寒的条件下将五位子女都培养成大学生、研究生和博士生。写这个过程中的艰辛、意志和理想及感人的母子深情。母爱与敬老是一个古老而永恒的主题，这中间蕴含着人类最善最美的东西，是思想道德教育中最基本的一环，永远启发着人们返善求真，诚实做人。问题是我们如何将这个古老的主题弹出符合时代节奏的新曲。

这是一个真实的故事，但是读来像小说一样形象生动，像诗歌一样抒情感人。它撷取了生活中一个真实的典型，并且理出了一条主线：母亲怎样爱子女？还有一条副线：子女应该怎样回报老人？

母爱就是牺牲，是无条件的不顾一切的爱。这几乎是人从动物继承来的本能。但自从人受各种物质条件、社会条件左右，而表现为不同方位、不同时代，即不同时空的人后，这种母爱也被打上不同的烙印，而显出不同的追求标准。历史上和现实中确有不少愚昧、迂腐和畸形的爱，甚至爱而使其害。文学史上的名篇《触詟说赵太后》早在战国时代就指出了"父母之爱子，则为之计深远"的道理。当今中国社会有了两个影响家庭教育、扭曲母爱的因素。一是计划生育国策的推行，独生子女的增多，再加上大部分家庭生活水平的提高。于是，母爱中出现了过分的溺爱。手捧明珠无处搁，俯首甘为子女牛。二是商品经济潮的冲击和市场经济的价值取向。家庭中出现了近视行为。富一点的家庭，不求深造，纵子经商，穷一点的就辍学打工，甚至有纵其乞讨、行窃、犯罪的。只求眼前蝇头利，爱子原来是爱钱。这篇文章中的母亲就是在这种背景下站起来的一位英雄。她家在山区，穷得家无片瓦，男人又抱病在床。但她却抱定一个信念：要让子女成才，不能让他们落伍。她硬是靠自己喂猪、卖烟苗，把五个子女都培养成大学生、研究生、博士生。这是何等的毅力。一个乡下妇女，也许不懂更深的大道理，但是她懂孩子不能不读书，将来翻身靠文化，决不能为眼前利益误了他们的成才大计。请看这些段落：

孩子们陆陆续续上学了，生活更加艰辛，母亲常望着五个孩子想，他们要依赖自己生存，千万不能垮掉，千万。“我要把孩子养大成人！”这几乎成了支撑她坚强生活的始终不渝的信念。她更加拼命劳作了，成了全屯起得最早、睡得最晚的人……

从五个孩子记事时起，母亲总是最后一个吃饭，而且母亲从没和他们一起在桌上吃过饭，直到孩子们都长大了，走出了山坳。

一个秋日的清晨，孩子们像往常一样带着母亲做的玉米饼子上学去了，大儿子文海走到半路，突然想起一本书落在家里，就转身跑回家取。他跨进家门时一下愣住了，母亲正仔细地舔着他们刚用过的饭碗，旁边放着一碗米汤。“妈!”儿子呆住了，他“哇”地一声哭起来，掏出书包里的大饼子，一定要看着母亲吃下去。

……暑假里，大儿子从学校回来，看到母亲正跪在烟地里掰烟叉子，汗水把她的头发梳成一缕一缕贴在黑瘦的脸上。

儿子走过去，跪在妈妈身旁，哽咽着喊了一声：“妈，我回来了，让我干吧。”

母亲抬起头看着瘦瘦的儿子：“儿啊，你咋瘦成这样？妈给你的钱咋不花呢？”

"妈，我不想念书了，我回家干活供弟弟妹妹。"

母亲猛地站起身，强烈的太阳光使她晕眩，她晃了晃，不理儿子伸过来的手，几步走到地头，卷起旱烟叶子猛吸起来，关节突出的手抖个不停。

你看，母亲做出了多大的牺牲，这牺牲是为什么？是为了儿女成才，为了儿女超过自己，不再过自己这样困苦落后的生活，进而为了他们能跟上时代潮流，为国为民，奋发有为。爱是牺牲，但牺牲是要有价值、要有报偿的，这报偿一定要大于投入。就好比种子，投入泥土是一种牺牲，但当它在春天消失于泥土之中后，夏秋得到的是茂盛的青枝绿叶和千百倍于它的籽粒。我们现在确实也应该来理一下"母爱观"，那种急功近利，要子赚钱，不计深远的人，爱得浅薄，当然不足取；那种爱就是目的，爱就是一切，直到操劳牺牲为止的爱，爱得陈旧，爱得愚昧。这位母亲爱得高尚，爱得坚韧，爱中有深刻的内涵，每一位做父母的都应该仔细品一品这篇文章。

我们再来看另一条副线：子女怎样回报老人？

马克思说：人是各种社会关系的总和。人一落地遇到的第一个人际关系就是母子关系。从这一点出发才学会怎样做人处世。所以孝道历来被看作是所有社会道德中最基本的。一个对亲生父母都不敬不孝，不愿屈身奉老的人，怎么可能善待别人、贡献社会呢？他已自私到了极点，像一个浑身长满刺的刺猬，怎么可能在社会上立身呢？孝，实在是人落地迈开的第一步，是道德教育的第一课。请看在这个故事中的孩子们是怎样做的：

1980年夏天，二儿子聂文江从科大回来，一下汽车，竟看到满脸灰尘的母亲在卖烟苗。一担烟苗连泥带土有六七十斤重，才能卖二三元钱，母亲却为此要走七里多的山路。儿子心疼地哭了，执意要把母亲背回家去……母亲怎么能让儿子背着走？儿子不顾周围人好奇的目光，一路跟在母亲后面哭着回家："妈，让儿子背你走，妈，求你了。”

…………

孩子们早早懂事了，他们总想替母亲分担一些家务。秋天来了，要备冬柴了，孩子们每人腰后拴了个草耙子，拿着书一边看一边漫山遍野地走。母亲拗不过固执的儿子们，就只好在孩子们旁边也拉起一个草耙子，每遇沟沟坎坎，母亲就停下来喊一声：“老二，老三，看脚下。”

…………

女儿文英上高一时得了严重的肺结核。……两年里，文英没上过一天学，但从没有一天不看书的。……1988 年，她以总分五百多分、高出录取线五十多分的成绩被北工大计算机系优先录取。……邻居们都说：“聂家的孩子是天才。”殊不知他们心中有一个最原始最伟大的动力，就是他们的母亲。

子女对老人的回报有两个档次。一是从物质上、生活上的体贴关心，乌鸦反哺，不泯本性。这当然也是一种精神上的安慰。但是恰恰在这个最基本的要求上，我们常常悲哀地发现道德的崩溃。在五六十年代的大学生中不是就有“一年土，二年洋，三年不认爹和娘”吗？到六七十年代“文化大革命”中，政治的疯狂常常使一些乳臭未干的“红卫兵小将”迷失人性。进入八九十年代，家庭里那些独生的“小皇帝”，他们不知世事的艰难，体会不到父母的辛苦，仿佛对父母的依赖与索取可以永无止境。社会也宠他们，张开了一面粉红色的网，明明已到了二三十岁的年龄（这个年龄秦皇汉武已开始治国平天下，共和国的部长、将军也早走马上任）却还称他们“这个男孩，那个女孩”。社会上养了一茬“大乖乖”。当儿女在身体上已经长成而脱离母亲的怀抱时，心理上却还没有省悟到一种歉疚，没有产生对父母的回报感，这是最大的悲哀。虽然母爱并不要求偿还，但是连这样纯洁、高尚的爱都敢亵渎，或者还不理解，则人将不人。人情是最大的内债。报恩心理，其实是人填补自己内心和脚下的空洞。这样他才永远感到充实，才可能进取。一个将恩人抛在一边而不自觉惭愧的人，他脚下就踩着可怕的空洞，迟早要落入深渊。我们看在这篇文章里，几个子女是怎样撕心裂肺地感到他们对母亲有一种永远还不完的负疚之情。正是这种必须回报、急切回报的力量反过来铸就了这几个孩子高尚、美丽的情操和他们以后辉煌的学业事迹。

第二个层次是超出物质、生活的关怀，对父母希望的落实。学有所成，业有所为，对父母所作的牺牲加倍地偿还，这是对他们精神上的更大安慰。在封建道德下叫"光宗耀祖"，现在叫为国成才，为人类进步作贡献。哀莫大于心死，一个愿意不计一切牺牲盼子成才的母亲，如果她的牺牲换来的是一位如前所说的忘本的逆子，只知享受的小皇帝、小少爷，或者是一个徒耗米谷平庸一生的人，那么这位母亲所受的打击，将百倍于皮肉的折磨。在这篇文章里，我们看到母亲是怎样欣慰地看到孩子们一个个都不负所望。读完这篇文章，我不禁想起那句流行的歌词："故事不多，宛如平常一段歌。"这首从中国最普通的山沟里传出的歌，讲述了一个再简单、再平常不过的农家母子的故事。但是它却这样的深刻，这样的动人。

这是一篇现代的《陋室铭》。难得有这样一位母亲，她身居陋乡，志怀高远。她所表现出的母爱有第一层次的牺牲，更有第二层次的企冀，"汗水把她的头发梳成一缕一缕贴在黑瘦的脸上"，她说："咱家穷，妈没有什么可跟人家比的，妈唯一能跟人比的就是我的五个孩子有文化……你也给妈争口气。妈能吃苦，能供你。"这又是一篇现代的《陈情表》。难得有这样一群子女，他们的孝心也有两个层次。一是知冷知热的心疼，二是誓酬母志的决心（当然这里母亲的企愿正和着时代的节拍）。你看："母亲每月把一角一分攒下的钱按时给儿子寄去，可他总是在假期再把省下的钱带回来。""为了让母亲高兴，他们都想拿回第一名……1978 年，他们所在的中学只考上了三名大学本科生，聂家就占了两名。"在贫穷落后的山乡，难得这样的好母亲，难得这样的好儿女。这种母爱和爱母的纯真之德便是一个人以后爱乡、爱土、爱国、爱同志、爱朋友、热爱生活、热爱事业、诚恳待人、踏实做事的基础，也是那些有志有才之人将成其功业时出发的港湾。这一粒爱的种子将发育成一株茂盛的人生大树。其实，有一部分人未必没有才，却因为在其处于“籽粒”阶段时得到的是一种扭曲的爱，所以终不成正果。甚至有的更失之毫厘，差之千里，进而发展到自私、狭隘、残忍等，岔到了道德之山的那一边。

所以，对青少年的道德教育，首先要抓孝敬父母的教育，这是一个古老的但又永不会过时的主题。对人民进行教育也是我们的报纸和刊物须臾不可懈怠的责任。

（1994 年 10 月 23 日）

附 6

开满白色小花的山坳

送走最小的女儿，年过半百的张希玲疲惫地靠在低矮破旧的泥屋前，黄昏里的小山村显得格外宁静，那条夕阳下的山路弯弯曲曲地伸出山坳，伸向远方……

这位普通的农家妇女就那样痴痴地盯着这条熟悉的、寄托着她一生梦想的山路，她的儿女们一个个从这里走出去了：1978年，她的大儿子聂文海考上了哈尔滨电工学院，同年，二儿子聂文江考上了中国科技大学；1984年，三儿子聂文波考上了长春建工学院；1985年，四儿子聂文涛考上了天津纺织工学院；1988年7月，女儿聂文英考上了北工大计算机系。

母亲就是在这条山路上，背着儿女们简单的行囊送他们远行。黄昏里的母亲默默地站着，一滴泪水从老人涩涩的眼睛里滚落下来，滴到脚下的黑土地上……

(一)

红朵沟村虽然有个美丽的名字，春天里有着满山坳的梨花、杏花，却是吉林省九台市东北角一个最贫穷的小村落。十几年前，十个工分才值一角多钱。张希玲和丈夫聂国祥在这里生养了五个儿女，聂国祥是个乡村医生，夫妻俩辛辛苦苦养育着孩子们。可天有不测风云，在最小的孩子、女儿文英不满一岁时，聂国祥突然得了一场重病。看着瘦弱的妻子和五个嗷嗷待哺的孩子，他的心都要碎了，强烈的精神负担使他又得了严重的神经官能症，最后长年卧床不起。

生活的担子落在了张希玲单薄的肩上。恰在这时，房东怕聂家交不上房租，赶他们搬家。那天正好是年三十，母亲只得带着全家寻找新的栖身之地。冬日里铺满积雪的乡间土路上闪着灼眼的光，三个大一点的儿子背着家什慢慢走，母亲喘息着抱着小女儿背着大包袱。4

岁的小儿子文涛懂事地看着母亲：“妈，我抱妹妹吧！”

母亲摇摇头，忧郁而茫然地望着远处。北方的寒风把儿子们的小脸蛋吹得通红，四周的旷野一片萧索。

艰辛的日子开始了。母亲只能靠养猪和种烟来勉强维持生活。种烟是农村最累的地里活，近一亩的烟地，从畦苗到收烟叶，要像侍弄孩子一样精心。中期还要耥一遍、浇两遍、打四遍烟叉子。打烟叉子要等到阳光最充足的时候，烈日下跪在烟地里，汗珠渗在烟苗上。

孩子们陆陆续续上学了，生活更加艰辛，母亲常望着五个孩子想，他们要依赖自己生存，千万不能垮掉，千万。“我要把孩子们养大成人！”这几乎成了支撑她坚强生活的始终不渝的信念。她更加拼命劳作了，成了全屯起得最早、睡得最晚的人，山坳里日照时间短，母亲多半时候要摸黑干活。

房是两间破败的泥屋，孩子们挤在炕上，在油灯下做功课，母亲则靠在炕角，或缝补着孩子们破烂的衣服，或翻着丈夫的医书，她虽一天学未上过，却悄悄认得了许多字。跳跃的油灯下，劳累的母亲一下一下点着头，最后头垂落在膝盖上，孩子们抬起头，发现母亲已坐着睡着了。天长日久，她竟养成了一个坐着睡觉的习惯。几年以后，作为优秀学生的家长，她被请到县里，当躺在宾馆的沙发床上时，她却难以入眠，最后整整坐了一个通宵。

从五个孩子记事时起，母亲总是最后一个吃饭，而且母亲从没和他们一起在桌上吃过饭，直到孩子们都长大了，走出了山坳。

一个秋日的清晨，孩子们像往常一样带着母亲做的玉米饼子上学去了，大儿子文海走到半路，突然想起一本书落在家里，就转回身跑回家取，他跨进家门时一下愣住了，母亲正仔细地舔着他们刚用过的饭碗，旁边放着一碗米汤。“妈！”儿子呆住了，他“哇”地一声哭起来，掏出书包里的大饼子，一定要看着母亲吃下去。

“妈妈，你为啥总说不饿呀？”小手攥着母亲褪色的衣襟。母亲低头瞧着儿子，怔了一刻，默默地把儿子搂在怀里，搂得很紧。

山坳里的小白花依旧开放着，刚强的母亲唯一让儿女回报的就是考试第一名。大儿子和二儿子在一个学校的同一个班，为了让母亲高兴，他们都想拿回第一名，可第一只有一个啊，于是小哥俩就暗暗较上了劲，以至在家里他们都闷头做功课，互不搭理。1978 年，他们所在的中学只考上了三名大学本科生，聂家就占了两名。

两个儿子一起上学，日子就更加难熬了。母亲除了继续种烟卖烟苗外，每年还要养三头猪、几十只鸡和几十只鹅。为了弄到猪食，她每天都要拿着麻袋去采谷莠籽、草籽和椴树叶，一天两麻袋，要往返四次，风雨无阻。有时天下雨，得一棵树一棵树拽着上山，下山时，麻袋和人不知滚下来多少次。

生活中的许多指望，母亲都寄托在猪身上，因为她要把猪卖掉供儿子们上学。连聂国祥都说，老伴最亲切的声音就是叫猪声“罗罗罗，罗罗罗”。那一年，村里闹猪瘟，母亲日夜蹲在猪栏里盯着她的三头猪，心里祈祷着：“老天爷，千万别让我的猪死了，我的孩子们靠这些猪上学啊!”奇怪的是，屯里所有的猪都死了，唯有聂家的猪好好的，左邻右舍都说：“聂家的孩子们老天爷都保着。”

大儿子上大学后，每天三顿饭都吃五分钱一碟的咸菜，常常在课堂上饿得虚汗淋漓。母亲每月把一角一分攒下的钱按时给儿子寄去，可他总是在假期再把省下的钱带回来。暑假里，大儿子从学校回来，看到母亲正跪在烟地里掰烟叉子，汗水把她的头发梳成一缕一缕贴在黑瘦的脸上。

儿子走过去，跪在妈妈身边，哽咽着喊了一声：“妈，我回来了，让我干吧。”

母亲抬起头看着瘦瘦的儿子：“儿啊，你咋瘦成这样？妈给你的钱咋不花呢?”

“妈，我不想念书了，我回家干活供弟弟妹妹。”

母亲猛地站起身，强烈的太阳光使她晕眩，她晃了晃，不理儿子伸过来的手，几步走到地头，卷起旱烟叶子猛吸起来，关节突出的手抖个不停。她不说话，拼命吸烟，儿子低着头站在母亲身边。他知道母亲多么刚强，他长这么大从未看见母亲哭过，就连父亲病重亲友们哭成一团的时候，母亲说：她不能哭，她一哭五个孩子怎么办？这个家怎么办？而母亲排遣疲惫和郁闷的唯一办法就是蹲在地头大口吸烟，直到把自己抽得咳嗽不止。如今，母亲的咳声一阵紧似一阵，像鞭子一样抽着儿子的心："妈，我错了，我一定把书读完。"母亲重重地叹了口气。那一刻，儿子真想扑到母亲的怀里，请母亲原谅自己，可他又多想告诉妈妈，自己是长子，再不忍心让母亲受累了，他要替母亲喂猪、种烟、砍柴……

夕阳下的母亲已别无所求了。她领着懂事的儿子慢慢向自己那破旧的小屋走去。

母亲啊，你虽一无所有，平凡、普通、默默无闻，然而你坚忍，你是最对得起儿女的母亲，你正一点点地奉献着自己，你养育了一群好儿郎。

1980 年夏天，二儿子聂文江从科大回来，一下汽车，竟看到满脸灰尘的母亲在卖烟苗，一担烟苗连泥带土有六七十斤重，才能卖二三元钱，母亲却为此要走七里多的山路，儿子心疼地哭了，执意要把母亲背回家去……母亲怎么能让儿子背着走？儿子不顾周围人好奇的目光，一路跟在母亲后面哭着回家："妈，让儿子背你走，妈，求你了。"

山坳里的小白花盛开着，送来淡淡的香味，母亲瘦瘦的肩膀在眼前晃来晃去，山风阵阵吹来，她灰白的头发飞扬着。如今，已博士后毕业的文江每想起那时的情景，心都像有一双手在揉搓着，揉搓着……

(二)

在聂家有五个几乎一模一样的小木箱，孩子们常把它挎在脖子上写字读书，因为没有书桌；聂家的孩子们每人都有一条鹅毛褥子，母亲养的一百七十多只鹅，每卖掉一只都把鹅毛要回来，所以孩子们上大学后，每个小行李里都有一床温暖的鹅毛褥。这一直是孩子们的骄傲。母亲从不肯因家务耽误孩子们的学习，更重要的是母亲用那宽厚的沉默关怀着儿女们，使他们在阳光下放心地生活。

按规定，家境贫困的学生，只要到村里开一张证明信就可以免交学费。但母亲为了让儿女们体面地上学读书，就是吃尽辛苦也要让孩子交上学费。为了多挣几个工分，母亲搬了三次家，从山上到山下，又从山下到山上，但她却从不肯接受别人的赠予。母亲的脸更黑、更憔悴了，更频繁地蹲在地头吸烟。

两个大儿子上大学后，三儿子和四儿子都到九台一中住校，年费用一下增至一千元。校长说：你们聂家的孩子可以免费来上学。母亲坚决不同意，她要用那双粗糙的、关节突出的大手去供养自己的孩子们。

母亲更勤地到集市上卖烟苗，烟贩们看到这个瘦弱的老太太，常压她的价，可后来一听说她就是红朵沟的聂家妈妈时，便一齐帮忙吆喝："快来买呀，这老太太的烟苗长得好！"

母亲虽然没有为孩子们提供衣饰、美味的快乐，但一点也不缺乏母亲竭诚奉献给孩子们的所能有的爱，那爱里有一份善良女人教给孩子们做人的准则。在孩子们的记忆里，从小到大，每到春节能穿上一套新衣服，没钱做的时候，母亲就夜夜地洗、缝、补、浆，尽管打了补丁，但兄妹的衣服总是干干净净的。她自己四季只有一件衬衣，洗完拿出去晒上，干了马上再穿。

孩子们早早懂事了，他们总想替母亲分担一些家务。秋天来了，要备冬柴了，孩子们每人腰后拴了个草耙子，拿着书一边看一边漫山遍野地走。母亲拗不过固执的儿子们，就只好在孩子们旁边也拉起一个草耙子，每遇沟沟坎坎，母亲就停下来喊一声："老二，老三，看脚下。"

冬去春来，山坳里的积雪融化了，漫山遍野的小白花开放了，含辛茹苦的母亲又添了几许白发。而岁月，又为这个贫寒的家庭添了许多内容。大儿子大学毕业了，留在了哈尔滨工学院任教，二儿子科大毕业又到长春物理所读硕士研究生。但是，对于这个家庭来说，境遇并没有太多的改变，母亲仍然是几分钱几分钱算计着过日子，因为还有三个孩子牵着她的衣角生活。

那一年，小文涛代表学校到长春参加全国中学生数学物理竞赛。文涛拿着参赛证上下公共汽车，售票员以为是月票。文涛心里一阵欢喜，虽然那时票价才8分钱，可就是这8分钱也是母亲的血汗钱啊。

“哥。”文涛推开哥哥寝室的门兴冲冲地喊。

“小弟。”二哥搂过弟弟，看着长高了、正在变声期的弟弟。

“哥，我上公共汽车时没买票。我想用省下的这点钱给妈买几个苹果。”

哥哥看着还是少年的弟弟，心里一阵疼痛。“小弟，你别再想钱的事，哥会把省下的钱给妈，再说，妈也不会吃你用这种钱买的苹果，妈会伤心的。弟弟，你要记住，我们虽然从小就贫寒，可我们在精神上永远是贵族!”

现在想起那件事，文涛的眼睛还湿湿的。

(三)

女儿文英上高一时得了严重的肺结核，母亲跑到九台一中，替女儿办休学手续。校长说：“不要办什么手续了，孩子啥时病好了，啥时都可以上学，学校的大门永远为聂家的孩子敞开着。”母亲抬起头认出了，这就是那年文涛在长春地区获全国中学生数学物理竞赛优秀奖时为他颁奖的校长。

“谢谢你了。”母亲由衷地说。

回到山坳，母亲把给女儿买的水果递上去。多么熟悉而陌生的东西，母亲却没吃过一口，以至后来，母亲连吃那些好东西的欲望都没有了!

“孩子，”母亲骨节粗大的手抚了抚女儿柔软的黑发，“咱家穷，妈没有什么可跟人家比的，妈唯一能跟人比的就是我的五个孩子有文化，你哥哥都出息了，你也给妈争口气。妈能吃苦，能供你。”懂事的女儿扑到妈妈怀里哭了。

从此，文英开始治病，也开始自己在家复习功课，母亲更劳碌地奔忙在地里，每次到集市去卖烟苗，都要为女儿抓上药，买上女儿爱吃的东西。有时，文英在屋里看书，就能听到母亲干活的喘息声，她就想起小时候小伙伴们经常唱的那首歌儿：“杨树杨树生生不息的杨树，就像那妈妈一样，谁说赤条条无牵挂?”便有两滴泪珠悄悄落在课本上。

两年转瞬即逝。两年里，文英没上过一天学，但从没有一天不看书的，就连躺在床上打吊瓶的时候也如此。1988 年，她以总分五百多分、高出录取线五十多分的成绩被北工大计算机系优先录取。本来，计算机系不太愿意招学日语的学生，怎奈文英分数太高，数理化几近满分，学校实在不肯放弃，便专门找了个英语教师教她，短短的两年，文英就过了四级水平，达到大学本科毕业的程度，如今早已过了六级。邻居们都说：“聂家的孩子是天才。”殊不知他们心中有一个最原始最伟大的动力，就是他们的母亲。

在这期间，二儿子聂文江在法国里昂大学提前一年获得博士学位，又被导师推荐到美国洛杉矶大学攻读博士后，他的导师评价他说：“聂这样刻苦，是为了他尊敬的母亲，聂的母亲很伟大!”

文江很快被柯达公司欧洲分公司优先录用，这时他不满 30 岁。在柯达公司短短的一年里，所提七项建议均被采用，其中一项获得世界级科技领先奖。很快便被提升为部门负责人。

大儿子读完哈工大硕士研究生，回电工学院任教。三儿子文波在吉林省公路桥梁局工作，已参加了许多公路桥梁设计，成了业务骨干。小儿子大学毕业后经过几年的奋斗，如今已是吉林省一家不大不小的保健食品厂厂长，他今年只有 25 岁，立志要成为一名优秀的企业家。小女儿文英今年就要毕业了，她最大的心愿就是先回到母亲身边，侍奉苍老的母亲。

可母亲却想在她的小山坳里生活，这是养育了她五个孩子的热土啊！这里有生生不息的杨树，有开满梨花、杏花的果树，山风吹来，她仿佛听到许许多多的声音在喊：“妈，妈妈！……”

（《时代姐妹》1993 年第 7 期，作者：赵红梅　孟晓冬）

两种假新闻

诗曰：

假不假？
瞒天过海鹿为马。
作者好大胆，
要啥有啥随手编。
版面缺少热门稿，
及时送来恰到好。
道道关，层层查，
挡不住高手一个假。

这不是说《红楼梦》，是说新闻队伍中的贾（假）家。

新闻首先应该事实准确。但是假新闻年年有，常常有，有的还过关斩将，被推到评奖桌上，甚至有的还在全国好新闻评比中得奖。这就逼得我们思考这个“假”的规律。

假稿作者的目的除个别另有用心者外，都是为了见报，作假是为了乱真。所以我们不妨从解剖真稿入手堵假稿。一篇稿子怎样才能见报，才能提高命中率？我在一本书里曾提到“三点一线”法，即事实—读者—政策（外部环境）。像打枪瞄准一样：眼睛—准星—目标。作者必须采写到新鲜的有意义的事情，这事情还得是大多数读者不知道又想知道的，同时这消息的传播又要受外部制约，为各种政策所允许（如黄色内容，虽有人看也不许登），最好这内容还是当时政策所鼓励、所倾斜的。精彩的事实加读者的热点，再加政策倾斜的环境，这稿子定能见报。这三点中合时宜、合政策与满足读者这两点容易，最难的是有恰当的、精彩的事实。名记者所以成名，首先是采访这一手过硬，总能抓到新闻。假新闻的炮制者虽未有理论的归纳，但却也是循着这个思路。

报上常见的假新闻大致可分为两种。一是投政策（或者说政治）之机，可以叫“硬派假新闻”；二是投读者的兴趣之机，可以叫“软派假新闻”。无论“硬假”还是“软假”，可以看出来，他总是光瞄准这三点中的其中一点，然后再编事情，在另一点并不对此妨碍的情况下对成“三点一线”。

第一种，一般是去碰硬题材、大问题，在社会舆论和政府政策的焦点上找共鸣。可谓出手不凡，大假大干。如，1990 年 9 月 22 日《四川法制报》说四川德阳市金山乡在计划生育工作中强迫十对夫妇签“手术合同”，如不同意就按怀孕天数，有一天打一板子。这篇假报道引起轰动，国内外许多报纸转载，并引起人权纠纷，联合国人口基金会正式要求我方作出解释。无疑作者很精通我们的政策，计划生育的事难办，要办，又要注意政策，他就投这个机，果然有“效果”。

这样的例子在国外也有。日本冲绳海域水下有一株据称是世界上最大的珊瑚树，政府视为国宝，明令保护。但是一天突然发现有人在树上刻了两个大写英文字母“KP”。1989 年 4 月 20 日《朝日新闻》头版登出这刻字的珊瑚树大照片，并连发评论，兴师问罪。一个月后，查清楚，刻字的就是报社摄影记者自己。他制造这个假新闻，无疑是投了环保政策这个机。可见这种假新闻的思路同出一辙。

第二种，一般是找软题材，施小计，在读者的兴趣和好奇心理上找共鸣。例如，1990 年春国内不少报纸都登了这样一则报道：江苏泰州一退休老人，钓鱼时钓起一个夜壶，壶中有一条大鱼，破壶得鱼，回家剖鱼时，在鱼腹中又得一金戒指。事发后作者承认是为上稿纯粹瞎编的故事。类似的还有某海里发现美人鱼，某湖中、池中有水怪等。这都是投读者阅读心理之机。

分析一下这两类稿的作者，一是很会窥测政治动向，问题抓得准；一是很精通读者心理，故事编得巧。我有时忽发奇想：把这些“贾”

家弟子组织起来，分别办两个培训班，一定可以培养出一批政治家和一批小说家，他们一定比当个小通讯员、记者更有出息，也算不埋没人才。

（1992 年 7 月 1 日）

宁留其缺　不要抹平

这个题目接着上篇，还谈假新闻。上次谈的是有目的的全篇造假的新闻，算是“大假”。其实大量的还是“小假”，即稿子基本符合事实，但在一些细节上，总想抹得更平整光溜点，人物思想、心态上总想拔得更高一点。

一位画家画了一个极干净、标致的美人，评论家看后说，鼻子上再有几点雀斑更好。影星潘虹准备出演《人到中年》的女主角，开始作者谌容有点担心，原因是她长得太美，怕反而不合片中人陆文婷的身份。美，是好事，但并不是越美越好，如果美得过了分，美得太理想，脱离了现实生活，反而会假。所以艺术创作中要掌握分寸，常宁肯留点不足，以真求美，就是美学上讲的“缺陷美”。因为现实生活中理想的美很难找到，有一点缺憾并不妨害美的效果，相反因为它的真实倒加强这种效果。新闻写作也是这个道理，不过在对真实的要求上，它比艺术更苛刻。艺术要生活的真实，新闻要事实的真实；艺术中还可以有理想的美，新闻决不能有理想中（想象）的事实。

一般作者写稿时总有求美、求全心理。编辑编稿，评委评稿，总是手中先拿一把求真的标尺。一般来说稿子能见报甚至送到评委的桌上，在基本事实、主题、角度等方面不会有大问题。但在一些细节上，凭一般的常识还是可以判断出真假。比如有篇稿写“文化大革命”中一果树专家，在寒冬野外被批斗打伤，顾不上回家，就带着血迹到苗圃去埋过冬树苗。内行人看后说：“树苗在秋末就该埋好，既是寒冬，早已冻死，埋它何用?”一位部队通讯员的稿子，写一家女主人中了煤气，男主人竟不知先救人出屋，而是老远去叫救护车。见报后当事人有意见，说如果真是这样，人还能救活吗？要告作者诽谤罪。弄得这家报纸不好下台。这两稿前者欲拔高主人翁，后者欲贬低主人翁，于是就随手添枝加叶，为让情节更完整。编一个完美的故事而创作的假新闻，最典型的当数《钱被风刮跑以后》，不但骗过了编辑，还骗过了各级评委获中国新闻最高奖。曾轰动一时，又被揭穿，当然又是一场轰动。真理往前多走一步就是荒谬。为什么一些作者总是千方百计地要往前迈出这一步呢？就是因为他觉得自己的稿子不完美。他不懂现实生活就是美中不足。记得在干校劳动，一次新盖了院墙，遇大雨，院中积水半尺，原来墙根本来留有一砖大的出水口，完工时一学员清理现场，看着这个缺口不美，就随手塞上抹平。整堵墙是平整好看了，却不实用，院墙变成了“水坝”。那些总想将稿抹得平整一些的作者也是这样，他不知道这一抹就美得过了头，就从新闻越位到了文学，没有了自身的价值。

这种“小假”式新闻也有一点规律，大多是在事件的情节、人物的心理描写、独白对话上添油加醋，所加部分有明显的人为强化主题的痕迹，总带出作者主观好恶的倾向和恨月不圆的心理。这是不成熟的表现，真正的老手是宁留其缺，决不抹平，以存其真。君不见，毛泽东同志的传世手迹，上面还有圈改之处呢。

（1992 年 7 月 15 日）

附 7

钱被风刮跑以后

1月20日，长春，北风刮得很猛，我骑自行车，只顾低着头，往前紧蹬。临近和平大路口，把一个边走路边低头数钱的农民老大爷撞了个趔趄，他手中的一把人民币“哗啦”一声掉在地上。我慌忙跳下车，想赶紧把钱给老人拾起来，可是已经来不及了，散落在地上的钱已被呼呼的北风刮了起来，纷纷向四处飞扬。

正在这时，只见过往行人都不约而同地向钱飘走的方向跑去，有的还高喊着：“钱跑了，快抢啊！”霎时间，整个路口喧腾了起来。

这突如其来的情况，使老人大为吃惊，随后便焦急地拍着大腿说：“风刮人又抢，这可怎么得了，钱又要没了。”我本想安慰老人几句，可说什么好呢？

没有多久，风似乎有些小了，“抢钱”的人们从四面八方陆续朝老人走来，把“抢”来的钱都一一交在他的手里。老人喜出望外，不停地向众人点着头。

人们聚集在老人的周围，一再关切地要老人把钱数数。看得出来，老人有点情面难却，便用微颤的双手数了起来，旁边还有人帮着数数。数完，只见老人略为迟疑了一下，接着又数了一遍。还是二十六张。老人抬头用疑问的目光瞅着围在四周的人们，并自言自语地说：“不对……”老人的话还没说完，一个戴红领巾的小学生抢着喊开了：“谁还没把钱送来！”老人忙接着说：“不是少了，是多了。”“怎么会多呢，是您记错了吧？”有人诧异地问。老人肯定地说：“没错，我在家数得清清楚楚，明明是二十五张，都是五元一张的。”人们不解地互相对视着。那个小学生又喊开了：“谁又多送了?!”话音刚落，只见一个中年妇女不好意思地说：“是我的，我拿着一张五元的钱准备到商店买东西，刚才光顾帮老大爷‘抢’钱了，竟忘了自己手里还拿着钱，一起都交给了这位老大爷。”说完，人群中爆发出一阵欢快爽朗的笑声。

我沉重的心情一下子变得轻松了。

（《吉林日报》1980 年 2 月 9 日）

苦果嚼后有思索

本书中所附录的新闻稿都是我在各种评审会上读到的，有的作为新闻史料弥足珍贵。这篇《熊掌风波谜中谜》大概可以算一篇，它或许可为我们研究假新闻提供一点参考。此稿是该报社送评高级记者时的附送材料，以说明他们改正错误多么认真。稿中提到的《中国报纸月报》评 1993 年假新闻一事系由我策划，我时任新闻出版署报纸管理司司长，兼这个杂志的总编。1992 年下半年以来随着市场经济的发展，报纸上的假新闻越来越多。为了加强管理并能引起社会各方的注意，在年末一期我们登出了本年内十条假新闻。应该说明，这十条并不是如本文所说的“十大”假新闻，当时只不过就手边有的资料随手刊出，真要评什么“十大”当有比这还甚者。但不管怎样，这毕竟开了中国新闻史的先例，一时引起颇大震动，《人民日报》还专门发了评论。

这篇稿读后叫人既哭笑不得，又思考良多。我们自己和自己开了一个多么大的玩笑，想不到该报 1993 年 6 月下午编前会上那几分钟的拍板定稿，竟惹来这么大的麻烦，直到一年之后再来用两个多版面，做这个多么复杂但仍然还是不能彻底说清问题的说明，这其间耗时、耗人、耗物，把报社的总编们折腾得筋疲力尽。从中至少要引出这样两个教训，即一是要警惕来稿有假，二是要清楚新闻规律。

我们对社会上的自发来稿一定要特别慎重，确实有人玩世不恭。过去社会上有一种人爱管闲事、翻闲话，在街头巷尾、茶楼酒肆编造一点假故事哗众取宠，后来发展成一种职业习惯，被称为“天桥的把式”。现在这种人的后代又学会了运用现代传媒手段，把神圣的、社会责任感极强的新闻工作，视为他们手中的玩物，进而利用之，作为出名发财的手段。从这篇调查中也可看出，报社在出了假新闻之后是如何心急火燎，而炮制者却能推就推，能赖就赖，甚至继续设假套子，玩弄报纸。不但这篇稿这样，那十篇假新闻在事发之后无一不是如此。

这十篇中以时间算，第一篇是《深圳法制报》1 月 12 日刊出的《她告别了令她耻辱的世界》，在管理部门的一再督促下到 10 月份才查出个眉目。这是一篇纯粹瞎编的以损害妇女形象为内容的所谓新闻，想不到作者却是一位年纪不大的有大学学历的女性。一些档次较低的小报专门摘登这些路边新闻，这又进一步养活了一批好事者、好财者，他们靠一把剪刀向各种文摘报投稿，据说因此而发财的也着实不少。这种事以后要完全杜绝恐怕不可能，就像说要社会上不再有那种爱编瞎话拨弄是非的人。所以我认为此事一方面是教育，但对编辑来说更实在的是要警惕。

最根本的还是要从认识上解决问题，提高编采人员的业务水平。社会来稿中有多少假东西都不可怕，怕的是我们不识货，不清楚我们在干什么，不清楚新闻的本质、个性，特别是不懂新闻与文学的区别，结果编报时如同编文艺杂志。比如，本文中提到，假新闻是写两个女学生吃熊掌，编辑为了更真实（实际后果是更骗人），就在画报上剪了两个女学生的头像来压题。“这鸭头不似那丫头”，且不说这篇稿子是假的，就是真的也不能这样。今年有一次空难事故，一个报社记者未到现场就先抢发了一篇稿子，还找了一张过去的空难照片来压题。还有文中的人物用 A、B、C 来代替，这也有违新闻的一般常识。但是此风一长，好像存在就是合法了。看来要想杜绝报上的假 A、B、C，我们真的要不断对编辑进行新闻常识的 A、B、C 教育，只有对自己的田地了解得清清楚楚，才不会把杂草当作好苗苗供起来。在新闻学上认真做学问的人实在太少了。当然这个清楚还有另一种意思，就是说要清楚自己身上的社会责任。应该说在这十篇假新闻中编辑一点也没有看出有假也有点冤枉。实在是金钱诱惑，这个稿明知有假，但能刺激发行，也就佯装不知，发了出去。从这个意义上说当编辑实在是一件难事，既要深明大义，又要眼手不凡。

（1994 年 11 月 3 日）

附 8

熊掌风波谜中谜

1993年岁尾，中国新闻界波澜骤起。

一反往常积年惯例，中国评出了“十大假新闻”。其中引人注目的是两则《熊掌风波》，随之被推上被告席的是《中国建材报》和首都另外一张大报。

消息传出，四面哗然。中国建材报社内的电话铃声接连不断。上下左右的人士来电话，或责问、或质问、或询问、或慰问，出自不同的关切，将疑问集中在一个焦点上——这则假新闻是怎么搞出来的?

国内波一尺，香港浪一丈。弹丸之地上，跟着推波助澜的人颇为不少。《东方日报》《星岛日报》《明报》《信报》《成报》等等，均辟版面，迅速传播了这则消息，好像中国又爆炸了颗原子弹似的。有的还配发了评论、述评等，夹叙夹议，介绍背景，渲染事态，好一阵忙乱。

外面世界的暴风骤雨敲打着中国建材报社的屋顶门窗，编辑部内不得安坐。报社会议室的长桌边，几位领导和编发《熊掌风波》的周末版编辑坐在一起，默默相对片刻，年轻的副总编辑谢镇江率先调侃道：“诸位，何必灰溜溜的呢？这是十大假新闻啊！能评上‘十大’，还不容易呢，不信的话，谁再编条假消息，肯定难以入选。”

话音甫落，惹起一阵笑声。然而，毕竟是“吃了苍蝇”，负有责任。社长张颁甲、总编辑温庭世严肃地说，对这件事要深刻反思，要认真检查，重要的一点是，总要搞清楚这则报道是不是假的。如果是假的，那么又是怎样走上报端的？从事新闻工作已达45年的老报人张颁甲还说：“一定要及早把这件事查个水落石出，对读者有个交代!”

会上决定，报社派出副总编辑谢镇江，编委、高级记者、《五彩世界》编辑部主任王迈直接负责、深入专访。可是，近五个月的时间过去了，长途跋涉近万公里的调查结论竟是——

水落石难出，熊掌谜中谜。

让我们循着时间的轨迹，来看一下云山雾罩的“熊掌风波”的扑朔迷离的故事吧。

（以下1～16节的追踪过程略）

17

《熊掌风波》的采访终于画上了句号。

但是，它给人留下的教训和思索却难以就此结束。首先不肯画上句号的是《中国建材报》的记者和报社领导们。厚厚的采访笔记和一盒盒录音带，艰难的调查，留下了沉重的思索：

《熊掌风波》究竟是真是假？经过比较周密的调查，目前得出的基本结论——《熊掌风波》确确实实是一则假新闻。

《熊掌风波》是一则假新闻的根据是什么？《熊掌风波》原作者杨传珍一而再、再而三地申明，确有“熊掌风波”，然而记者的调查却找不到吃熊掌的女大学生、找不到卖“熊掌”的饭店，收到退款5 000元等更是子虚乌有，无从查实，作为基本事实不存在的所谓新闻，当然是假新闻！

《熊掌风波》这则假新闻的传媒渗透力为何这样强？这是一个比较复杂的问题，简单些说，首先应该肯定的是作者虽然不是一位合适的新闻工作者，却是一位有一定文学创作能力的作者，他以丰富的“合理想象”装扮了一个闪着理性思辨色彩的故事，许多新闻单位的编辑见到稿件时被迷惑，甚至产生爱不释手的情感，因此而忽略了对新闻事实的推敲。

其次，虚构的《熊掌风波》如果真的存在，则是一例典型的社会新闻。它有非常广泛的大众感知点，谁都知道熊掌；它有十分曲折又很简洁的故事情节，容易口述言传；它有很强的新奇性，可以较好地满足公众的好奇心，等等。

再次，新闻单位在报刊市场竞争日趋激烈的情况下，出现了搜奇猎异的倾向。传媒机构捕捉到《熊掌风波》后，为了迎合读者的兴趣，加速将其在版面上推出，为《熊掌风波》的扩散起了推波助澜的作用。

最后，以讹传讹的效应异常明显。《中国建材报》刊发《熊掌风波》以《长春晚报》的一则简讯为主要依据，而《工人日报》刊发时又以《中国建材报》的文章为参照，接下来各报刊发转载时再以讹传讹，谁也没有料想到第一篇报道就是失实的，谁也没有去核对一下先前的报道是否属实，哪怕打一个电话也好。当然，《吉林日报》那位出色的女记者张彬彬是例外。

《熊掌风波》之假为何一波三折？这也是多方面因素的契合的后果。从文章的类别来看，《熊掌风波》的作者打了一个“擦边球”——写了一篇在新闻与文学故事之间模棱两可的作品，既有真名实姓，又无准确的时间地点，让人真假难辨。《中国建材报》刊发时，也未将其定位在新闻范畴之内，但一个“社会纪实”的栏头，使其身份不明。从《熊掌风波》事件的发展线索来看也是真真假假。开始时，作者称有，文章见报后，当事人也说有；后来当事人说无，作者也称无；再一步下来，作者仍称有，当事人却说无。这样有有无无之间，屡次反复，莫衷一是。新闻媒体的说法也是这样，开始称有，然后默认是无；接着又宣扬是有，然后又称是无，真是莫名其妙。

新闻单位如何杜绝《熊掌风波》这样的假新闻？《熊掌风波》的详查细访费时六七个月，新闻单位每天要接到大量的来稿，不可能对每件来稿都派人去调查核实，在这样的情况下，报社编辑是凭经验、靠感觉，来判定新闻是否可靠，稿件的真实性责任主要由作者承担。但是目前我国没有新闻法，新闻的采写者对新闻作品负有什么样的责任不明确，特别是报社外面的作者，如果写了假新闻，报社先承担责任，除非新闻中有诽谤、诬陷等内容，或是造成泄密、经济损失等，否则即使是报道失实，也不能依法对作者做出处理。因此，从根本上讲，杜绝假新闻必须要立法，要通过法制来约束作者，使其对自己的行为要负有明确的责任。同时，新闻单位也要不断地改进工作作风，提高业务素质，把核实稿件的工作，做得更扎实、更有实效。

总之，《熊掌风波》给人留下的思索是很多的。同时，它仍留下了一些疑点。调查情况表明，杨传珍和鲁哈达两人所说的情况是完全相反的，两假相逢，必有一真，从目前来看，鲁哈达说的符合实际，而杨传珍详细描绘的情景却无处查询。但是，“熊掌”的故事反复太急骤了、太曲折了，谁又能保证这种情况绝不会出现呢：将来的某一天，又有人出面作证——熊掌风波确有其事。世界太复杂了，烛光斧影，千古疑案，很多事情，永远说不清楚。但有一条，结论在未推翻前就是结论。

《熊掌风波》是假新闻，今天看毋庸置疑！

（《中国建材报》1994年7月16日）

附 9

1993年假新闻大曝光

真实是新闻的生命，不管是新闻的整体，还是新闻的各个部分，乃至各个环节各个要素包括五个“W”，都应该是准确无误的。这是起码的常识，也是通讯员、记者、编辑所应具备的起码知识。然而近年来，新闻的真实性受到了严重的挑战，一些虚假新闻、失实新闻和失真情节，经过作者的精心写作、编辑的精心编排和有关负责人的精心审核，竟然堂而皇之地登上我们报纸的新闻版面，这不能不引起我们的深思。

急功近利　铸成大错

1993年1月12日，《深圳法制报》新春伊始就刊登了一篇虚假新闻，题目为《她告别了令她耻辱的世界》，作者刘小狄为北京市自由撰稿人。在这个《社会·人生·法》的栏目中，作者叙述了一个曲折动人的案例和法制新闻：河南开封市某印刷厂的G姑娘看到《婚姻与家庭》杂志上的一则征婚启事，于是到北京和潇洒的陈医生相见。然后，故事按照某些报刊所叙述的那种受骗、失身、卖淫的轨迹进行——G姑娘在陈医生家看录像、被占有、遭拐卖、被迫卖淫，最后自杀……

此文刊发后，引起了北京《婚姻与家庭》杂志社的强烈不满和高度重视，因该刊从未刊登过这位陈医生的征婚启事，这是一种公然侵害名誉的不法行为。于是该刊主编又给《深圳法制报》写信又找刘小狄本人，明确表示了自己的态度。面对事实，作者刘小狄不得不向《婚姻与家庭》杂志主编承认错误称：“那个征婚广告是刊登于某杂志的《婚姻与家庭》栏目，是一本社会上流行的大杂烩式的杂志，并非刊登于你们的杂志，此事与贵刊毫不相干。”后来《婚姻与家庭》杂志社又派人找刘小狄核实关于《她告别了令她耻辱的世界》一文的情况，刘小狄称：“本文的材料来源于朋友的聊天。”再问她，朋友是如何知道的，朋友是哪个单位的，刘支支吾吾地说："我的朋友也是从他的朋友处聊天得知的。"

请看，她得知于朋友的聊天，而朋友又得知于朋友的朋友的聊天。这不就是那种典型的"马路新闻"？这样的新闻何谈其真实性？

若问刘小狄，为何编造这种离奇的假新闻？用她给《婚姻与家庭》杂志主编信中的一句话说就是："我过于急功近利，才铸成今天的大错。""功"与"利"，这就是刘小狄炮制假新闻的动机所在。

心虚造假　欺世盗名

利用舆论工具为自己的不良行为造舆论，这是某些人搞假新闻的另一种表现。今年3月22日，广州市司机谭某、汤某捡到两张5 000元面额的存单，于是恶念顿生，拟向失主索取一笔"好处费"，但又碍于面子，便纠集龙某、刘某两个朋友一起按址前往。当找不到失主时，这四个人想把这笔巨款吞掉。次日上午，由刘某先向银行提取钞票若干，放一个"试探性气球"，若能成功，就全数取出来瓜分。然而好梦未圆，事情败露，刘某被收容审查。两个司机心中害怕，被迫交出存单。但为了掩盖和逃避"为什么24小时以后才交出存单"的责任，他们杜撰了一则"多方觅失主"的假新闻。

这则新闻说：司机谭某、汤某驾车途中捡起路边一个塑料袋，打开一看，有各种存折、存单、债券。他俩便毫不犹豫地按照袋内的地址寻找失主。而地址上的房屋正在拆建，后来他们几经周折才找到失主李某……

这则假新闻被《羊城晚报》等多家传媒报道，流传很广，影响很坏。本来是"冒领巨款"，硬说是"拾金不贪"；本来是"恶劣行径"，硬说成"高尚品德"。而我们的宣传媒介又被这种不良用心欺骗，也将"坏"说成"好"，其教训多么深刻！

事后，经过群众举报和记者的调查，终于弄清了事情的本来面目。《羊城晚报》即刻发表了澄清事实真相的报道，并配发了《评一出滑稽剧》的评论，表示要吸取教训，不再为那些欺世盗名之徒所欺。

制造轰动　哗众取宠

今年早些时候，深圳一些报刊刊登了这样一条新闻：2月25日，在深圳龙都酒楼，举办了一桌名为“龙都豪门宴”的酒席，每席不包括酒水标价为188 888元港币，请客共5桌，耗资近百万，请客的东道主是内地的一家集团公司。

此新闻令人大吃一惊，内地和香港的一些报刊也纷纷转载，不少报刊还对此发表评论。然而经深圳市有关部门调查，这却是一则故弄玄虚、哗众取宠的假新闻。

事实是：龙都酒楼在正式开业前，以召开记者招待会的名义举办了一次试宴，“豪门宴”是由港方某总经理组织的，实际上，“豪门宴”每桌为14 050元港币，还不到188 888元港币的十分之一。那么，为何要把14 050元港币说成188 888元港币呢？原来其目的是想以此引起“轰动效应”，为酒楼造势扬名，从而扩大影响、招徕顾客。这种造假的动机令世人眼界大开。

含糊其词　导致虚假

今年六七月间，《中国建材报》和《工人日报》先后刊登了两则“熊掌风波”的失实新闻。这两则新闻所写的是同一件事，更令人料想不到的是，这两则失实新闻竟是1991年一家晚报的一则假新闻的继续。

1991年7月10日，某晚报刊登了一条《错把2 000当20，熊掌好吃钱难付》的短消息。说的是两名女大学生，把菜谱上的每只熊掌2 000元错看成20元，吃了两只共计4 000元，使两个学生目瞪口呆。后经了解，这完全是一则莫须有的虚假消息。

今年年初，某大学一位律师研究生对1991年那则假新闻进行了分析，谈了一些看法。而作为同室而居的另一位研究生杨传珍，却以这次闲聊的内容为主线，经过艺术加工写成一篇新闻稿，在稿件中还用了那位律师的真名。

这则假新闻的情节是：那两位吃熊掌的女同学拿着 4 000 元的发票找到工商局，指出那家饭馆出售熊掌违反了《野生动物保护法》，工商局要罚饭馆 2 万元。后来饭馆老板承认，这不是熊掌，而是中蹄筋。最后老板退还学生 4 000 元，并赔偿二人精神损失费 1 000 元，还被工商局罚款 2 万元。

此则假新闻在《中国建材报》见报后，作者杨传珍还拿着报纸给那位一起聊天的律师看，而律师只是半开玩笑半认真地说："老杨，你这回可侵犯了我的名誉权。"因为是朋友，也没再说什么。而后，早就认识那位律师的某市司法局的工作人员任宛植，看了杨传珍的见报稿后，打电话问那位律师："吃熊掌的学生到底是哪所大学的?"那位律师则回答："不太清楚，不知是师大还是吉大的。"于是，由任宛植等二人写的又一篇假新闻《正义改写的熊掌风波》，又登上了《工人日报》7 月 18 日的版面。

从这两篇假新闻出笼的过程看，那位律师有不可推卸的责任。其一，他是律师，深知新闻造假的错误和后果。其二，这个故事是从他的口里分析、闲聊出来的，这个情况他自始至终是清楚的。其三，当他从《中国建材报》上看到杨传珍的假新闻后，没有严肃地指出杨的错误，而是"半开玩笑半认真"地说了一句无关痛痒的话，而且"因为是朋友，也没再说什么"。难道朋友写了假新闻就不该指出吗？其四，任宛植在给他打电话问这两个学生是哪个大学的时候，本来没有这么两个学生，但他仍回答说不太清楚，而且仍未制止任再次制造假新闻。可见，那位律师的模棱两可、含糊其词，是造成后来一篇篇假新闻出笼的主要原因之一。倘若他坚持原则、态度明确，假新闻就不可能一再出笼。当然假新闻之所以出笼，根本责任在假新闻的制造者。

严格把关 认真治假

报纸上的假新闻能不能消除，关键在于报社编辑人员能否认真核实、严格把关。

今年 8 月初，湖北《楚天周末》编辑部收到一篇署名林华、题为

《社会纪实："黑色七月"忧思录》的来稿。这篇纪实的内容是：今年夏季高考期间，某中学副校长杨明以每套数千元的高价出售伪造的高考试卷，造成上当受骗的学生自杀和出走的严重恶果，最后案情大白，案犯杨明被逮捕法办。编辑认为，此稿虽然可用，但考虑到它所反映的事件非同小可，倘若失真，会造成不良社会影响。于是编辑带着此稿驱车专程前往作者所在的鄂州市进行核实。

他们先后到鄂州报社、鄂州市教委、市政府办公室进行了认真的调查，了解到：市公安局有个赵刚而非稿件中的马刚；旭光中学确有学生非正常死亡，但那是游泳溺水而非参加高考上当受骗而亡；第二中学也曾有副校长调离一事，然却与高考无关。事实证明这篇纪实作品是一篇改头换面、生编硬造的"失实"伪作。结果这篇假新闻最后被《楚天周末》的编辑"枪毙"（后作者又改头换面以《高考试卷诈骗案引起的悲剧》为题，在《北京青年报》等报纸刊登）。

可以说，《楚天周末》编辑部在杜绝和消除假新闻上，这种认真核实、严格把关，对读者、对社会负责的精神值得称道。

作者造假　编者失职

今年7月30日，《南方周末》在《人与法》的专栏中刊登了将近一个整版的题为《袭警案》的长文。该文作者为南昌铁路分局文联的刘玉顺（文章署名为于洋）。

文章说的是三省交界处的B市发生的一起"极其恶劣令人震惊令人深思"的袭警大案：B市公安局东区派出所治安民警陈本昌，是一个利用职权敲诈勒索之徒。他早先的女朋友离他而去，被他敲诈5 000元。他在聚赌现场抓赌，敲诈赌徒2 000元。一次在抓获"借种"丑剧的一对夫妇和一名司机时，共敲诈折合人民币4万多元。此后，三人为了报复，合谋将陈本昌及其三岁的儿子杀死。

然而这起曲折奇特的案件，竟是作者虚构和编造出来的。为此《南方周末》在10月1日刊登了《重要声明》，声明说："经查，南昌铁路分局文联刘玉顺同志以于洋的笔名发表的《袭警案》是一篇由作者虚构的文章，本报发稿前，因作者出差外地一个月而数次均无法与其联系上，认为该作者是有经验的老作者而轻率发稿以至见报后造成不良影响。”该报同时还刊登了作者于洋致编辑部的信：“我写的《袭警案》一文，是我根据社会上对某些公安干警违纪现象的种种传闻编写出来的，不是特指某地某一个干警。”

对于这样一起特大人命案，特别是公安人员犯法犯罪案，岂能不调查核实，“轻率发稿”？

10 月 29 日，该报发表《沉痛的教训》。对刊载《袭警案》作了检查，谈了教训。这也是其他报社应汲取的教训。

附：1993 年报纸十条假新闻

序号	题目	报社	刊登时间
1	她告别了令她耻辱的世界	《深圳法制报》	1 月 12 日
2	六元钱摸奖喜中摩托　六天后外出车毁人亡	《钱江晚报》	3 月 4 日
3	两司机拾遗多方觅失主　三十万元巨款不贪占	《羊城晚报》	3 月 23 日
4	邓小平谈新闻改革	《采风报》	4 月 6 日
5	吃熊掌风波迭起	《中国建材报》	6 月 12 日
6	正义改写的熊掌风波	《工人日报》	7 月 18 日
7	中宣部关于合资办报的建议	《信息日报》	7 月 20 日
8	袭警案	《南方周末》	7 月 30 日
9	高考试卷诈骗案引起的悲剧	《北京青年报》	8 月
10	报到手续繁复留学生归而复返	《组织人事报》	9 月 2 日

（《中国报纸月报》1993 年 6 月，作者：岳侃）

附 10

新闻也要打假

新闻的生命在于真实。假新闻历来为群众所恶，为广大新闻工作者所戒。

日前新闻出版署报纸管理司主办的一期《中国报纸月报》，披露了1993年报纸十条假新闻，并把报社名称、作者大名一一予以曝光。其中一些假新闻还是相当有影响的报纸刊出的，十分令人遗憾。当然，去年的假新闻决不止这十条。唯其如此，这个问题更应该引起我们的重视。

这些假新闻有什么特点呢？看一看标题，或许有助于我们探究个中的“奥秘”：《她告别了令她耻辱的世界》《吃熊掌风波迭起》《高考试卷诈骗案引起的悲剧》……在这些文字背后，若隐若现地显示出某些编者一个共同的“追求”——猎奇。因此称去年假新闻一大特点是猎奇新闻，未尝不可。猎奇的主要原因，正如一些新闻工作者沉痛指出的：近年来报刊竞争日趋激烈，一些报刊编者社会效益观念淡薄，为追求经济效益和知名度，热衷于“热点新闻”和“轰动新闻”，从而使虚假新闻得以出笼。这是就编者而言。至于作者一面，情形就更为复杂。据了解，有的是为了出名，有的是为了赚钱，有的是为了哗众取宠，有的是为了挟私报复，有的是为了制造混乱、蒙骗世人，凡此种种，不一而足。更有人是几者兼而有之。这就需要编者以高度的社会责任感认真识别，严格把关。稍一疏忽，假新闻即乘隙而入，就更不要提有意纵容的情况了。

假新闻出笼，后果十分严重。无中生有的《邓小平谈新闻改革》与《中宣部关于合资办报的建议》、编造公安人员犯罪被杀的《袭警案》等假新闻在社会上流传，造成了不良政治影响，引起了一些思想混乱，有碍社会安定。《她告别了令她耻辱的世界》这一类假的“法制”、案例新闻，侵害了一些单位或个人的名誉，引起纠纷或法律诉讼，给当事人造成极大的痛苦。假新闻《两司机拾遗多方觅失主　三十万元巨款不贪占》，则系编者上当受骗，倒非为是，把冒领巨款未遂的恶劣行径美化成“拾金不昧”的“高尚品德”，幸亏后来发现事情本来面目，在报上予以澄清，才有所挽回。不然，报纸版面岂不成了欺世盗名之徒售奸作祟的工具？这些沉痛的教训，不能不引起人们的深思。

在市场经济条件下如何搞好新闻工作，的确是一个比较新的严峻的课题，但是无论如何，新闻的真实性原则是绝不能动摇的。目前，有些报刊是企业性质，有些报刊兼有企业性质，大家在市场上都面临着竞争的压力，要扩大影响，要赚钱，这没有疑义。但这只是问题的一个方面。新闻工作者肩负着重大的社会职责，在抓经济效益的同时绝不能忘记要把社会效益放在第一位，绝不能忘记“真实是新闻的生命”这一基本原则和职业道德。倘若把迎合某些读者的猎奇心理放在第一位，来竞争发行量，来扩大影响，那就走到邪路上去了。最终的结果，不但发行指标要成泡影，影响变成负面，而且还有办不下去之虞。有谁欢迎说假话、说谎话的报刊呢？

古人云：“人而无信，不知其可也。”报而无信，又该如何呢？有鉴于此，建议新闻界也要实施质量的监督和检查，开展打假活动。在每年表彰和奖励优秀新闻的同时，也给假新闻曝一曝光。《中国报纸月报》开始这样做了，很好，很好。

（《人民日报》1994年1月23日，作者：马立诚）

新闻——社会生活中的空气

《人民日报》记者周庆同志编写了一本《怎样当一名合格的记者》，请我写一篇小序。我着意翻了一遍，闭目一想，倒勾起许多题外的想法。

我自己当记者曾有些年头，那时每天捧着个小本子，到处打听新闻，又急着写新闻发到报上去，发挥类似排球赛中“二传”的作用。当然其中还有筛选和加工整理。我当时常常产生两种激动：一是在采访中见到新鲜事，就迫不及待地想赶快告诉别人；二是当这新闻传播到社会上引起反响时，更是兴奋。记得有一次写了一则农民养猪专家的通讯，他的精神实在感人，经验又实用。发表后短短几个月我就收到三千多封来信。有的人到处找这张报，甚至把人家已经糊了墙的报也揭了下来。这说明一个简单的道理——读者需要新闻，社会离不开新闻。新闻工作者不断地、及时地把新的信息、新的知识、先进的经验、党和政府的新政策传达给读者，读者得到这些新东西，就会有新启发、新思想、新行动。亿万人就是这样不断地把接受来的东西作为自己再思考、再前进的新起点，总是踏着新铺到脚下的台阶攀登，于是，社会作为一个整体也就在不断进步。不可想象，社会没有新闻传播会是什么样子。陶渊明写了一个虚构的故事《桃花源记》，那里的人与世隔绝，时代到了晋朝，他们却还只知道秦朝的事。他们听不到新闻，得不到新的信息，整整比常人落后了 600 年。新闻，实在是我们社会生活中必不可少的新鲜空气。离开了新闻，社会和人都要窒息。这种说法也许有点夸张，但道理无疑却是这样的。而且，随着社会的进步，新闻除了传播信息外，在社会对话、舆论监督、参与生活等方面还可发挥更大的作用。

虽然人类从出现就离不开空气，但真正开始研究空气却是很晚的事，直到 18 世纪后期，法国科学家拉瓦锡才第一个真正弄清空气中含有氧。至于更详细地了解和自觉地利用空气则又是更迟的事了。所以时刻离不开的东西倒常常不引人注意。正如我们每天看报、听广播、看电视，却并不一定知道新闻的采访、编排、制作是怎么一回事。现在周庆等同志把这个与人们社会生活最为有关的题目拿来条分缕析，作一娓娓动听的漫谈，实用又颇有新意，实在是件有益的事。在这信息爆炸的时代，我们且不说做不得桃花源中人，就是三天不看报，也会顿如隔世。

更可贵的是，这本书选中的对象是中小学生和有志于新闻工作的青少年，让他们还没有进入社会就熟悉一下新闻的里里外外、前前后后，让他们学会怎样充分吸收这须臾不可离开的精神空气，这对他们增长知识，提高自觉捕捉知识的能力，增强进入社会后的竞争能力、自立能力等都有很多好处，有很深远的意义。

（1992 年 1 月 15 日）

新闻是块火成岩

严介生同志是个有心人。他将一批获奖新闻作品中的小毛病一一挑出来，编辑成书，名为《美中不足》，请我作序。这真是反弹琵琶，别人对获奖者总是大讲溢美之词，他却冷静地指瑕求疵，难能可贵。这书也就更可一读。

读罢清样我想到一个问题，获奖作品尚且有这么多的毛病，可见要写出好新闻真难。为什么呢？主要是因为一个字：快。新闻是信息，要快速反映。于是难免萝卜快了不洗泥。快是前提，从一定角度说，新闻稿的水平实际是看在快中谁的漏洞更少一些。在这里便分出了新手与高手，生笨与老到。大凡一挥而就，快速而成的东西，就更见道行，是那一行当中的高档。如书法中的草书、绘画中的写意、摄影中的抓拍、射击中的飞碟，瞬间而成，成不了或者成得不好，也就只好成终身遗憾。以快为主的艺术（虽然新闻不是艺术）是无法重复，不能反复修改的。那是舍本求末。所以这本书给我们的启示主要不是怎样改稿子，而是怎样培育作者的内功。功厚艺精，临场发挥自然得心应手。市场上的卖肉高手一刀下去半两不差，正是这个意思。

世上看似容易的事往往倒是最难的。就像跑步，人人都会，跑出成绩就不容易。一个记者的功底是无法用一句话说清的，它综合了一个人的知识修养、观察能力和表达能力。这里有功力积累，也有技能训练。大生物学家居维叶常常工作到深夜，一次，几个年轻人要和他开玩笑，他正在灯下潜心阅读，突然从窗外伸进一个怪兽，张着血盆大口，舞动一双大蹄子。居氏抬头笑道："我不怕你，偶蹄类动物只食草不吃人的。"扮兽者只好脱下面具。这是知识的功力。有人给我介绍一位老裁缝，他为人量衣从不用尺子，只请你站起来，走几步，做成的衣服合体合心。这是观察的功力。一次我在上海街头见一位老艺人手边一卷铜丝、一把钳子，一会儿就出手一辆小汽车、小自行车，惟妙惟肖。这是制作技艺的纯熟。记者写作时不能像学者那样慢慢查资料，也不能像裁缝那样请被采访对象起身转两圈（这对象有时是一个大事件，你也转不动它），更不能捏着稿子不出手慢慢地磨。他要在一个“快”的前提下，把所积累的知识、养成的观察力和练就的技艺通过几百字的稿件，这个尖细的喷出口，于瞬间爆发出来，凝固定型。如火山喷发后形成的岩石，也许是《红楼梦》里青埂峰下的那块顽石，也许是灰土中的一堆碎砾。义无反顾，不可挽回。作家的稿件是水成岩，可以千磨万磨；记者的稿件是火成岩，一次定型。记者的功力更主要的是在写稿之前的积淀。而且上面说的只是大概的三方面，若再细分，知识修养又包括文化的、政治的、科学的、社会的等等，观察能力又包括对人、对事、对景、对情等等，表达能力又包括新闻的、文学的、艺术的等等。要把这一切熔为一炉，炉火纯青，然后提笔上阵去小试锋芒。

这样不是说写新闻高不可攀，更不该得出记者难当的悲观结论。事实上报上每天都有许多好稿子，年年也有许多作品获奖，只是我们应该法乎其上取乎其中，或者如恩格斯所说从人看猿，研究它的来路，研究为文之道。已经见报的作品，包括已经得奖的作品，是不可能再修改了。但在遗憾中悟道，悟为文之道，悟这个行当之道，也别是一种意境。

是危机，还是转机？

实行社会主义市场经济体制之后，办报遇到了许多新问题，特别是机关报受市场的自然选择，订数有所下降，于是有的同志就惊呼“机关报危机”。面对这场改革，不只是报纸，经济、教育、卫生，乃至许多具体部门，都会有这种感觉。旧的平衡在打破，旧的秩序已不适用，或者已不完全适用，新的秩序正在诞生。春草的新芽已悄悄地穿破冻土和地上的败叶，透出了一丝新绿。危机往往同时蕴藏着转机，何况在改革中遇到的这一点点小问题，远远谈不上什么危机，我们倒是从中看到了争取报业繁荣的新转机，看到了我们事业的勃勃生机。这是我通读了第七届全国地市报的评奖作品后的思考。

地市报作为党的机关报，它的任务主要是指导工作、教育群众，过去的特点是严肃有余，活泼不足。从宏观上讲工作要干，教育要搞，但是具体到每一个读者，他看报是为了得到信息、得到知识或者得到娱乐，他并不是做准备来受教育，来接受指导，有时甚至对报上的文章还有点逆反心理。党报的任务决定了要灌输，而市场机制又决定了读者可看可不看，这是个矛盾。过去的办法是不管你爱看不爱看，我有上面拨款，照样印，照样发。现在要考虑的办法是既要你自觉地想看爱看，掏钱买，又要完成我的工作，使你受到教育。这就是政治导向和市场机制的结合，是利用机制达到政治效果。这就是改革。其中有思想，也有方法和艺术。这里评出的第七届全国地市报优秀作品，正是给我们显示了这种改革的端倪。

在改革开放中，地市报如何指导改革、宣传改革，即在市场经济体制下我们的报道角度和方法要有哪些转换和调整，从这次的得奖作品中看，大致有这样三点：

一、服务经济、服务市场

以经济建设为中心，为经济建设服务，这个问题是党的十一届三中全会就解决了的。以政治为中心，阶级斗争、大批判是再不能搞了。但是怎样为经济服务，这又有一个认识和转轨的过程。十四大以前，我们转向为经济服务，但基本上是为计划经济服务，十四大之后我们开始探讨和实践如何为社会主义市场经济服务。于是就需要在宣传方针、方法上的二次转移和再度深化。在这些作品中可以看出记者的视觉和笔触已经直接扫向市场，捕捉从计划经济到社会主义市场经济转折过程中的新鲜事、新经验和人们的新观念。《销售状元王学荣双喜临门》（《承德群众报》）是讲一个老推销员，因为推销有功，被批准入党，为了工作方便，单位还为他配了个人专用小车。《苍南农民创办天龙包机业务公司》（《温州日报》），经济上富了起来，思想上又解放了的农民，早已不满足面朝黄土背朝天式的传统经营，他们在市场经济的鼓舞下，居然承包了几条飞机的航线。个体户张化平发财后捐出 50 万元修大桥。这都是转折时期出现的崭新的事实和思想，报道这些东西就使我们的报纸吹进了一股新风，这也就是报纸的新转机。笔锋和文风这么一转，所谈的信息又与读者息息相关，人们怎么能不喜欢看？

二、换个角度来指导工作

机关报的一项重要任务是指导工作。过去我们习惯行政命令，在报上发社论，转发领导机关的文件，或者发一些所谓指导性强的消息，觉着这样才像机关报，觉得工作就是我说你听，我说了你就会听，工作就搞好了。事实证明，这种方法搞政治运动还行，指导经济工作就不一定行。经济有其自身的规律，群众从事经济活动是为了发财致富，为了自身的利益。因此报纸指导工作应该是揭示这个规律，不是我要你这样做，而是让群众知道是客观规律要求我们这样做，从而很自然地做到把党的政策变为群众的自觉行动。这次评奖中有一批这样的好稿件。《一个电话把广州芽麦变成金豆豆》《一部专题片换来三百万》，是用具体的事例来讲怎样开拓市场，组织市场，搞活经济。农村大办乡镇企业后，地还种不种，新条件下怎样种？《三个专业户包种全区水田》《荒漠上站起的两个百万富翁》都是回答这个问题的。甚至还有这样一篇消息《抓紧时间卖烟去》，这样一篇评论《谁能告诉我明年种什么》。内容很具体，口气很随和。同样是为了指导工作，但这样的角度和方法就使人感到实在，感到亲切可信。指导性的报道，不是对着人，而是对着事。把事说清楚，用事情把道理说清楚，指导的目的也就实现了。

三、研究新问题，提出新思想

过去我在一篇文章里曾谈到，新闻的“新”包括“快”和“深”。将信息以最快的速度告诉读者，当然这信息就很新鲜。如果将一个问题往深处挖，得到的思想也会很新鲜。我们的新闻，我们的报纸，不但要提供新鲜的信息，还要提供新鲜的思想。在变革时期尤其是这样。机关报指导工作，不外两个方面：一是通过事实的报道从行动上来导向，二是通过社论、言论从思想上来导向。而从思想上的导向，又可以分为两种：一是从上至下式的灌输，我说你听；二是从基层，从工作中、生活中采集新鲜的做法和思想，我来分析、归纳成你的思想给你听。作为更接近基层，贴近群众的地市报来说，大量使用的应该是第二种方法。《不能穿着“朝靴”下海》（《大兴安岭日报》），形象地分析了改革中的一种矛盾心理。又想投身市场经济，又不想丢掉铁饭碗。这种新鲜的评析，简直就是早晨刚从地里拔起的一苗连着泥土带着露水的青菜。还有《土地观需要理一理》（《苏州日报》），是讲我们多少年来都是在说土地的神圣和对她的崇敬，现在突然遇到土地也要进入流通这个新题目，要把它当作一种投资，还要向境外出租，真有点大逆不道了。于是作者上溯到理论高度，提出“土地观也要理一理”，这是一种因深刻而带来的新鲜。这样办报读者当然爱看，而且具有了大报很难有的特点。

是危机还是转机？看来只要研究情况、分析问题，我们总会在新形势下找出新路子。从长远来看，危机可能会有，但转机也随时都在眼前。

（本文是《第七届全国地市报得奖作品集》序言，1994 年 4 月 15 日）

信息的延伸与记者的第二生命

《洛阳日报》老记者海涛同志今年年届花甲，从事新闻工作已整三十年。他将自己积累多年的散文结集，嘱我写序。这个集子中包括山水游记、人物专访、随笔断想、抒情记事等。文涛墨海，历历半生，聚沙为塔，弥足珍贵。细览文稿，念及作者，不觉想到信息的延伸和记者的第二生命。

信息是什么？信息是事物的特征、标志和信号。它不是事物本身。"山雨欲来风满楼"，"红杏一枝出墙来"。风是雨的信息，花是春的信息。人们办事不可能总是摸到事物本身才动手。于是就先捕捉那些最易浮现在事物表面的信息。商人顺着信息逐利，将军依据信息决战。信息常给有心人创造成功的机遇。电报的发明人马可尼，就是看了一张物理学家赫兹逝世的讣告，从中得到电磁波的一点信息，而发明了电报。我过去采访过一个农民，他穷得债务满身，一日无聊地在炕头上摆弄小收音机，听到一条城里缺售芝麻酱的消息，便起而加工村里的芝麻，包了几节火车运进城，一跃而变成乡里的首富。你看这些信息的延伸为利用者开辟了多么深、多么广的天地。

遗憾的是，使用信息的人，从不肯浅尝辄止，而是将信息延伸再延伸，去开创他们辉煌的事业；而传递信息的人，却常是忙忙碌碌，送旧又传新，到头来总是狗熊掰棒子。一个有才气的记者为什么不可以见花进而觅果，将自己的工作由信息传递延伸到信息的加工，从而开辟自己的第二生命呢？事实上这样做的大有人在。圆珠笔的发明人是记者，邮票上打孔的发明人是记者，甚至连坦克车的首创者也是记者。科学发明毕竟难一些，但文学创作与消息写作却非常相近。信息之花易败，艺术之树常绿。新闻与文学一纸之隔，业务生命的转延，也就是捅破一层窗户纸，换乘一路车，换一种思维，多一种进取。当我们在瞬间抓住信息，并完成了新闻报道之后，请不要习惯于顺手放走这个信息，而是持着它的根须，再去培植一棵艺术之树。这就是海涛同志在花甲之年献出他的作品后给我们的启示。

在这本集子中，作者写人，记述了冰心、秦牧这样的人物；写景，有天山风光、东瀛景色；记事，有特区改革的浪潮和新疆的田园牧歌；抒情，则有面对牡丹、樱花的喜悦，也有在聂耳墓前的深沉思考。行文运笔当简时，则明白如话，促膝谈心；当繁时，则钩沉析理，回环往复。可以看出作者足行万里路，酝酿了满腔风云；笔走万重格，炼就了老到文字。这就是我们记者的优势。愿读者喜欢这本书，愿我们每一位记者也都能有这个成绩。这样，在我们因年龄所限将要离开记者岗位时，就不会因年华随信息消逝而悔恨，也不会因笔下的潜力没有充分发挥而羞愧。我们骄傲，因为又开辟了第二生命。

（1994 年 10 月 2 日）

莫以最多论英雄

因为工作关系，常参加两类评选。一类是评作品，这好办，就稿论等。一类是评人，这就麻烦一点，常要凭借单位和个人的文字介绍材料。这些文字材料有一个通病，就是大写其人多少年来共写了或者编了多少万字。所附作品也是厚厚一叠，却大同小异。作品多当然是成绩，但是要评出类拔萃的记者靠这个不行。这不是一个记者的个性，而是所有记者的共性。新闻这一行就是每天不停地写，不停地编。而且由于信息的易逝性，还要加一个不停地丢。试看我们每天看过就丢、不看而丢的废报纸有多少。所以，以多论英雄实不足取。我们自测成绩，主要是看有没有与众不同的作品，有没有什么特殊的贡献，有没有产生较大的影响。这是因为：

一、从横的方面看，记者是为社会传递信息

信息有大小之分。记者总是拣那些为大多数人所关注、对社会生活有较大影响的信息传播。信息的覆盖面越广，在人们心中造成的震动越大，记者的作用和知名度也就越大。试想，我们一年中听到的春种秋收、开学放假、元首来访、领导出国、各种会议、商店开业、股市行情、生产报捷等等的信息有多少，大多是这个耳朵进那个耳朵出。一个记者如果一生尽是传播这一档次的信息，不用说后人记不住你，就是当时也难有什么知名度。相反，如果你抓了一条超出这个档次的信息，在人们的脑子里也就画了一个较深的印痕。比如一些突发事件，像今年发生的千岛湖事件，两个贼人打劫了一艘游船，火烧台湾游客，引起两岸关系紧张，这条消息叫人们足足议论了三个月。一个好记者当时抓的消息就要能压住别人——压住本报的其他消息，占住头条；压住社会上的同行，消息能覆盖全国，让各报转载，甚至占住各报的头条。这样才敢说你向成名成就迈出了一小步。

二、从竖的方面看，记者是记录历史

我们每个人每天都在写历史，但要是把这些琐事都记入史册，非把历史撑破不可，所以太史公们只能择其要者而录之。因为历史的发展总是从渐进的量变到突进的质变，去事如烟化尘土，只有那些有质变性质的大事才有幸做了历史长路上的里程碑。比如一部天文史，人们记住了 1543 年，因为这一年哥白尼发表了《天体运行论》，把旧的地心说翻了过来而创立了日心说。再比如中国革命史，我们忘不了辛亥革命、五四运动、1949 年开国等等。明白了这一点，记者就应全力去捕捉大事，不应该在小事上浪费时间，更不该错把那些小事拿来当资本。我们说聚沙成塔，但是光有沙子终修不成塔，还得有巨木为梁，钢筋为骨。你总得有几篇硬稿子，才能撑起你这座修建了十几年、几十年的新闻之塔。这竖的要求比横的要求更要高得多。好比一个学生，当时在班里（好比记者在本报）排名第一，又在学校里（好比记者在社会上）排名第一，可谓风光之极。但是再过十年、二十年、五十年呢，这众多的第一中只能有一个第一、第二、第三，其他又都花落为泥了。还以上面所举千岛湖事件为例，也只能是个当时的班级、校级水平。三月、五月、一年之后也就淡了。最近读到一个记者的业务自传，讲到他当年怎样发现秦始皇兵马俑，以后国家组织开掘，终于使之成了世界第八奇观。像这样的消息，就远远超出了横断面，而在竖坐标上可以占一席之地了。

三、再从记者自身的业务道路来看，只有新的创造才能被人承认

可以说，社会各行业的人，一生大部分时间在做着重复劳动。有的人在自己的业务上可能会有一点小小的创造，那就相当可贵了。只有极少数人在自己的领域会有较大的创造。如果人人都有大创造，那历史的发展也就快得收不住脚了。所以创造才弥足珍贵，才能刻在历史的进程上。像科学史上牛顿发现了三定律，爱因斯坦发现了相对论。

我们虽没有那么大的创造，但道理是一样的，总得努力找出一点自己的新东西，这样人家才承认你，才有竞争力，至少在评比中才能得分。另外，事业是一条长河，要一代一代人接续去干的。我们的每一点创造，都是后人新攀登的一块垫脚石，有这么一点贡献，后人才觉得你有用。牛顿说他的成绩是踩着巨人的肩膀取得的。这巨人有谁呢？有阿基米德、哥白尼、伽利略，爱因斯坦又踩在牛顿肩膀上攀登。在这期间数百年不知还有多少人，牛顿、爱因斯坦都没有踩到他们，因为他们的个子矮，没有用。评比就是比个子，要能说出比别人高多少。也就是说你为历史的前进，为你这一行业的发展垫了几块砖。

对一个有作为的记者来说，如果他总以写了多少稿来自诩，就像一个年纪大的人骄傲地说他此生已吃了多少千斤粮一样可笑。稿不在多，而在它的价值和影响。这样你才能在历史和新闻事业发展的坐标系里占有一个坐标点。正是：

莫以量多论英雄，
为文要有霹雳声。
路长空余尘和土，
碑厚才好计里程。

（1994年10月29日）

论新闻稿的生命力

一、信息定格——新闻是流动中的一瞬

记者总是希望自己的稿子发表后能被人记住，最好被人永远记住，即稿子能有最长的生命力。这是人之常情，也是一种崇高的追求。

但是，严酷的事实告诉我们，绝大多数新闻稿是读后即忘，它并没有长久的生命。这是新闻的信息本质所决定的。信息的特征是稍纵即逝，传递信息的新闻当然也就是“易碎品”了，这是基本规律。要想作品难忘，就要在“易碎品”中寻找“耐用品”，这就注定了当名记者是一件多么不容易的事。

虽然新闻是易碎品，但也不是每一件作品都要被时间之锤敲碎。我们读新闻史，回忆自己几十年间的阅报经历，还是发现会有一些新闻作品留在记忆里，挥之不去。这也说明一个规律，新闻作品易碎，但其中也会有极少数能经得起时光的打磨，永存不灭。怎么掌握规律，寻找这样的作品，追求这个高度，是我们要研究的课题。

因为稿件是新闻工作的一部分，研究稿件的生命，可先简略研究一下新闻的运转规律。新闻包括它的载体（传媒）和在这载体里工作的人（记者），永远处在动与静、变与不变的矛盾体中，这种矛盾性也决定了稿件易碎或不易碎的两重性，从而又决定了大部分记者只能碌碌一生，只有少数人才有幸与他不碎的作品名垂青史。所谓名记者，有两重含义：一是他的作品与众不同，发表之时就木秀于林，引人瞩目，引起轰动；二是当别人的作品潮来潮去，无踪无影时，他的作品却如岸边的一块礁石，永远屹立，叫人难忘。

由于生活的需要，特别是现代生活方式的需要，人们每天必须接收各种大量的信息。报纸和记者就是专门提供信息的媒体和职业人。管理学上给报纸下的定义是：散页的连续出版物。这里的关键是“连续”二字。只印一张，不是报纸，只能叫传单。偶然写一条新闻的人

也不是记者，只能叫通讯员。只有当报纸和它的记者连续向某一固定层面的受众输送某一类信息时，才被承认是新闻纸和新闻人。就像河里的水不停地流动，才称其为河。这河水第一是不停顿，不干涸；第二是平静地、正常地流动。但是也有百年不遇的大浪。要在大量的、平常的、流动的信息中捕捉到少数特殊的能够定格下来的信息，这是一件很难的事情，所以名稿、名记者总不会太多。

二、目光转换——今天的新闻是明天的历史，名稿则是历史的坐标

新闻记录每天发生的事情，而今天的生活就是明天的历史，现在登于报上的信息，明天就是史料。但是这之间却有一个本质的转换。时间是一把大筛子，它要筛掉很多细碎之物，浮屑之尘，只有沉甸甸的东西才能载入史册。我们讨论“生命力”这个词，一定是指它的明天或后天，就是说这事件能经得起历史的筛选。今天新闻所传播的绝大部分事件、人物将不会留存下去，只有极少数可载入史册。所以我们不妨从历史角度来预测新闻稿的生命力。

如果一篇稿子，所写的人或事，被历史留存，它就是历史进程中的一个坐标点，这个事件总是占据着一个转折点的位置，或者因为是“第一”而具有开创性的色彩，或者因为是“最后”而有句号的味道。总之，是两个阶段的连续点。我们可以把这种记录称为“坐标效应”，有“坐标效应”的稿子就有生命力。

正如新闻是信息流动的连续运动一样，历史则是由时间之线穿起来的一连串事件的珍珠，其中那些最具光彩的事件就特别珍贵，特别有标志性。

比如，1949 年的开国大典、1997 年的香港回归，都标志着一个历史阶段的结束和开始。再小一点的，比如 1984 年我国重返奥运会，许海峰拿到第一块金牌，还有 2001 年 11 月，我国终于加入世界贸易组织等等。新闻记者每天都在追踪这些第一，但历史只能保留那些最大的“第一”。许多在一定时间内还存在的第一，过后就被人渐渐淡忘。

诚然，记者不是史家，他的第一责任是传播而不是修史，但是当他记录眼前最新发生的事情时，他还要能观照未来，用历史的眼光回看过去，审视现在。历史是奥运会的领奖台，它只要金牌，最低也是铜牌，余皆不要。历史只记录第一。你看一部科学史，都是第一个发现、发明了某事的人；一部社会发展史上都是一些打了第一枪或第一个发表宣言的人。一个记者如果采写到这一类的人和事，就正好是新闻和历史的重合，是当时的轰动和以后的永恒的重合，是易碎品向永久性物品的转化。所以，稿件的生命力，其实就是事件在历史长河中的分量。历史的记录者和历史的创造者是两条并行的红线，他们都同被历史记录，一名记者虽不能成为创造历史的英雄或伟人（如果能这样他肯定不当记者），但可以记住他们及他们的事件，他和他的稿件一样可以不朽。所以记者总是瞪大眼睛捕捉这种百年一遇的机会。机遇虽然少，但总会被有心人撞到。生物学家法布尔有一句著名的格言："机遇只给那些有准备的人。"必然寓于偶然之中，这也是规律，掌握这个规律，当一个名记者就不再是高不可攀的事了。

三、笔走中锋——稿件的生命力主要是指它的政治生命力

一张报纸，作为大众传媒，它反映着全社会的舆论民情，记录着社会发展的大事。虽然每天也会登些各类其他的信息、花边新闻，但真正能牵动最多人心的还是上升到政治这一层次的事件。政治是什么？是某一时期某一范围的最大之事，是关系全局影响久远的事。所谓政治家办报，就是从全局的、历史的、本质的角度来报道新闻、分析形势、引导舆论。许多著名的政治家本身就是著名的报人，而许多著名的报人都具有政治家的思维和眼光。作为一名记者，只有抓到一件能够影响全社会、影响最大多数受众的稿件，甚至影响历史的稿件，才算是写出了最有生命力的稿件。一篇这样的稿件，顶得过百篇、千篇奇闻、趣闻之类的小新闻。

书法家写字，讲究笔走中锋。虽然也会用到偏锋、逆锋、飞白等笔，但最基本的，支撑这一艺术的是中锋。记者观察社会，先要分清

社会发展的主流。我们可以把这称作永恒的主题。比如，爱国主义、社会道德、民主与法制、经济建设、环境保护与可持续发展、党的建设等。任何一个社会发展时期又都有它的阶段性的任务，我们可以称之为阶段性话题。如经济建设这个大主题中现阶段就有加入世贸、国企改革、农民增收、西部开发等阶段性话题；环境保护与可持续发展中就有退耕还林还草、防止沙漠化等阶段性话题。记者在每日每时眼花缭乱的信息中，首先要抓住两题：永恒主题和阶段性话题。阶段性话题是永恒主题的进一步具体化，这就像学生答卷，把握住了总的方向，起码不会跑题。但是光有这一点还不够，还要再具体一步。新闻不是文件，是以事件为载体，以受众为对象，寻求有一定信息冲击波和影响力的文体。它要求在体现主题时，必得有一个有个性的事件为载体。事实上，围绕主题，我们会观察到生活中有两类事件。一是程序性事情，如各种工作会议、视察访问、春种秋收、节日慰问等，我们可以称之为日常话题。严格说，这类日常话题中许多不是新闻，当然也就更易碎。第二类是重大事件，包括突发事件。这种事件最具影响性，因为它有冲击力。但是，只有当这事件与时代主题，即永恒主题合拍时，它才有意义，这样的稿件才不易碎。所以，记者的稿件要有生命力，说到底是围绕时代主题去捕捉一个典型的事件。先收事件的冲击之效，再求其内涵和思想的长久释放，求那个坐标点的永恒。一般来讲，符合这个条件的事件就肯定具有了这个时代的政治含义，有了足够的政治分量。因此在记者的采访本里，永远是首选那些关系到时代变革，同时也关系到受众最大利益的大事。只有实在找不到这种事件时，他才笔走偏锋，退而选取一些小事，去写奇闻、趣闻、花絮之类的稿子。

（2002 年 4 月 10 日）

第二编

怎样采访

深入生活必有好稿

读罢“全国抗洪救灾优秀新闻奖”的 178 篇送评作品，第一感觉是：整体质量高，几乎篇篇都不错，这是过去评奖时少有的。有人说多难出诗人，家国不幸诗人幸，这次是家园不幸记者幸，百年不遇的水灾倒逼我们记者写出了一大批好稿。大水退后不少报纸发这样的议论：为什么救灾中工作效率这样高，能不能把抗灾中的好作风保持下去？我们也不妨顺着这个思路问一下，为什么随着洪水上涨，版面上也涨出来这许多好稿，能不能水退之后仍好稿常有？

其实原因很简单。灾情就是命令，洪水一来，记者上了前线，有了生活就有了好稿。采访是一个观察、发现、记录的过程，必须到现场去，参与变革过程，捕捉最新信息。这是采访规律，不过这规律常被平静的生活掩盖。突发的灾难能使许多事物现出其原形和本质（包括我们的工作、人们的灵魂），也使这条新闻规律显现出来。我们的记者照此办事（事件也强迫我们这样办）就成功。这次评为一等奖的消息《武汉百里长堤巍然锁大江》这样一字一顿地做着现场记录：昨夜汉口水位 26.94 米；60 年前的 1931 年水位也是 26.94 米，决堤；10 日凌晨水位 26.30 米；市委书记在冒雨巡堤，堤上每隔百米就有人守卫；堤下汉正街市场依然生意红火。新闻是今天的信息，明天的历史。读这消息时，我总觉得作者不是用笔写，是用刀刻，信息言之凿凿，一刀一划。我想后人再翻检到它时，也和我们今天读魏碑一样，穿过岁月的烟雨，会感到一种历史的凝重。我特别注意到《经济日报》记者陈雷写的《初秋，这住房》，他清晰地解答了人们对灾民住房的关注，因为他住进了灾民的庵棚里，“把带来的衣服都套在身上，还冻得睡不着”。有这个睡不着才会想问题，才会有发现。我们可以自豪地说，这批稿件几十年后就是难得的档案，就是又一部《史记》。

记得 50 年代一些中学生读了战争小说大叹生不逢时。这场突发的水灾之后，有的记者也许会叹良机已去。其实，机会永远会有，因为生活不会凝固，历史不会停止。只不过有时表现为突变，有时表现为渐变。而突变时昭示的规律，常常是平时就存在，却不为人注意。这次水灾是生活一下变了脸，把许多变故推到我们面前，逼我们观察，于是一些规律就清清楚楚了。这包括自然规律，如必须保护环境；也包括采访规律，如必须深入生活，生活不停，信息不止，记者就总能抓到好稿子。许多看似没有新闻的地方也常出好新闻。写到这里，我想起科学史上一件事。40 年代初，战争所迫，美国集中了玻尔、费米等科学家研制原子弹，1945 年 7 月 16 日，试验成功，这些科学家的大名也载入史册。时势造英雄，这算是科学史上的大事。在 20 年代还有一个人叫卢瑟夫，他在平静的实验室里试验用人工方法分裂原子，经过顽强不懈地观察，终于在 25 000 张实验照片中发现了 6 张人工分裂的根据，这使他成了原子物理的开山鼻祖。原子弹是战争逼出来的，原子裂变规律是靠人的主动观察发现的。原子能科学史上的这两大发明、发现及它们的主人同样被载入史册。

现在洪水已逐渐退去，记者采访的压力也逐渐减小。但是水落石出，记者必须深入生活的道理却昭然永存。天灾和战争一样是一种洗涤剂，能冲掉我们的惰性。要防止灾难过后我们又变得懒起来。正是：生于忧患，死于安乐，压力去后，全靠自觉。

（1992 年 1 月 13 日）

附 11

26.94米：六十年前三镇尽成泽国

看今日——

武汉百里长堤巍然锁大江

本报讯 记者彭晓、汪洋报道：长江汉口水位站昨21时定时提供的水位记录说，江汉关水位此时达26.94米。

据历史记录，60年前的1931年，江汉关水位在26.94米时，汉口溃堤。

眼下，武汉三镇308公里的沿江大堤牢牢护卫着面临长江大汛的这座城市。

10日凌晨2时，江汉关水位突破了这里26.30米的防汛警戒线，三镇沿江的部分码头、闸口已开始填土封闸。

汉口滨江公园里雄伟的武汉防汛纪念碑巍然矗立。暴雨将碑上镌刻的毛泽东同志题词冲刷得更加锃亮：庆贺武汉人民战胜了1954年的洪水，还要准备战胜今后可能发生的同样严重的洪水。

经过42年的投资建设，目前武汉长江大堤的总长度比1949年增长近两倍，标高较1954年29.73米的最高水位高出2.27米。"七五"期间开始，国家又投资将武汉市区的部分江堤改建为钢筋混凝土防水墙。

汉口龙王庙水位观测点的钢筋混凝土防水墙上，分别镶嵌着显示这里1931年、1954年、1983年的最高水位标志牌。一位家住大夹街姓费的"老武汉"在黑色大理石标志牌前，向人们讲述民国20年（1931年）"逃水荒"的情景。他说只有共产党建造的长江大堤，"才能使武汉人在大洪水前安居乐业"。

中共武汉市委书记郑云飞、武汉市市长赵宝江等近日冒雨巡查了两岸的长江大堤。他们在巡堤时认为，抵御长江大汛的真正屏障是武汉的百万军民。

武汉三镇目前已有数万军民上堤防汛。长江大堤上，每隔百来米就可见到填土封闸、巡堤查险的防护人员。在武昌八铺街，市装卸公司九站司机杨立学驾驶一辆巨型铲土车将泥土填入闸口。他说，防汛是每个公民的应尽职责。

长江大堤的武昌八铺街、东西湖围堤、武惠堤古家头等险工险段，经过防汛军民的紧张奋战，已经得到加固。

昨日上午在汉口龙王庙堤段，插着黄色小旗的防汛指挥车辆频繁往来于大堤各个闸口之间。与此同时，毗邻的汉正街小商品市场生意依然红火；由上海驶来的客班轮准点靠上汉口码头。人们脸上虽然对长江大汛面带惊奇，却见不到一丝慌乱。

（《湖北日报》1991年7月13日）

附 12

初秋，这住房

8月8日立秋，但感到夜来秋凉是9月份的事。9月，人们真正为灾民住房操心了。

9月5日下午，记者驱车向合肥东南行近30公里，到合肥市郊区大圩乡了解灾民过冬住房安排情况。

大圩乡的良田和村舍几乎都在这23.5平方公里的大圩内，因此得名。如今立在大圩圩埂上，举目望去，昔日的良田和村舍已不复存在，代之的是浩渺的水面，要不是圩内水面上露出一排排电线杆和树梢，真以为这里原本就是湖泊。乡长刘世友用有点沙哑的声音说，现在圩内还有平均3米深的水，光排掉圩内的水便是个十分艰巨的任务。他说，大圩乡计有2.2万亩耕地，全部都在圩内，7月11日下午，圩堤溃破，11个行政村有9个半被困水中，2.2万亩耕地，只剩50亩未淹，全乡14 300人有11 000人被水围困，3 600户人家中2 800户受洪水侵害，倒房5 800多间，占村民房屋的半数以上。

刘世友的介绍，不时地被手扶拖拉机的轰轰声打断，他指着穿梭往来的拖拉机和“码头”边几只运沙、红砖的船说，农民已开始准备建房材料了。我们问这都是些什么样的农户，乡长分析：一类是水灾前有建房计划，已备了部分材料，这次冲倒的只是想翻建的土房、旧房；一类是有些家底的专业户、富裕户，虽倒了房子，但没伤着筋骨。现在平均每天有10多户通过这里运沙、进料，准备盖房。磨滩行政村317户中已有100户左右准备下了建房材料。

磨滩行政村有三分之一的户备下了建房材料，这个信息使我们非常振奋，我们赶到磨滩，找到第4村民小组的黄先荣，他说，他共倒了4间土墙瓦顶房，准备重建个两层每层四间的小楼，不过今年只能盖到一层，上面等以后有钱再盖。

第5村民小组张克所的建房工地更是热闹，他倒了3间土房，现在他把地基垫高1米，三间上下两层的小楼，第一层已经封顶，这位40多岁、乐呵呵的汉子说，他在村里是经济状况比较好的户，除了多年积蓄，又向银行和亲友借了6 000多元。他估计还上欠账得4年时间。

经济条件好的受灾户情况不错，困难户或重灾户情况怎样？将近傍晚，我们被引导到由乡政府统一搭盖的“灾民营”。

“灾民营”离乡政府不远，背靠一所中学的围墙，东边约300米处是大圩圩堤。这里住着4个行政村、7个村民小组的33家特困户、五保户，共187人。“灾民营”一色石棉瓦顶，芦席竹竿夹起的墙壁，每户1间，12平方米左右。

夕阳西下，一些农户已开始做饭，有的似乎还不大会用救济的煤球炉，搞出很大的烟。一字排开的庵棚前，3个约10岁的小孩在做作业，一个5岁的小男孩正拿着个小棍一个劲地追两只鸡玩耍。因从中学拉来了电，每两户给安了个灯头，有的已开了灯，有一家还正开着黑白电视机，电视里正播着由赵忠祥配音的专题片。一切都挺安详，他们该淡忘了破圩时的惊恐和倒房后的心痛了吧，我这么想。

在李仁章的庵棚内，一提到她家的房子，这位近60岁的主妇便哭了，她抽泣地说：“从1980年攒钱，全家10口人省吃俭用，去年才盖起了6间砖墙平顶房，现在还欠人家2 000多元。因我家宅基在圩埂上，为把圩埂垫高，这10年光挑土就累死了，房子盖好，人脱了几层皮，没想到6间房被水冲得一片瓦不剩，什么也没抢出来，幸亏没伤着人。我现在穿的衣服都是政府救济的。现在圩内捕点虾，每天换个七八块钱，只够全家生活的，盖房子不敢想了，今年就在这个庵棚里过冬了。”

新民村第6村民小组梅辛勤说：“我丈夫去年病逝，今年大水又把3间砖房、4间土房全冲倒了。大水来时光知道哭，除从屋里拖出500斤稻和一些衣服外，其余全冲了。现今两手攥清风，加上下有小上有老，盖房是不说了，今、明两年都要住庵棚了。”

我们一家家地看，一家家地问，情况大体相似，看来这里的33户，确实算得上特困户了。

夜已深，我到新民村第9村民小组的五保老人吴祥德老人家借住。这家相依为命的老两口都已60岁，身体还挺硬朗。已是晚上10点，坐在他们的庵棚前聊天，我已觉得挺凉，但吴老汉却敞着怀披着件单衣。吴老汉说："我们现在还做得动，包了7亩2分地，去年还卖了1 000斤稻，交了200块钱。大水也不照顾我这五保户，冲倒了4间土墙瓦顶房，这次水退后，不准备再盖房子了，搭个棚凑合两年就该进乡敬老院了。"

快11点了，吴老汉看着仅有的一床被子，想把它让给我这个不速之客。我忙说，我年轻不怕冷，二老别冻着。两位老人看我一再推辞，给我找出了床很薄的旧床单。入夜，方知秋意凉。我刚才嘴里还说不怕冷，可半夜，我把带来的衣服都套在身上，还是冻得睡不着。看着这几面透风的庵棚和已熟睡的两位老人，我开始懂得刘乡长所说的建房难度最大的是10%的特困户这句话的内涵了。刘乡长下午分析大圩乡重建新房的进程时说："30%有家底的户年内便能盖起永久性住房，60%的户依靠部分援助，明年内可盖起住房，有10%的特困户建房要完全靠政府支持，这个10%的难度最大，全部解决要3年的时间……"

渐渐地我睡着了。

早上6时30分，天还灰蒙蒙，吴老汉已起床，收拾他的4张粘网，他老伴在一边问："早饭是回来吃，还是给你送过去?"我帮吴老汉把近一丈的小划子和渔网抬到圩边，天色已大亮，太阳正在升起。

老汉把小划子慢慢地向圩中心划去，平静的圩面在他身后留下一段长长的跳动的粼粼波光。随着老汉渐渐地远去，太阳已托起了清晨，待这圩水排尽后，圩内虽不会自动露出住房，但今天人们的辛勤劳动加上党和政府及海内外炎黄子孙的关怀、捐助，会使这里的勤劳百姓再有一个温暖的家。

（《经济日报》1991年9月27日，作者：陈雷）

却借声息传信息

1991年8月末，搞了一次全国现场短新闻评奖。其中有一篇落选稿《亚运会从墙上走下来》。评比已过了五个月，亚运会也过去一年半，但我总时时想起这篇稿，觉得有些话要说。这是一篇好稿，不该被埋没。

亚运会是中国乃至世界体育史上的大事。当然报道这事，最主要的消息是开幕的那一刻，或者会上创造的惊人纪录。但是如果运动会的消息就只剩下这几条干巴巴的报道，那该多么乏味。新闻是信息，一件事物的信息也有主有次，就和一个人一样，有头和四肢，更重要的还有形体之外的神韵、音容笑貌等。我们不妨把新闻信息分成三类。一类是主信息，即事件最主要的、基本的特征信号。第二类是次信息，是次一档或非本质的特征信号，直至一些花絮新闻。第三类是外围信息，是事件本身的影响造成的磁场或衍射效果，是对事件的一种间接反映。用第三类信息写新闻是较难的，因为它先天已失去了抢头条的优势，要凭机智聪明，才能发现和写好。《亚运会从墙上走下来》就是这类。原单位推荐意见表上写道："作者是刚参加工作两个月的新记者，并不是亚运会报道组成员。但她却从京城大街上到处都可见的亚运会宣传标语中，挖掘提炼出历史感很强的大新闻。采访深入细致，表现了强烈的新闻意识。"这是个无名小辈，都进不得会场，连第二类的比赛花絮都拣不着，但是却敏感地觉察到亚运会这个磁场的存在，着意表现这看不见的磁力，并捕捉这磁力的特征。由于特征不明显，她捕捉到的便不是可见的信息，而是靠感觉感知到的声息、气息。新闻采访用上了艺术创作的方法——找感觉。

春天到了，简单的报道方法，可以说"今日立春"，可以说"气温多少"，也可以说"树绿了花开了"，等等。这都是春的信息。但还有比直接信息更软一点的，只靠感觉不可直观，甚至只可意会难以言传的东西，即声息、气息。王安石写春："春江水暖鸭先知"，杜甫写春：

"泥融飞燕子，沙暖睡鸳鸯"，就是间接报道。声息、气息也属信息，但已有很大的区别。如果将一般的信息比作当当的钟声，声息、气息就是绕梁的余音；将一般信息比作一户山里人的田舍，声息、气息就是山背后冒出的炊烟；将一般信息比作硝烟战火，声息、气息就是逃难人惊慌的面孔。我们从余音、炊烟、逃难人的面孔上一样可以感知到（不是直接听到看到）钟声、农舍、战争的存在。这种靠捕捉间接材料、外围材料做文章的写法是曲写不是直写，难度更大一些。作为文艺作品有专求这种含蓄之美、婉转之笔的。作为新闻当然是首先捕捉第一类信息，以最直接最明显的方式表达。但不是每一个记者都能处在事件的中心，这时就要设法就地取材了。这位小记者，被排除在会场外面，倒写出一篇难得的好稿。

写这类稿一在观察思考，二在精雕细刻。因为先天缺材料，缺大材料，就要多看多想，才能有所发现。作者从满城贴的日期牌这件普通事上动脑子，又很仔细地观察，发现了战士和墙下普通市民的表现直至内心活动，使这篇数百字的小稿反映的事物容量纵接两代人，横跨万人心。从材料使用上是足足可以表现所要表达的主题了。再就是精心细致地写作。这种向声息求信息的曲写法，注定不能用恢弘笔法写百尺长卷，只能用工笔手法精绘一个小扇面，就是说只能写一个新闻小品了。在文学史上精美小品与鸿篇巨制争辉的有的是，如《陋室铭》《爱莲说》等。新闻小品也应该有它的地位，而且也一定能表现出它特有的价值，那些大头条无法取代的价值。

当无法切入事件的中心时，并不气馁，就围着这事件的外面转圈；当无法用眼睛直接看到事件本身时，就用你的耳、你的鼻、你的感觉，来捕捉它的声息、气息；当别人采访以快、以重取胜时，你就精雕细刻，以精以巧取胜。事物信息有多面，手中之笔必有用。这就是一个刚迈出校门两个月的小记者写这篇稿给我留下的启发。

（1992 年 5 月 1 日）

附13

亚运会从墙上走下来

刘满长和袁广兵撤掉“二”，换上“一”，忽然间感觉自己要“失业”了。

阜外西口解放军报社大门对面，一面洁白高墙，两行赫然红字：“亚运会正在向我们走来，离亚运会还有一天。”固定的是字，活动更换的是日期。

袁，一个笑起来憨憨厚厚的江苏兵，已记不清自己亲手换掉过多少块日期牌。有半个月了，他没有出过大门上过街。说真的，他真想出去，亲眼看看天安门广场现在是什么景象。他去过亚运村，远远地隔着栏杆望，没进去过。

他和他的七位战友是这里的警卫。每天上下班时间，人流涌动经过牌下，总能听到这样的议论：“哟，还有三十天!”“嘿，只有十天了!”这时候，警卫班的战士们心里常莫名地激动起来。一百五十多天，天天傍晚时分卸牌挂牌，已经成了近似职业性的习惯。

“明天，撤掉‘一’之后，我们每天的生活里就会缺点什么东西的。”二十二岁的邢海平班长脸红红的。“可我们站岗的时候，会在心里惦念，今天是亚运会第几天了。”

马贵禄一家也这么说。这面十六米长七米高的墙，正是马家厨房的后墙。

每天晚饭后，搬个小板凳，坐在道旁树荫下纳凉，这位五十八岁的老测绘工和老伴以及孙儿是警卫班战士卸牌挂牌的忠实观众。

这面墙伴随马师傅长大。“文革”时，灰旧斑驳的旧墙上，朱笔书就最高指示：“下定决心，不怕牺牲，排除万难，去争取胜利。”三中全会后，标语一换而为：“文明城市人民建，文明城市人民管。”第三次，就是这两行半年前红漆刷出的标语。

前一阵北京狂刮几次大风，日期牌好几次被吹落，很快就被过路人捡起挂好。有时候看见牌子歪了，他自己就过去给扶正了。

亚运会要开幕了，马师傅一家猜想这标语一定还得换，舍不得，“可盼了这么久，不就盼的是这一天吗！”马师傅这么说，他还准备就着亚运房这喜兴劲儿，给小三儿操办婚事呢。

“嘿，亚运会，铺天盖地的，这就到跟前了！”

（《中国青年报》1990年9月22日，作者：刘昕）

却从深处去求新

我过去在基层当记者时曾揣摩，新闻的新可分解成“快”和“深”，这次参加“ 1991 年全国抗洪救灾优秀新闻”评选，看到一篇《夫妻对话 100 秒》，又惹起我对这个题目的再思考。

新闻稿让人读两遍的时候不多，一般知道信息即可，不必咀嚼，许多稿常常是一目十行，甚至只看标题。但是这篇稿我看了两遍。它之所以吸引人是因为有深度，使读者看到了不曾见到的新东西。

社会上一个事件发生后就以信息的形式向外扩散。这种扩散如水波、声波逐渐被干扰、掩盖以至消失。这种抵消新闻信息的因素可分为时间的和空间的。时间方面是指信息发出后，随着时间的推移，它会迅速老化，成了旧闻。记者要在老化前抢这个先，如上早市的蔬菜。空间方面，作为事物主要特征的信息总是最引人注意，较快地抢占空间。但总有一些次信息被忽略，在人的视野中没有占到位置，如藏在绿叶下的苹果，记者就是要挖出这个别人还没有发现的苹果。所以无论是快还是深，都能达到“新”的效果，因为对读者来说都是新闻。

深挖，怎样挖?

一是开口要小。向深求新与向快求新不同。前者是开凿式，后者是扫掠式，所以开口要小。小，常常可以加强事物的相对深度。大海也很深，但这大常掩盖了它的深。我们见到海的第一感觉是辽阔，而不是深邃。水井当然比大海浅，但因其口小，探头一望，幽深莫测，这是讲表现效果。记者在写这类稿时，打开小口后就坚决地向深处挖下去。如深井取油，非得找到埋藏在深处的、读者还不知道的东西不可。这次参评稿中有许多救灾大场面的稿子，但此稿却选了一个普通连长与妻子路边相逢，谈话只有 100 秒的镜头，开一个小口，却深深地触及人的灵魂，并由此挖到国强军威、众志成城、天灾难撼的主题。开小口后，里面容量要大，成一个小口大肚坛，笔锋进口后立即扩张，不要在口上停留。此稿真正写夫妻对话的地方也不过几十个字。其余大量篇幅都是扩充之笔：家中来信、家门救灾、首长给假、义不顾家等等。就像提起一株土豆秧，下面带出累累果实。

二是选材要准又巧。准是指用最能反映本质的事例；巧是指这事一般又为人不大注意。它是一个红苹果，但又不是挂于树梢的很显眼的苹果。试举古文一例：富弼是北宋的名臣，多次出使契丹办外交。《智囊全集·富弼》这样写他："弼始受命往，闻一女卒；再往，闻一男生，皆不顾。得家书，未尝发，辄焚之，曰：'徒乱人意!'"这材料用得又准又巧，文章没有写他在谈判桌上如何斗争，只用"焚家书"一事足可见其忠于国、勤于事的精神。该文对话"100 秒"也是同法，这叫一叶知秋。一个连长抗洪过家门而不入，妻子拦路只说了一分多钟话，不近常情却有大义，只这一点就能抓住人。从读者角度讲，选材就要选最亮之点，让读者过目难舍，然后跟着你向更深处看他没有见过的新东西。在现于表面的、事物的主要信息已为读者接受之后，还有读者未曾发现的，但是却可从另一侧面反映事物本质的信息，读者会有"横看成岭侧成峰"和"曲径通幽处"的新鲜感，这种稿子读者是爱看第二遍的。

这里要注意的是，巧不等于深，也不等于新。最忌在很巧的角度上开了一个小口后，就满足于这巧，在口沿上打圈子，而不往深挖。

大路朝天，各走一边。大信息、快速度可以产生新的效果；巧信息、大深度也可以产生新的效果。正像建筑大师是大师，微雕大师也是大师。不同构思的写作方法，都可以写出好新闻。

(1992 年 6 月 1 日)

附 14

夫妻对话 100 秒

6月21日下午1时20分，在安徽省凤阳县一条横贯县城的大路上，站着一位瘦弱的少妇，只见她怀抱一个不满两岁的女孩，焦急地朝着黄湾乡方向眺望。

她叫朱红茹，凤阳县公安局户政股会计。1个小时前，朱红茹的一位同学跑来向她报告喜讯：她丈夫——某舟桥旅特务连连长张永葆，带着连队在黄湾粮站帮助抢运粮食。朱红茹半信半疑地拨通了黄湾粮站的电话，对方说张连长他们刚完成任务就接到命令，要连队下午两点开始返回南京，现在很难找到他。

喜讯变成凉水。但朱红茹又转凉为热——她知道从黄湾乡返回南京，途中必经凤阳县城她的家门口。于是，她急忙跑回家，抱起女儿快步走到离家不足百米的公路旁，等待张永葆的到来。

2点24分，一支熟悉的车队跃入朱红茹的眼帘。她扬起女儿的小手，朝着渐渐驶近的汽车挥动。第一辆汽车戛然停在她面前，从驾驶室里跳下一位瘦瘦高高的中尉，只见他一个箭步奔上前，一把搂过她怀中的女孩，狠狠地亲了两下。

他就是张永葆。他看着妻子，抚慰地说："对不住了，现在抗洪任务紧急。"妻子想说什么，但还没有开口，两滴泪珠从面颊上滚了下来。

前些天，张永葆弟弟来信说，家里遭水淹了，母亲和两个妹妹都爬上大青山躲水了，就留他一人看家；红茹嫂子家也进了水，盼你能回来瞧瞧。可是，这些情况张永葆没掂出分量。

6月18日下午，张永葆率连队赴凤阳县黄湾乡抗洪抢险。途经凤阳县城时，指导员李朝阳对张永葆说："到你家门口了，下去看看你的孩子吧。"张永葆朝近在百米的家望了一眼，回答指导员："等抗洪任务完成了再说。"

第二天，连队筑固了淮堤险段后，张永葆赶到凤阳县防汛指挥部汇报工作，请示任务。驱车返回时，驾驶员问他是否回家看看，张永葆把手一挥说："赶快回连队，还有新任务。"

21日中午，旅副参谋长朱克富专门找到他说："张连长，现在离部队出发还有几个小时，你先回家看看，家里很需要你。"张永葆"顶"回了领导的关心："国事、家事，国事至上!"

但是，张永葆没想到妻子已经掌握了他的行踪，并在这里等着见他一面。他顾不得妻子流泪，转身朝汽车跑去。"永葆，妈要来看你!"妻子喊道。"来不及了!"张永葆头也没回，纵身跳进驾驶室。汽车发动了，他朝妻子和女儿摇摇手。妻子背过脸去……

手表告诉李指导员：张永葆夫妻这次相会仅100秒钟！这位平时"以说话为职业"的战友，面对眼前这情景，一时说不出话来。

（《人民前线报》1991年7月26日，作者：陈建平　高峰）

捕捉瞬间

《宁夏日报》1992年5月10日头版有一条520字的短通讯《尴尬的笑》，此稿在参加全国第三届现场短新闻评奖角逐时，还未正式投票就被评委们看好要得一等奖，结果正是如此。这篇稿的优势在于巧妙地捕捉瞬间。稿子说的是宁夏某礼堂正在举办一场怎样开发市场的报告会，主讲人的分析入情入理，妙趣横生，会场笑声不绝。突然报告人话锋一转，指出了当地人痛失发财良机的一次大失误，于是全场甚为尴尬，尴尬中每个人都在思考。

这篇小稿触及新闻写作中的一个大问题，即如何捕捉形象。记得约二十年前曾看到何香凝老人画的一幅梅花，韵味很足，陈毅同志题词曰："大师撮其神，一纸皆留住。"绘画就是捕捉形象，把外界客观的景物通过色彩和线条的转换再现在纸上；文学也是形象的艺术，它是把客观景物通过语言文字再现在纸上。新闻就本质来讲不是艺术，但它要借助艺术手法来增强表现力，所以也要用到形象。语言文字当它在说明、说理时可能少用或不用形象，但是在叙事的时候就一定离不开形象，而且十分讲究通过形象的再现来增加文章的活泼生动。新闻是叙述事件的信息，为使这叙述生动、深刻，当然要借助形象。

新闻写作中的形象和文学写作中的形象不同：文学形象靠塑造，新闻形象靠捕捉；文学形象是生活本质的高度集中，新闻形象是信息量的高度集中。记者为了加强稿件的表现力就要训练自己采集和捕捉形象的能力。含有新闻信息的形象大致可以分为两类：一是具体一点的，可以叫硬形象，比如人物、事件场面；二是虚一点的，叫软形象。我们平时较注意第一类，报纸上曾出现过无数个光辉的人物和宏大的场面。但是事物常常有一些细微的地方，这在文学上就是故事或心理活动的细节，在新闻上则是藏有信息的事情的波折，或这事情周围自带的一片晕圈或磁场。但是它仍可表现为形象，只不过这形象细微一些、虚幻一些，不大为人所觉察。它像林间突然一闪的小鹿，像水面上倏然一跳的银鱼，像山谷中的佛光，像海面上的蜃楼，瞬间即逝，不容暂留。但是你若能够正好幸运地看到了它，并深深地看在了眼里，那美好的形象便永驻心中。这形象所传达的信息给人的印象也就特别深刻。这便是捕捉的功夫，像猎人举枪击物，像摄影师的抓拍。作为一般读者，见到事件本身已属不易，要见到事件的这些细微而又短暂的地方就更难了。但有时偏偏是这些细微之处才微妙准确地披露了事情的本质，如夜空里的电光一闪，如洛神在水边的惊鸿一瞥。这时就要靠"大师撮其神"了。记者能够抓住这美妙的一瞬并使之定格，就是用了一种特殊的、漂亮的手法来传递信息，像篮球明星投篮时的倒扣或排球二传的背溜，出其不意，妙不可言。

这种虚一些软一些的形象往往是以曲径通幽的办法来折射事物的信息。过去曾有人以"深山有古寺"为题考人作画，或有画山顶一庙者，有画山间一庙者，有画半山一庙者，唯一人画中却不见有庙，只一老和尚于山脚下的小溪旁欠身担水。这样用和尚担水的形象来传达深山有古寺的信息比直接用一座庙的形象更生动活泼，更多内涵。《吕氏春秋·察今》篇说："审堂下之阴，而知日月之行，阴阳之变；见瓶水之冰，而知天下之寒，龟鳖之藏也；尝一脟肉，而知一镬之味，一鼎之调。"苏东坡诗："春江水暖鸭先知"。这种通过形象折射来反映信息的方法要求作者具备一种折射思维，能够见一斑而知全豹，一叶而知秋，同时还要能不失良机，以迅雷不及掩耳之势，将这形象摘到纸上。你看这篇新闻稿的作者，她能在会场观众那尴尬的一笑中发现他们对市场大潮的无准备、旁观感，但又有希望参与的念头及在这被点破的事实中的反悔、反悔中的醒悟等复杂的感情。而这又准确地反映了 90 年代初的中国人怎样开始承认和重视市场经济。这就是尴尬一笑中的形象所表述的信息。

作者发现了它，而且一下子抓住了这个瞬间。她获得了成功。

附 15

尴尬的笑

一阵会心的笑声刚过不久，这次的笑声却含着无奈，透着尴尬……

宁夏科技馆礼堂内。5月8日上午，六百余人凝神屏气在听一场富有魅力的报告。也许单是报告题目“多情的市场，残酷的市场”就吸引了不少人。主讲人是中国国际经济技术开发中心副总工程师、中国科学技术讲学团教授梁光启。

旁征博引、信手拈来，梁光启的市场报告不仅富含信息，而且深入浅出，生动活泼。“观念要变，要重新认识市场、认识流通，鄙薄经商就是把到手的钱往外送……”

“北京有个二百来人的小厂发了大财。发的什么财？就是制作信仰伊斯兰教的人到麦加朝觐时用的拜毡。不少去麦加朝觐的人都买一块，这个厂发了。”

“可是这个小厂的厂长不满足，他又亲自去麦加考察。他看到朝觐的人成千上万，不少人只好在四周的道路上礼拜，常为方向不准犯愁。有了！这位厂长回来后就在原有的拜毡上加了一个指北针，一下子身价倍增……”

台下的听众正听得出神，没料到梁光启教授话锋一转：“这个钱应该是你们宁夏赚呀！你们是回族自治区，得天独厚，怎么就没想到呢？怎么就没抓住这个机会呢？眼看着别人发大财……”

笑声，尴尬的笑声。在掩饰？在自嘲？在反思？

“发财的机会到处都有，死守着旧观念不行。那样的话，就是机会撞到鼻子上也不认！”

市场，“多情的市场，残酷的市场”。这堂市场课上得好！

（《宁夏日报》1992年5月10日，作者：魏华）

请竖起你的耳朵

耳朵是什么？耳朵是大脑这个雷达的天线。以捕捉信息为职业的记者，更应该时时打开这个天线。

1992 年地市报好新闻评奖中，江苏《南通日报》一条消息得奖。说的是当地机床公司首次独家在海外搞展销，这在全国是首例，且效果很好，消息有价值。更有趣的是这条标志着我国开拓海外市场的大新闻，却为一个地市小报独家获得。推荐表上这样写着："这条独家新闻是作者在路上拾来的。9 月 25 日下班途中，作者路遇刚从海外回来的展销团负责人，获知消息后连夜采访发稿。江苏省（包括南通市）其他新闻单位均漏发。见报后不久，此稿被《中国机电报》一版头条转发，并冠以《零的突破》的标题，配发了评论《国际市场的前景是广阔的》，被该报评为当年头条新闻好稿。"

踏破铁鞋无觅处，得来全不费工夫。这种靠耳朵听来而成好事、大事的例子很多。1820 年，还是小学徒的法拉第听说奥斯特做实验，电产生了磁，就反过来想，为什么磁不能变电，十年后他完成了这项划时代的发现。1894 年，电磁波物理学家赫兹逝世。一个普通青年马可尼在读讣告时听人议论到电磁波的作用，便潜心研究，四年后发明了电报。我过去采访过一个农民，他穷得背了一身债，闲坐炕头听广播，说某城市缺芝麻酱。村里有的是芝麻，他就动手做，运出去卖，一下成了万元户。可见信息的重要，也可见耳朵在捕捉信息过程中的重要。

我们生活在信息世界里，各种信息如海中之鱼，在我们周围游来游去。人们对信息的需求往往是临到用时方想起它，临时去找，用它来满足已有的既定的某种工作的需要。这是一种被动的、按部就班的、沿着旧轨道滑行的工作和思维方式。有创造性的人不是这样，他总是主动去捕捉新信息，用它来干一件新工作，创造一件还没有的新东西。

记者不是要直接利用某条信息来干什么，他是发现、传播信息，以利社会使用，但这发现、传递的过程也是一种创造，也有被动和主动之分。有的记者追着事件找新闻，泡在会议里拉新闻，按着节令、日程等新闻（如前文所评的那位记者守在医院里等人家生孩子）。这不是创造式思维，写出的新闻不会有多少新意。有新意的新闻常常是爆冷门，是记者有准备的头脑捕捉到一件意想不到的事。

如果我们把信息比作游鱼，记者就是捕鱼人，新闻采访也就有三种方法。第一种是钓鱼，愿者上钩；第二种是叉鱼，发现鱼后用飞叉去叉；第三种是捞鱼，撒一个大网去捞。显然，前两种方法产量不会太高，最有效的还是用网捞。记者用眼睛、耳朵，借助视力、听力，在自己周围编织成一个无形的网，他走到哪里，这网就撒到哪里，总能捕到新鲜的鱼，得到预想不到的新闻。为了编织这张网，记者应该学会把自己身上一切可使用的器官，甚至每个细胞都调动起来，把各种感觉，包括第六感觉也投入到发现新闻中来。光靠眼睛和手中笔已是远远不够了。正像乐队的指挥，到高潮时抬肩、扬眉、微笑、对视，都能调动一个声部、一个音符。因此，记者编好网后要经常竖起耳朵，时时张开网口。正如一位科学家所说："机遇只偏爱有准备的头脑。"好新闻总会落到你的网中来的。

（1992 年 10 月 2 日）

附 16

南通机床公司首次独家海外办展销一举成功
五天订货 146 台成交 40 多万美元

本报讯 南通机床股份公司于 8 月 28 日至 9 月 2 日，在马来西亚首都吉隆坡举行的机床展销会上，出样“南通牌”各类机床 20 台(套)，一下子订货 146 台，其中有 60 台是客商当即开出信用证，从 9 月份就开始要货的，成交总额达 40 多万美元。

由一家企业单独在海外主办产品展销，这在我市乃至全国机械行业还是第一次。能办起来不容易，能圆满成功更不易。率团赴展的机床公司副总经理、党委书记钱汉清向我们介绍了成功之道。

——首先要掌握国际商情。南通机床外销的重点市场以往在美国。近几年，进入马来西亚，由起初的每年三四台逐年上升到三四十台。为了拓宽在东南亚的市场，去年年底，机床公司总经理孔杏林赴马来西亚考察，了解到潜在市场很大，即与该国嘉源机械公司商定举办机床展销，以扩大南通机床的知名度与覆盖面。嘉源公司作为南通机床公司在该国的独家代理商，积极筹备，通力合作，为展销会的顺利举行提供了许多方便。

——其次是运用舆论扩大影响。《星洲日报》等当地三家大报以中文、英文、马来西亚文发表了展销会的消息、新闻照片，并连续刊登广告，吸引了众多客商。8 月 31 日是马来西亚国庆日，许多客商利用节假日从外地赶到吉隆坡洽谈商务，还有的从新加坡乘飞机专程来观展。短短几天内，来往客户达 200 多人，因应接不暇，原定 5 天的展销期，不得不延长 1 天。

——展销成功的关键是南通机床质量好，信誉卓著。他们一改以往谈生意以提供样本为主的办法，把各种型号的机床精品摆出来，并派出操作人员现场示范，讲解机床性能，传授使用及维修方法。一位客商带来一个椭圆形模子坯件要求加工，结果当场编制数控程序，当场操作成形，客商眼见为实，踊跃订货。

展销第一天，有半数展品已挂上了"售出"牌子。为了一台单坐标仿形铣床，有3家客商订购，争得不可开交。后来，展销价格比原定的优惠价上浮8.5个百分点，客商仍然要货不断。

（《南通日报》1991年9月27日，作者：冯健　赵晓生）

这也是一种 “等”

——说说预见性新闻

三年前我曾写过一篇文章，批评一篇通讯的写作。那是一家报纸的记者，年关之夜等在妇产医院里，新年钟声一响，看谁家第一个生孩子，就此写成新闻。报社还送来评奖。我说这不能算新闻，当然更不能得奖。三年后的今天，我却真正看到一篇等来的好新闻。这就是参评 1993 年中国新闻奖的《9・24，我们一起升国旗》(《中国青年报》1993 年 9 月 25 日)。这篇稿我是抹着眼泪看完的，撼人之烈，感人之深，为近来作品中少见。在送评表的“采编过程”一栏中这样注明：“9・23 申奥失败，记者也和亿万炎黄子孙一样心中充蕴着一股难以名状的情绪。在新闻工作强烈的责任感的驱使下，同时也出于中华民族一分子本能的冲动，记者想到了升旗。于是下了夜班之后，顶着秋寒骑自行车来到天安门广场。在国旗下，去等那国旗升起的时刻。记者被普通老百姓表现出来的爱国主义激情深深震撼了，返回报社后，即含泪记录下了一次不同寻常的升旗仪式。并选择了一个直白却寓意深刻的标题：这一天和共和国一同升起的是中国人民强烈的民族自尊心和不屈不挠的奋斗精神。”

新闻采访中能不能等新闻？能，关键是等什么，怎样等。从采写角度着眼，依据新闻的态势，可将新闻分成三类，即现性的（瞬间的），指那些已发生的明摆着的新闻，如突发事件、会议新闻。隐性的(稳态的)，指那些已经发生，但时间性不是很强，还未被人知道的新闻，如人物新闻、经验性新闻。这两类都是在采访前已经发生的新闻。预见性新闻是指必定要发生，但是还未发生的新闻，如可预见的事件等。记者可以扼守关隘，以逸待劳。采访如打仗，记者是将军，山头一立，纵览全局。对已出现的战机要咬紧不放，闪电式解决，对将发生的战局也要了然于心，预设伏兵。凡事预则立，对将要发生的新闻要做到“三预”：

预事：记者之责是不漏要闻。而要闻，即特别重要的事件，常常是踏着历史的脚步稳稳地走来。记者是准政治家，大记者、好记者不屑追逐花花絮絮，而总是注目着时代风云，注目那些大小里程碑式的事件。当政治家们将未来的大事收入自己的视野时，记者也将它们收入自己的采访计划，并且已经掂出了它们在历史天平上的分量。只有心中预知大事，手中才会不漏要闻。

预效：即这条消息的效果，它的冲击波有多大，也就是这条新闻本身的价值。它与事件的价值有关，但又不完全一样。因为新闻信息和原始信息不同，这里要考虑到加工成新闻之后的效果；另外记者毕竟不是政治家，他还要从受众的角度考虑接受效果。

预机：即记者准备选什么机会、什么位置来切入报道，以便最大限度地突出这事件的意义和效果，也即确立这篇新闻的新闻眼。

你看，预事、预效、预机，这里既有战略也有战术。记者多么像一个将军，他手执红铅笔，面对巨幅地图，指挥若定，决胜千里。在这篇稿的处理上，作者正是这样。中国第一次申办奥运会，能否成功，9 月 23 日凌晨，国际奥委会表决见分晓，无论成功与否，这件事无疑都会在全国人民心里造成重重的一击，它所引起的冲击波，会在共和国的历史上划下重重的一痕。这是一条不该漏的要闻。作者决定等。就像猎人，先要判断我正在等的是一头大鹿，还是一只小兔，然后是确定在哪里等。作者把它选在了首都，天安门广场，凌晨升国旗的时刻。这个切入点一下直指爱国主义的主题。因为这件事是国人无论哪一个阶层，都一致关切、一致拥护的。在天安门下，升旗时刻，又是此事刚刚揭晓之后，国民情系国运、与国同在的心态也就表现得最强烈、最集中。既然我们是在写预见性新闻，就不同于写显性新闻。在“采”时后者用的是“抓”法，全在事发之后眼疾手快。前者用的是“捕”法，全在精密策划。此稿这样处理，果然见报后效果不凡。一位新闻界老前辈专门找到作者，称赞该文“平静中透着激情”，重庆一位读者深夜到邮局打长途电话，向作者表示感谢。

（1994 年 10 月 4 日）

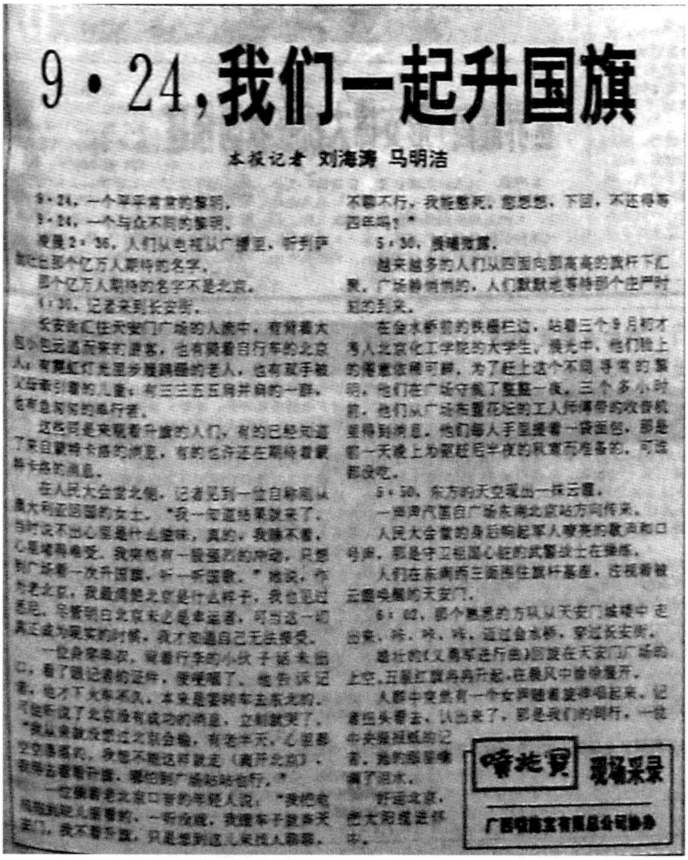

9·24，我们一起升国旗

本报记者 刘海涛 马明洁

9·24，一个平平常常的黎明。

9·24，一个与众不同的黎明。

凌晨2：36，人们从电视从广播里，听到萨马兰奇那个亿万人期待的名字。

那个亿万人期待的名字不是北京。

5：30，记者来到长安街。

长安街汇往天安门广场的人流中，有背着大包小包远道而来的游客，也有骑着自行车的北京人；有踏着灯光里步履蹒跚的老人，也有被父母牵引着的儿童；有三三五五肩并肩的一群，也有急匆匆的独行者。

这些都是来观看升旗的人们，有的已经知道了来自蒙特卡洛的消息，有的也许还在期待着蒙特卡洛的消息。

在人民大会堂北侧，记者见到一位自称刚从澳大利亚回国的女士。“我一宿没睡等结果出来了，当时说不出心里是什么滋味，真的，我睡不着，心里堵得难受。我突然有一股强烈的冲动，只想到广场看一次升国旗，听一听国歌。”她说，作为老北京，我最清楚北京是什么样子，我也见过悉尼，尽管明白北京未必是幸运者，可当这一切真正成为现实的时候，我才知道自己无法接受。

一位身穿单衣，背着行李的小伙子话未出口，看了眼记者的证件，便哽咽了。他告诉记者，他才下火车不久，本来是要转车去东北的，可他听说了北京没有成功的消息，立刻就哭了。“我从来就没想过北京会输，有老半天，心里都空空落落的。我想不能这样就走（离开北京），我得去看看升国旗，哪怕到广场站站也行。”

一位操着老北京口音的年轻人说，“我把电视搬到院儿里看的，一听完结，我推车子就奔天安门，我不看升旗，只是想到这儿来找人聊聊。不聊不行，我能憋死。您想想，下回，不还得等四年吗？”

5：30，晨曦微露。

越来越多的人们从四面向那高高的旗杆下汇聚，广场静悄悄的，人们默默地等待那个庄严时刻的到来。

在金水桥前的铁栅栏边，站着三个9月初才考入北京化工学院的大学生，晨光中，他们脸上的倦意依稀可辨，为了赶上这个不同寻常的黎明，他们在广场守候了整整一夜。三个多小时前，他们从广场东侧花坛的工人师傅带的收音机里得到消息，他们每人手里提着一袋面包，那是前一天晚上为驱赶后半夜的饥寒而准备的，可谁都没吃。

5：50，东方的天空现出一抹云霞。

一声声汽笛自广场东南北京站方向传来。

人民大会堂的身后响起军人嘹亮的歌声和口号声，那是守卫祖国心脏的武警战士在操练。

人们在东南西三面围住旗杆基座，注视着被云霞映醒的天安门。

6：02，那个熟悉的方队从天安门城楼中走出来，咔、咔、咔，通过金水桥，穿过长安街。

雄壮的《义勇军进行曲》回旋在天安门广场的上空，五星红旗冉冉升起，在晨风中舒展展开。

人群中突然有一个女声随着旋律唱起来，记者扭头看去，认出来了，那是我们的同行，一位中央报社的记者，她的眼里噙满了泪水。

好运北京，把太阳揽进怀中。

现场采录

附 17

9·24，我们一起升国旗

9·24，一个平平常常的黎明。

9·24，一个与众不同的黎明。

凌晨2：36，人们从电视从广播里，听到萨翁吐出那个亿万人期待的名字。

那个亿万人期待的名字不是北京。

4：30，记者来到长安街。

长安街汇往天安门广场的人流中，有背着大包小包远道而来的游客，也有骑着自行车的北京人；有霓虹灯光里步履蹒跚的老人，也有双手被父母牵引着的儿童；有三三五五肩并肩的一群，也有急匆匆的单行者。

这些同是来观看升旗的人们，有的已经知道了来自蒙特卡洛的消息，有的也许还在期待着蒙特卡洛的消息。

在人民大会堂北侧，记者见到一位自称刚从澳大利亚回国的女士。“我一知道结果就来了。当时说不出心里是什么滋味，真的，我睡不着，心里堵得难受。我突然有一股强烈的冲动，只想到广场看一次升国旗，听一听国歌。”她说，作为老北京，我最清楚北京是什么样子，我也见过悉尼。尽管明白北京未必是幸运者，可当这一切真正成为现实的时候，我才知道自己无法接受。

一位身穿单衣、背着行李的小伙子话未出口，看了眼记者的证件，便哽咽了。他告诉记者，他才下火车不久，本来是要转车去东北的。可他听说了北京没有成功的消息，立刻就哭了。“我从来就没想过北京会输，有着半天，心里都空空落落的。我想不能这样就走（离开北京），我得去看看升旗，哪怕到广场站站也行。”

一位操着老北京口音的年轻人说：“我把电视抱到院儿里看的，一听没戏，我蹬车子就奔天安门。我不看升旗，只是想到这儿来找人聊聊，不聊不行，我能憋死。您想想，下回，不还得等四年吗？”

5：30，晨曦微露。

越来越多的人从四面向那高高的旗杆下汇聚。广场静悄悄的，人们默默地等待那个庄严时刻的到来。

在金水桥前的铁栅栏边，站着三个9月初才入学的北京化工学院的大学生。晨光中，他们脸上的倦意依稀可辨。为了赶上这个不同寻常的黎明，他们在广场守候了整整一夜。三个多小时前，他们从广场布置花坛的工人师傅带的收音机里得到消息。他们每人手里提着一袋面包，那是前一天晚上为驱赶后半夜的秋寒而准备的。可谁都没吃。

5：50，东方的天空现出一抹云霞。

一声声汽笛自广场东南北京站方向传来。

人民大会堂的身后响起军人嘹亮的歌声和口号声，那是守卫祖国心脏的武警战士在操练。

人们在东南西三面围住旗杆基座，注视着被云霞唤醒的天安门。

6：02，那个熟悉的方队从天安门城楼中走出来，咔，咔，咔，迈过金水桥，穿过长安街。

雄壮的《义勇军进行曲》回旋在天安门广场的上空。五星红旗冉冉升起，在晨风中徐徐展开。

人群中突然有一个女声随着旋律唱起来。记者扭头看去，认出来了，那是我们的同行，一位中央级报纸的记者。她的眼里噙满了泪水。

好运北京，把太阳揽进怀中。

（《中国青年报》1993年9月25日，作者：刘海涛　马明洁）

奇材好为文

拟题先夺势，
选材要占先。

题目要为文章造一种先声夺人之势，如两军对阵先擂鼓、摇旗、呐喊。材料则是为文章创造一个好的前提，如战斗前的有利地形。这样未曾动笔就先主动一半了。

怎么占先？要选大材、新材、奇材。1993 年全国地市报好新闻评选中《县委书记与五个苹果》一稿就是选了一个奇材。山东一个县委书记赴美国考察回来，途经日本时，却花了 2 150 日元买了五个苹果，以此来给农民进行农产品的质量教育。为什么我们发展苹果动辄几千亩、几万亩，效益却总是上不去呢？关键是不懂得改良品种。这五个苹果被小心地放在宾馆的恒温箱里，到记者去时已接待了几千名乡干部和农民。记者发现了这个奇材，它给平静的生活激起了一点涟漪，也给我们的版面带来了一股清风。果然英雄所见略同，这篇稿见报后二十天就接连被新华社、《人民日报》全文转载，并在几次评比中连连得奖。这是材料的力量。

新闻为什么吸引人？一是这材料与读者有关，对他们有用；二是这材料少见，有新鲜感。这两者可以各有偏重。焦点报道是满足人们的渴求，奇闻珍闻是满足人们的好奇心理。最好是二者得兼，既有用，又稀奇。一篇好新闻就如山崖上的一支人参，花朵鲜红引人注目，难得碰到十分珍贵，又有极强的实用价值。如果说记者在材料运用上，求新是为了解人于倒悬，求大是为了引起震动，那么求奇就是为了造成刺激。奇者缺也，物以稀为贵，羊群里的骆驼总是令人印象深刻。

奇材就是偶然之材。但是这个偶然中却含着必然，反映本质，反映规律。就像给你一个显微镜，你借这一孔之大，却能看到一个平时不知道，但又确实存在着的世界。唯这孔之小，里面的世界之大，才足称奇，才让你大吃一惊。我们的不少记者总是写大白话的新闻，不错，新闻是大白话，但这指的是语言，语言要通俗、平易，于材料却力避平淡直白。比如，我们要说清农业必须改良品种这个道理，你可以举出平时工作中的十件、八件事例，但是不等你举到两件，读者就烦了。你要是举一个新鲜的例子呢，读者一下就恍然大悟。所以这个不惜重金、千里迢迢背回五个苹果的县委书记说："我买的苹果 40 元一个。而在昌邑，40 元可买一筐。从这价格差别背后，我们不是可以找出品种、质量、包装、储存、加工等一系列的差距吗？这实质上就是传统农业与市场农业的差距。"用材如扎针，要扎到穴位上。新闻这个东西很怪，看似平淡却求奇，看似容易实艰难。它是用最平易的话，去说最新的事，去证实一个真切的理。求新求异，是记者思维的基本特点。记者一生无时不在追求奇闻，好去做独家生意。

其实，任何要想征服读者的作品都是先在材料上做文章。蒲松龄为写《聊斋》专门于路边开茶棚，收集奇奇怪怪的故事。一部《聊斋》实在是大沾了奇材的光。画家刘海粟，八十高龄数上黄山"搜尽奇峰打草稿"，硬是要找到那些是山，但又是别人没有见过的山才作画。艺术学校招生，先选长相和体型。尽管艺术家准备好材料后还有广阔的加工余地，但他们还是十分重视先占有奇材。记者比起他们来可加工的余地极小，所以就更要注意在选材上占先，更要注意发现奇材。

（1994 年 11 月 20 日）

附 18

县委书记与五个苹果

听说昌邑流传着县委书记与五个苹果的故事，昨日上午，记者专程到昌邑采访了县委书记赵俭同志，在昌邑宾馆亲睹了五个苹果的“芳姿”。

这确是五个不同寻常的苹果：个大，色匀，没有阴阳面，每个约0.5公斤，红艳可人，清香扑鼻。外罩雪白的泡沫塑料网托，内里一层保鲜膜，膜上印有红绿商标。

五个苹果，五个新品种。分别是莎莎、新世纪、2001、北海道9号、乔纳金。5月初，赵俭同志赴美考察回来，途经日本，在东京机场附近的商店里，没有买别的商品，却花2 150日元（合人民币200元）买下了这五个苹果。

赵俭深有感慨地告诉记者：“我买的苹果40元一个。而在昌邑，40元可买一筐。从这价格差别背后，我们不是可以找出品种、质量、包装、储存、加工等一系列的差距吗？这实质上就是传统农业与市场农业的差距。”

昌邑县有6万多亩果林，老果园居多，新品种覆盖率低。因此，赵俭在回国后召开的全县多种经营会议和精神文明工作会议上，都摆出了这五个富有说服力的苹果。一个月，五个苹果经受了上千人的手和目光的摩挲。县委办公室的一位同志告诉记者，你们采访赵书记之前，北孟乡李一村的支书刘庆堂专程来看苹果，刚走。

赵俭还特别向记者强调了一点：今后搞林果生产，不看发展了多少亩，产量有多高，而看发展了多少新品种，是否有优质产品。市场农业，首先是优质农业，没有优质，就谈不上高效。

采访中，正巧在座的石埠镇党委书记朱乐凯插言道：“对照赵书记带回的五个苹果，我们认识到了差距，也看到了潜力和发展方向，增强了彻底改造传统农业的紧迫感。”

最后，在赵俭同志将五个苹果小心翼翼地放进宾馆的恒温箱里时，我们又看了一眼，感到五个苹果就仿佛是一个活生生的农产品国际市场。

我们问赵俭书记："几年后，说不定你也会把昌邑自己生产的五个苹果带到国外去宣传吧?"他爽朗地笑了。

（《潍坊日报》1993 年 6 月 7 日，作者：尹洪东　逢春阶　王守芳）

盛豆玻璃杯

第八届地市报评选中湖南《衡阳日报》有一篇短文《资金究竟哪去了?!》写得很精彩。文章共13段，就拿出9段算了9笔账，只用第一段导语来提出问题，第二段引起下文，用后两段归纳出结论。这样一摆清清楚楚，半年多流走资金五个多亿，都流到沿海去炒地皮、炒股票去了，当地生产还怎么搞？最后作者说：“对于今年上半年我市工交生产3.6亿元的流动资金缺口来说，5.05亿元无疑可以垒起一个很‘安全’的‘堤坝’了，但这5.05亿元资金却偏偏这么无情地‘南流’去了……有识之士指出，这是我市继人才流失后的第二次大流失。它不但流失了经济发展的速度和效益，而且流失了宝贵的发展机遇和希望。”文章干净利落，没有一句废话，却令人震惊，令人信服。该文的成功主要是敏锐地发现并采到了一些十分有说服力的材料，而对这些材料的处理又取十分老实的态度，只是如实摆出，更无别的啰唆。我们平常说一个人说话痛快是竹筒倒豆子，但是没有倒出来以前呢？你还是不知道筒里是什么。倒出来以后呢？旁边还有个黑色的或者黄色的竹筒子，会分散你的注意力。新闻就是要把读者的注意力最大限度地集中起来。该文的方法是连竹筒都不用，而是用玻璃杯盛豆子。

记者要想有作为，必须在心里解决一个谁主谁次的问题，并认真地去实践它。就像商店里常说的顾客就是上帝。当一个记者采访时，采访对象就是上帝，当他坐下写作时，手里的材料就是上帝。你要用一种甘心牺牲的精神来突出你笔下的信息，这种突出就是无我。对这条信息来说，仿佛作者不存在；对内容来说，仿佛形式不存在。信息被干干净净地托在面前，就像玻璃杯里装豆子，一颗是一颗，让人觉得除了豆子就再也没有看见什么。有四种人做不得新闻。一是有私心，好忌妒，遇事不肯说人之好；二是少理性，缺思路，选材析理抓不住要害；三是爱偷懒，不吃苦，不深入采访，不认真剪裁，抓不到最本质最典型的材料；四是好卖弄，喜粉饰，为文总要喧宾夺主。信息传递讲究直接二字，要直观、亲切，最忌有第三者插入，一对青年男女自己谈恋爱总比别人介绍来谈要甜蜜一些。新闻的极品是无我，好稿叙事如“意念取物”，把一条信息交给读者，作者却仿佛未曾出现过。记者于无我的动机下采访，用尽量淡化的形式写作，却传递最真实、最感人的信息。不张扬，不做作，不耍一点花架子。这种了无痕迹、淡泊而深厚的功力是最难修炼的。

（1994 年 10 月 15 日）

附 19

资金究竟哪去了?!

企业界人士高喊：“资金紧缺。”

有关部门官员疾呼：“银行信贷资金投入太少。”

银行鸣屈：“信贷运用已超负荷运转。”

本报讯　近来，一谈起我市工交生产为何总是低速增长，便可听到一连串的叫“苦”声：企业界人士高喊“资金紧缺”，有关部门官员疾呼“银行信贷资金投入太少”，而银行则鸣屈“银行信贷运用已超负荷运转”。那么，资金究竟哪里去了?!

请先看一组粗略统计的数字：

——某银行，全部存款不足 5 个亿，而投入沿海的资金却近 1 个亿；

——某金融单位，因资本实力不足，从其他单位拆借 500 万元，全部投到沿海；

——某企业，一方面占用银行上千万元贷款，一方面将集资款 4 000万元投入海南、惠州；

——某新办公司从银行贷款 500 万元投入海南；

——某开发公司将集资的 1.4 亿元投于沿海；

1992 年 1～7 月，全市开发区集资总额 1.5 亿多元，外流资金达 1/5；

——1992 年以来，全市职工内部集资总额达 5.5 亿元（70%是来源于存款），外流高达 4 亿元；

——1992 年 3 月至 1993 年 5 月，市工商银行贷款总额 3 亿多元，而在该行开户的 163 个企事业单位集资就达 3.3 亿元，且 1/3 的集资款外流。

据市人民银行初步统计，从去年到今年6月底止，全市资金外流总额高达5.05亿元，占同期银行贷款净增额的35%，其中，企事业单位外流3.595亿元，金融系统直接外流1.455亿元。

外流的5.05亿元资金被用去做了什么？知情人士透露，“炒”是它们的主要用途。一是炒房地产，二是炒股票。而“炒”的“战绩”往往不佳：绝大多数“炒家”亏了。

对于今年上半年我市工交生产3.6亿元的流动资金缺口来说，5.05亿元无疑可以垒起一个很“安全”的“堤坝”了，但这5.05亿元资金却偏偏这么无情地“南流”去了……有识之士指出，这是我市继人才流失后的第二次大流失。它不但流失了经济发展的速度和效益，而且流失了宝贵的发展机遇和希望。

（《衡阳日报》1993年8月3日，作者：周玉军　贺子佳　罗安宝）

第三编

怎样写稿

叙述是新闻的基本功

想起这个题目是因为看了一篇关于电影的文章。

被称为第五代电影导演代表的张艺谋，先拍摄的《黄土地》《红高粱》等虽也引起轰动，但是行家们说他还没有掌握电影叙述的手法。张艺谋也自感这方面的欠缺，便下决心拍一部纯用叙述手法的片子。这就是后来引起轰动的《秋菊打官司》。该片纯用叙述手法，除一两个主要演员外全部用原型，现场偷拍，精选生活，原原本本地叙述，终于获得超过以前的成功。

人的生活是个万花筒，五光十色，万象纷呈，包括内心世界、外部世界。组成人生活动的内容和环境、背景包括：事、情、景和理。人的所感所受和相互合作交流不外乎这四个方面的表达。这四样东西的内容、性质、特点不同，表现于文字的方式也不同。事情主要靠叙述，感情主要靠抒发，景物主要靠描写，道理主要靠剖析。如果把它们错位，“抒发事情，描写道理”，就像“拉笛子，吹二胡”一样别扭。所以先要分清什么内容、什么性质该用什么方式来表达。虽然相互之间也有借鉴、汲取（如悠扬的弦乐也要借用打击乐鲜明的节奏），但一定要分清主次，而且先要弄清自己的基本特点，掌握自己的基本功，这个关不过终成不了大器。

新闻的本质是信息，是要告诉人新发生的事情。社会上每日每时瞬息万变的新情况是记者捕捉传递的对象。它不像文学那样主要写人，更不像诗歌那样主要抒情，也不像绘画、摄影那样捕捉景物形象，更不像科学、哲学那样，重在析理。它就是要把客观的有价值的事情捕捉、筛选出来和用最简洁明快的方式表达出来，让人知道、明白（主要不是欣赏、感受），这决定了它采用的主要方法是叙事，所以记者一定要过叙述关。就像电影这种以叙事为主的文艺载体离不了叙述一样，新闻这种信息的载体也离不了叙述。张艺谋尽管先以抒情手法创作了令人沉思的《黄土地》，叫人激狂的《红高粱》，但回过头来他还是要补叙述这一课。像一个书法家，虽然先已从行书入手，反过来又补上了楷书这一课。

新闻以事为主，但事件离不开人，离不开景。于是内心感情的恍兮惚兮，外部景色的乱眼迷离，常吸引着刚入门的记者在表现方法上走歪路。许多青年记者总想写大篇的磅礴之作（我曾有一篇专文谈这种情况：《"哇"字牌通讯》），动不动就大特写、大写意、大抒情，而不问题材、内容，也不顾向读者提供多、快、实的信息的责任。所以要有志于写好新闻，不管你是从哪里入手的都要补叙述这一课，其大致要求有三点：

一是你选的事情要有价值，人家爱看，常常要一个标题就能抓住人，就是说这件事值得向人叙述。比如突发事件，读者看到一个开头，就瞪大眼等着往下看。这就像戏，先要有一个好剧本。

二是从空间的角度来说，所叙的事情要脉络清楚，详略得当，而不能平铺硬堆。凡事情必定有个主次，凡是我们亲眼所看到的事，总有一种立体感、形象感，而且对主要的东西印象最深。比如战争现场的硝烟、枪声、坦克等，但可能印象最深的是流血。因为事件本身总是有它的特定的空间构成，特定的主次结构。假如我们能照一张相，画一张速写，这个立体形象的效果就很清楚了。叙述是借用文字从现场到语言再从语言到形象的一种转换。这个转换要再现空间构成，因此首先要分清脉络，犹如画家起稿，先要分清轮廓、明暗，要有纲有目，有枝有叶，读者才能明白。没有经过训练的新手对事件信息的叙述总是不知道从哪里下手，常常费了笔墨，反涂得面目全非。像一个在外面见到一件事，气喘着跑回家，向大人诉说不清的小孩子。

三是从时间角度说，叙述要有节奏。凡事情必定有个过程，有个先后。叙事是事情过程的重演，是把事情的客观信息转换成文字信息，把事情原来的节奏结合读者的需求重演一遍。我们说音乐是时间的艺术，就是因为它在一个时间段内展开不同音符，形成长短、快慢（当然还有高低）不同的节奏，这决定了人爱听还是不爱听。叙事最难掌握的就是这个节奏，打开电视，只要看上五分钟，就能感到有的演员能抓住人，有的不行。其实这么短的时间，一般看不出什么情节，主要是他表演的深度（即空间的脉络）和节奏（即时间的组合）。稿子的节奏感是与读者共鸣的节拍。如船行岸边，有好景时就慢行，甚至稍停，无好景时就一篙撑开。节奏鲜明和脉络清楚有关，但又不全是一回事。

《水浒传》里写了一个王教头，平时玩花架子还能骗骗外行人，一遇林冲，一棍就败下阵来。新闻写作在叙述之外是可以加点花样，但那是武术中的花枪、书法中的飞白、演员的脸蛋，又如长枪上的红缨、短笛上的金穗。这些都是锦上添花的东西。叙述才是枪之尖、笛之声，是功夫本身。

有景的叙述更可信

《大雪初降重灾区》（新华社 1991 年 12 月 26 日电）是说在一场特大洪水之后，灾民于大雪中在临时窝棚里度岁末的情景。消息 700 字左右，共 6 段，每段都从写雪景入手：天降大雪，记者雪地出发，现场雪压断树，领导雪中看房，雪中对话，老乡雪中谈感受。这是一篇以雪景为线，银线穿珠，一气到底的好消息。景的运用被发挥到了最大的限度，但又没有干扰或削弱事情本身的叙述。

景是什么？景物、环境是事件的空间坐标，是事件的范围、条件，氛围的空间界定。在叙述事件时巧妙地加一点写景，这叙述就更可信、可亲，可以感知。1991 年夏、秋，我国南方遭到百年不遇的大洪水，许多村庄、民房一夜之间被荡为平地。几个月的紧张救灾之后，便是冬季的到来，灾民衣、食、住如何，全国瞩目，海内外关心。像工厂里检验质量要有一把卡尺，这时天降大雪，记者就紧紧抓住这把天上掉下来的尺子，在这个特定的条件下考察灾民是怎样过冬的，考察一下救灾的质量如何。所以在这篇作品的设计中，景就不是附加的道具，而是表达主题的前提条件，是事件这个主体赖以存在的空间。作者以景为线，层层引进，逐渐推出主体，在做着很清晰的叙述："一排排拱形的、尖顶的、平顶的各种窝棚、简易住房却平安无事，像戴着绒绒白帽子的雪娃娃，笑傲风雪。"村民穿着、盖着北京送来的棉衣、棉被，在屋里暖暖和和地过冬。作者先推出雪重风寒的景，再写房固衣暖的人，这样就造成一个强烈的反差效果。我们常提倡写现场新闻，其实景物的引入可强化现场，界定事件，所以有景的新闻更可信。

这几年电视上出现一种新体裁：室内剧，一种舍弃了外景的剧。其中有一个原因是省钱，但也带来了另一面，就是话剧化、舞台化，现场感不如电影。这戏可以在这里演也可以在那里演，搭一间房就行，当然可信度就低了，于是室内剧只好在情节的叙述和人物的对白上下功夫，剧中人经常整场整场地神侃，以掩盖表现手段的不足。新闻不能这样，它不能胡编，它要求事件的人物、地点、过程、结果尽量清楚。比如上述事情我们可以用一句话说完：×地××间救灾房无一倒塌。但这太简单了，是情报，不是新闻。也可以到窝棚内，用一大篇文字去写灾民的对话、感受，但这又滑向了文学，也不是新闻。新闻就是用恰如其分的文字刚好说清那件事，而且让你坚信不疑。而使你坚信的手段之一就是把现场的景物拉来，界定一个特有的空间和环境。这个空间常决定了事件的程度、规模、效果，它也就有了个性。因为就算事件可以虚编，空间条件很难假造，编一个室内剧容易，拍一个宏大的场景难。所以许多厂家不惜巨资大拍外景，就是要给故事找个性，界定一个特定的空间，好让观众更可信。试想我们要是把《西游记》《海底两万里》之类的题材都拍成室内剧，还有什么看头呢？新闻题材大部分不易搞“室内剧式”的叙述，因为它隔断了事件存在的环境。

新闻写景主要是为了增加现场感（不像文学主要是为了表现人物内心的感情），但在现场效果达到之后还可求更深一层的效果。就是说写景也可以成为事情内容的外延，正如文学中景是情的延伸。苏轼的《前赤壁赋》《石钟山记》都是叙述他的夜游。前者开头写“清风徐来，水波不兴”，“白露横江，水光接天”，结尾写“相与枕藉乎舟中，不知东方之既白”，都是为了渲染这次夜游的愉快尽兴；后者写“大石侧立千尺，如猛兽奇鬼，森然欲搏人。而山上栖鹘，闻人声亦惊起，磔磔云霄间”，则为了造成一种惊险效果。都于现场界定之外有情绪内涵的延伸。毛泽东同志著名的新闻《我三十万大军胜利南渡长江》，其中有这样一句看似闲笔的写景：“长江风平浪静，我军万船齐发，直取对岸。”（《毛泽东新闻工作文选》，286 页，北京，新华出版社，1983）烘托出一种我军气势如虹、以石击卵的强烈效果。我曾有一篇通讯《欲要山长树，先教山留人》，写一位已故的造林英雄。结尾是这样的：“谈完话后，记者看了他们新栽的油松、侧柏和梨、苹果、山楂树，又在高凤岐同志墓前静默了一会。山坡上沙棘串满了小黄果，山柿子红得像玛瑙。山楂已经收过，留下满身的花叶，还是那样的深绿。而远处红红的灌木丛早在风中燃成了一团火。”显然，这里的景除了现场效果外，还有所叙述的内容的延伸。

附 20

大雪初降重灾区

新华社合肥 1991 年 12 月 26 日电 12 月 24 日夜，呼啸的北风刮来安徽沿淮重灾区的第一场大雪。一夜纷飞，遍地皆白。

25 日晨，记者雪地驱车，直赶淮河。

越往北，风越寒，雪越大。一到瓦埠湖边的长丰县三墓乡，好大雪！沟填平了，树枝压弯了，有些碗口粗的树都被冰雪压断了。但一排排拱形的、尖顶的、平顶的各种窝棚、简易住房却平安无事，像戴着绒绒白帽子的雪娃娃，笑傲风雪。

记者冒着大雪，深一脚、浅一脚地步行 10 多华里，串了 4 个村庄，挨户察看灾民的过冬房：那骨架有钢筋焊的，有毛竹扎的，有木材架的，非常坚固。薛桥村 69 岁的五保户孟宪成指着他的窝棚对记者说："你瞧，俺这棚子用了 12 根粗钢筋，再大的雪也压不垮！"在这里，巧遇正逐村查看窝棚的乡党委书记朱正山，他说：我们乡干部分 4 路，一早儿就把全乡 4 000 多个窝棚、简易房查了个遍，没有一个倒的。

外面大雪纷飞，窝棚里暖意融融。许多灾民翻开身上穿的羽绒服、新棉袄、滑雪衫、皮夹克，争着告诉记者自家领了几件衣服。薛桥村孟凡珍翻开身上穿的棉袄、毛衣，说："首都亲人千里送寒衣，俺穿在身上暖在心。"66 岁的谢克举老汉抖着身上的羊皮大衣，乐呵呵地说："全乡 5 万多件衣服中最好的一件发给俺了。看，这羊皮大袄多厚，羊绒多长！下磨盘大的雪，也冻不着俺。"

庄大圩村许多农舍在今夏被洪水荡平。如今，离村子 3 里多地的一片高岗上，40 多幢一砖到顶的新屋，披着银装，排列整齐。村民朱庆霞激动地对记者说："昨夜大雪不停，俺夫妇俩盖着两床北京亲人送的被子，怎么也睡不着。念叨着，要不是党亲政府亲，俺这一家子还不知在哪个雪窝子里挨冻呢！"

（作者：沈祖润 陈先发）

带情的叙述才动人

新闻以叙述为主，但单纯的叙述难免呆板。因此在叙述之中注意情的挖掘和运用，是使文章生动的好方法。一件事情可以单纯到只有几个数字、一个情况。如今年钢铁产量多少吨、今天降温多少度等。但绝大多数事件是以人为活动主体，和人紧密关联的。新闻以写事为主，人随事出（不像文学以人为主，事随人出）。事情本身并不含情(如产量的多少、温度的高低)，情是生发于当事人身上的。因此带情的叙述实际上是写人，写人的情，写事件之后在人群中、人的心里溅起的浪花。情是事件对人、对当事人、对周围的人，进而对作者、读者的冲击波。从而达到在知道之后又进一步感染的效果。

1992 年 4 月，七届人大五次会议通过了兴建长江三峡工程的决议。这是一件国内外瞩目的大事，许多新闻单位都发了消息。相比之下《武汉晚报》的小通讯《历史性的决议和长委会的节日》更动人。它既报道了三峡工程上马这件事，又写了建设者在此时此地的情绪，在一篇稿件中实现了从事到人，再到情的转换，达到了事真情满的效果。

新闻中带情的叙述要掌握一个原则，即事件—人物—情绪，人随事出，情随人出。事件是新闻的主体，也是新闻稿的主体。很多人对这一点常常有错觉，以为人物是稿件的主体。一条新闻有没有价值，主要是看事情本身而不是看事中人，当然同一件事的新闻价值也会因人而异，但这“人”也一定要有事，不能无事生“闻”。人可以是事件的主体，但不是稿件的直接主体，我们写稿时（特别是采访、构思时）一定要把事作为主体。即先确立这篇稿的新闻价值，再说锦上添花的事。没有三峡工程上马一事，本稿中这些人物的出场就无价值，他们的情绪也是多余。各种新闻体裁，即使是人物通讯，也是以人这个筐子来装事。只有到报告文学，已经开始把腿伸到文学领域时，这个主体位置才开始有了变化。事为本，人为枝，情为花，这个关系要摆对。

感情在叙述中要掌握到一个“红杏一枝出墙来”的恰好的分寸。这样你所叙述的事才可能在真实可信之外又另加一分生动。

然后，方法有二。一是选材。就是说要选到事件的中心，把笔触一下伸到黑盒子里去，钩出人们不知道的事，和这事中浸透着的情，直入虎穴，专取虎子。三峡工程上马，可以写工程的方案，可以写决议通过的情况，可以写社会上的反应，等等。但是作者在这里却将笔锋从北京全国人大的会场拔将起来，跃上高空，“背负青天朝下看”，在神州大地上扬眉这么一扫，便扎向武汉长江水利委员会的大院里。“设想了70年，调查了50年，勘测了40年，争论了30年”，“三峡工程何去何从？位于武汉的长江水利委员会的人们，一颗颗悬着的心难以平静。”这里是要件的焦点，具有事、人、情三要素，利于展开带情的叙述。本来在新闻稿中叙述是解决内容本身的，情是为了加深印象，更生动感人。就像工艺师制作一个砚台，用一块好石精凿成形，打磨如镜，应该说完成得不错，这是叙述的硬功夫。但是更有高手，在选材时即先压人一筹，温润的黑石上有一处淡黄的节斑，他就因料施技，砚成之后便是温馨的夜空中悬着一轮可爱的月亮。这就是带情的叙述手法了。情节、情节，就是选那一节带情的材料，未曾落笔先看料，一石三鸟：事、人、情。

二是润笔。就是说你的笔要饱蘸着感情，不能发涩。应该说本篇在选材上是不错的，但在笔触带情这一点上就显得功力弱一些。新闻叙述中情的运用是一种自然的流露，不是夸张的抒发。要梨花带露，芙蓉出水，于行文走笔时自然带出。元代戏剧家王实甫是一位极善于在叙事中言情的大家。他在《西厢记》里写莺莺与张生的离情，有这样一段唱词：“晓来谁染枫林醉，总是离人泪。”不说自己伤心，而是用一双伤心的眼来看世界。记者为文时不说有情，却用一支有情的笔来叙事。就像书法家于抽象的线条摆布中，却能表现出许多浓烈、恬淡、庄重、活泼等等的风格与感情。这就是叙述的更深一层功夫。

附 21

历史性的决议和长委会的节日

举世瞩目的长江三峡工程，“设想了 70 年，调查了 50 年，勘测了 40 年，争论了 30 年”。4 月 3 日下午，终于到了七届人大五次会议通过关于兴建长江三峡工程的决议的时刻。

三峡工程何去何从？位于武汉的长江水利委员会的人们，一颗颗悬着的心难以平静。下午 3 时 30 分，长委会新闻宣传中心内，工作人员进进出出，神色严肃。这次表决是由人大代表按表决器，决议能否通过，谁也说不准。

“喂、喂……”不断有人打电话来询问情况。有一部电话受到特别的保护，“这部电话谁也不准用，专等北京的消息。”新闻宣传中心主任朱汝兰叮嘱大家。

3 时 45 分，《人民长江报》记者孙军胜抱着一盒万字头的鞭炮闯了进来。“朱主任，有消息吗？”“还没有。”一句话使围过来的人提到嗓子眼的心又落了下去。

墙上，石英钟的秒针在一格一格地爬动，时间仿佛已经凝固。

4 时 7 分，57 岁的朱汝兰一个箭步跑过去抓起电话，话筒里传出水利部三峡工程宣传领导小组副组长成绥台激动的声音：“通过了！”顿时，朱汝兰凝重的脸上绽开了笑容。

“通过了！通过了！！”喜讯像长了翅膀，刹那间飞遍长委会。静候多时的男女老少再也按捺不住自己的感情，三峡工程论证是两万多长江水利水电战线职工几代人的心血啊！

在去年去世的长委会技术顾问曹乐安家中，老曹的遗孀王昌言女士嘴唇颤动，声音哽咽，眼泪夺眶而出。“这是我家老曹日夜盼望的一天呀！”

年已七旬的王老抹了一把泪水说：“老曹为三峡工程呕心沥血，1991 年 2 月，他不顾 75 岁的高龄，抱病连夜疾书，为三峡工程早日兴建而大声疾呼。”

王昌言抬起泪眼望着曹乐安的遗像：“老曹，你为之奋斗一生的三峡工程有望成为现实了。”墙上这位“中国工程建设设计大师”笑而不语。

人们从办公大楼里涌了出来，欢呼雀跃。篮球场上，点鞭炮的人手颤抖着，竟然三次没能点燃。欢庆的鞭炮终于震响天空。人们抱出彩旗、横幅，一下子把长委会打扮得像过节一样。

此时此刻，长委会主任魏廷琤正在和几位副主任筹划今后的工作。这位从事三峡工程研究四十多年的国家级专家，高度近视的双眼闪耀着激动的光，他双手合在胸前，两个大拇指不停地旋转着。他兴奋地说：“三峡工程经全国人大通过后，我们丝毫不能松劲，仍然要像周总理说的那样，如临深渊，如履薄冰，兢兢业业地把这件造福当代、荫及子孙的事办好。”

（《武汉晚报》1992 年 4 月 5 日，作者：许春燕　谢麦祥）

合理的叙述更深刻

全国第三届现场短新闻评奖中，《解放军报》的《战士永远是和平的使者》获一等奖。因为这篇稿子有它独特的长处，再没有第二篇可以和它类比。这就是：在叙述中说理。中、越两国在五六十年代曾有过牢不可破的友谊，70 年代末关系恶化，打了一仗，90 年代初又恢复关系。有人说：既然现在，何必当初，战士的鲜血岂不白流？不懂得战斗就是为了换取和平。

理是什么？是消息背后更深一层的东西，是这条信息所以存在的合理依据。如果说叙述是一条静静的流水，情就是跳在水面的浪花，理则是水赖以流通的渠道；如果说叙述是一行奔驰的车队，情就是欢快的笛鸣，理则是车赖以行走的公路。是渠道和公路规范着水和车的流向。新闻的作用是告诉读者一件具体的事，本用不着讲什么道理，但是如果透过这件事、这条信息，读者就能明白一个理，那么这条消息就不同寻常。这稿子就立即如童子言道、匹夫救国一样令人刮目相看，肃然起敬。所以说，在消息写作中含理的叙述更深刻。记者要能写出一点理性的消息，这是很高的要求。研究规律，这是政治家、科学家、哲学家的任务。但是我们的一切活动都在遵循着规律，有的人是暗合规律，有的人是知道规律。新闻报道的事情起码要暗合规律。所以记者写稿就不是碰见什么写什么，而是要有所选择，选读者喜欢看的。读者所好又分两层，浅一层的就是人人关心的新鲜事，如突发事件，这种事情本身也浮现在浅层；深一层的是社会现象背后人们思考的问题，能反映这些问题的事情常常也埋在深层。这种事情的挖掘，信息的捕捉，本身就是道理的寻求。所以记者写这种稿子时，是思考多于采写。他一定是对某个问题“才下眉头，又上心头”，研究许久，就差一个表达的机会。如果他是一个理论家，可以去写一篇论文，他是一个记者，就一定先得找见一条信息，一条隐含着道理的信息。在中越边境，战火初歇，边贸却已经开始。战士在警惕地守卫边境，并且仍在积极训练。这条信息就说明是战斗、流血换来了和平，就是将来也还会有这样的事。稿件又借一个军官的口引当年第二次世界大战的例子，说明战士永远是和平的使者。这种消息的写作要求记者具备一个有准备的头脑，这常常是一种灵感思维，是成熟的思想和新鲜的事情撞击的结果。

新闻不是为说理的，但在叙述中最好能有点理，这就增加了写作的难度。毛泽东同志说宋人以理入诗，味同嚼蜡。诗言志，本是以抒情为主的，拿来说理自然很难写好。但是宋诗也有含理而写得很好的，如苏轼的“横看成岭侧成峰，远近高低各不同。不识庐山真面目，只缘身在此山中”，朱熹的“半亩方塘一鉴开，天光云影共徘徊。问渠那得清如许，为有源头活水来”，都是名作。这里的关键是一个从形象思维到逻辑思维的转换，在形象的描述中逐渐推出一个道理。这个方法用得最好的还是一个宋朝人，就是范仲淹。他多年在朝中、地方、边境为官，研究政治，体察民情，有忧国忧民的思想。但表达这思想的不是论文，而是一篇极优美的写景散文《岳阳楼记》。他先写洞庭湖或“阴风怒号，浊浪排空”，或“春和景明，波澜不惊”的景，又抒写人们在这不同景下的情，最后推出“先天下之忧而忧，后天下之乐而乐”的至理名言。所以这篇文章千古不朽。这既得力于叙述的功夫，又因为其中包含了为人们所承认的理。新闻写作的功夫修到高级阶段时，也要能很自然地实现这种从事到理的转换。

附 22

战士永远是和平的使者

本报讯 11月14日，记者穿过友谊关城楼前行200米，站在了那座刻写着“HA-NO172KM”字样的红头里程碑前。四周合抱粗的榕树无声地遮蔽着坑坑点点的柏油路面。中越边境0公里处静悄悄。

然而，驻友谊关某部五连哨所望远镜中的景观已悄然发生变化：过去的战场，今日的商场。

这种历史性的变化已被记者目击证实：我们在友谊关哨所举起照相机，阵地上那警惕的雷达天线竟和山脚下广西最大的边贸集散地——弄尧市场进入同一个画面。当地亦有首民谣说此景是：“山上守卡子，山下数票子。”

面对边境的和平，从硝烟中走来的战士是何心境？

一位大学生排长平静地和记者聊起当年苏联红军攻克柏林的一个电影镜头：两位将军望着柏林广场上狂欢的男女青年怅然若有所失，说：“我们失业了。”“其实，戍边战士所付出的一切，不都是为了祖国的安宁与边境的和平吗？和平，才更显示出军人的价值！”

“你做你的生意，我守我的阵地。”记者在友谊关看到的是一幅独具特色的战士戍边图。哨所内像大部队作战室一样整齐地摆放着军用图表、器材。山头石缝中已开垦出只有4.8亩的782块菜地。山顶平地虽然只有篮球场大小，但战士们硬是依山势建造了一个U形400米障碍训练场。记者采访时，炮排战士们正练得热火朝天。

据说，前几天总部来人考察五连军事训练质量，当场点考23名官兵，总评成绩竟超过优秀标准。

人民没有忘记边防军人对和平的贡献。五连哨所前几天一次就收到从祖国四面八方寄来的慰问信170多封。记者在祖国亲人赠送的吉他上见到这样意味深长的赞语：“卫国戍南疆，凯旋在子夜。”指导员王定开深情地对记者说：“默默地凯旋，才不会打扰人民的安宁。战士永远是和平的使者！”

（《解放军报》1991 年 11 月 22 日，作者：张弛　高艾苏）

部队建制连恢复配备副连长后，连队领导与被领导之间出现了一些新情况。少数连队主官不注意团结副连长一道工作，连队一些班排长请示汇报工作有疏远副连长现象。针对这些问题，这个师党委组织大家重新学习有关条令条例和基层军官职责，引导主官和战士尊重副连长，并具体指导帮助副连长提高工作能力，当好主官助手。

他们还根据本部队实际情况，给副连长明确了 3 项工作任务。一是负责连队的伙食管理和农副业生产；二是负责后勤人员的管理和训练；三是负责团员的思想工作。在理顺关系、明确职责后，还给副连长创造良好的工作环境，使他们工作有职有权。据考评，全师的副连长都基本胜任本职工作，其中有不少被部队树为各类标兵。

老红军战士郝正明，虽然年逾古稀，身上三处受伤，但他时刻关心着军队的建设，退下来后，经常到部队给官兵讲故事、忆传统。　朱亚田摄

11月14日，友谊关见闻——

“战士永远是和平的使者”

本报讯　记者张弛、高艾苏报道：11月14日，记者穿过友谊关城楼前行 200 米，站在了那座刻写着“HA—NO 172KM”字样的红头里程碑前。四周合抱粗的榕树无声地遮蔽着坑坑点点的柏油路面。中越边境0公里处静悄悄。

然而，驻友谊关某部五连哨所望远镜中的景观已悄然发生变化：过去的战场，今日的商场。

这种历史性的变化已被记者目击证实：我们在友谊关哨所举起照相机，阵地上那警惕的雷达天线竟和山脚下广西最大的边贸集散地——弄尧市场进入同一个画面。当地亦有首民谣说此景是：“山上守卡子，山下数票子。”

面对边境的和平，从硝烟中走来的战士是何心境？

一位大学生排长平静地和记者聊起当年苏联红军攻克柏林的一个电影镜头：两位将军望着柏林广场上狂欢的男女青年怅然若有所失，说，“我们失业了。”“其实，戍边战士所付出的一切，不都是为了祖国的安宁与边境的和平吗？和平，才更显示出军人的价值！”

“你做你的生意，我守我的阵地。”记者在友谊关看到的是一幅独具特色的战士戍边图。哨所内像大部队作战室一样整齐地摆放着军用图表、器材。山头石缝中已开垦出只有 4．8 亩的 782块菜地。山顶平地虽然只有篮球场大小，但战士们硬是依山势建造了一个U型 400 米障碍训练场。记者来访时，炮排战士们正练得热火朝天。

据说，前几天总部来人考察五连军事训练质量，当场点考23名官兵，总评成绩竟超过优秀标准。

人民没有忘记边防军人对和平的贡献。五连哨所前几天一次就收到从祖国四面八方寄来的慰问信 170 多封。记者在祖国亲人赠送的吉他上见到这样意味深长的赞语：“卫国戍南疆，凯旋在子夜”。指导员王定升深情地对记者说：“默默地凯旋，才不会打扰人民的安宁。战士永远是和平的使者！”

记者岭南见闻

老王卖瓜不好卖

在第六届全国地市优秀新闻作品评选中有一篇题为《农家土货贴商标》的稿件，该文用第一人称写法，读后有一种“老王卖瓜”的感觉。

“老王卖瓜，自卖自夸”是说卖瓜者以第一人称来夸自己的瓜好，为自己做广告。这是小商小贩常用的推销方法。但也有更聪明者，自己不出面，却另雇几个买客，在一旁大夸其瓜如何好，买完几个后，又回来买几个。于是买的人越来越多。这说明要让人相信一件事，就要尽量排除主观因素，做到客观公正，至少在形式上先要做到这一点，人们的接受习惯是“旁观者清”。卖瓜是商业行为，千方百计地要实现商品交换，并不排斥赤裸裸的自我宣传、自我推销，所以经常使用第一人称。记者向社会传递信息是一种社会分工，是记者的责任与义务，不是交换也不是推销，正如教师讲课并不是向学生出卖知识（虽然记者和教师都拿工资）。在向人介绍一样东西时，要做到客观公正，一是这东西自身具有价值，二是介绍者具备没有任何功利主义的淡泊恬然的心理。消费者是否买销售者的东西一要看他需要不需要，二要看质量好不好，三要看价格合理不合理。读者是否看你写的消息就只有两条，一是看你提供的信息真实不真实，二是看他需要不需要这方面的信息。不管他需要不需要都用不着考虑价格问题。是就是，不是就不是；想看就看，不想看就不看。没有别的考虑。商人常媚笑着拉顾客买东西（有时甚至强卖），记者却不会。记者与读者之间这种无私、无利的坦诚、信任的关系，决定了记者、读者和信息三者间的关系。信息就像一对小夫妻的独生子女。第一，他在三者间享有特殊的突出的地位，一家人以他为核心；第二，夫妻间谈及孩子时，用不着装腔作势，可实实在在地讨论。所以记者在向读者展示信息时，应该客观地想方设法突出信息，删繁就简，水落石出，特别不能带有主观的推销倾向，玩一点小花样，否则反而妨害了信息。何曾见过丈夫向妻子做广告，推销儿子？教师向学生做广告，推销知识？性质要辨准，方法要选对。

这篇稿子的毛病在什么地方呢？就是把本来客观的东西变成主观的来说，把本该由旁观者叙述的事情变成了主人翁的自述。这样一错位和扭曲，读来就不大舒服。这篇稿子的信息要素主要有这样几点：(1) 农民刘开和被评上了科技示范户；(2) 他种的柑橘好，且有一套科学办法；(3) 他的柑橘向国家正式申请了商标，这在全国还没有过，引起很大反响。这几条信息的客观性都很强，特别是对主人翁的表扬，对社会效果的综述，就只适宜由记者以旁观者的角度来客观地介绍。现在作者把这个任务交给了刘开和自己，让他老王卖瓜，给他出了一个大难题。于是为了引出话题，他在叙述中，常常不得不牵强地先设一个问题，或者交代一个背景，然后再自白。有点“为赋新词强说愁”，又有点像“文化大革命”当中“劳模”搞“讲用”。比如，文中有很多这样的句子：“你们是来采访我种水果的事呀？没什么，这几年我刘开和搞出点名堂”；“你们说我的柑橘比别人的好吃，是怎么种的?”；“你问我种水果是否失败过?”；“现在……洪江市……出了个……刘开和，又冒出个为水果申请商标的新鲜事……市里的同志很新奇地说，农民申请商标，我还从来没听说过呢……我搞商标出了名……十多个县的农民都来我这里引种”。显然这就把主人翁推到一种十分尴尬的地位，也大大削弱了信息的客观性和可信度。作者的本意是刘开和自己来说，显得更真实，但这要看说什么，说体会说经历可以，说效果说反响，就不行了。“橘生淮南则为橘，橘生淮北则为枳”，同样一条信息，第三人称则可信，第一人称则可疑。至少主人翁那种讲话的方式就可疑。所以在写新闻时一定要慎用第一人称。新华社在向全国转发这条消息时就改用了第三人称，篇幅缩短了 1/2，效果却更好。

(1994 年 3 月 18 日)

附 23

农家土货贴商标

——省级科技示范户刘开和一席谈

你们是来采访我种水果的事呀？没什么，这几年我刘开和搞出点名堂，也是搭帮科技。前几天，就是12月25日，省里还给我来了信，说我被评上了省级科技示范户。你们瞅，省科协的红头文件还在这里呢。近来我是三喜临门啊，上个月，我申请的水果商标，国家商标总局已批下来了，他们告诉我，农民为水果贴商标，在全国还是第一家。今年我的水果又获得了丰收，140亩果园纯收入3万元。

你们说我的柑橘比别人的好吃，是怎么种的？我们边吃边谈吧，没什么窍门。有人种的水果不甜，怪施了化肥。我看不见得，我的柑橘也施化肥。就看在什么时候，用什么方法。我施化肥不是直接给果树施，是在三四月份施在草上。草长好了，再割下来，沤在树下，这就把化肥变成了有机肥，现在我的柑橘百分之八十都是有机肥。挖园也有讲究呢。有人一年挖一次，我一年挖四次；有人在冬天深耕一次，我却春上深耕三次，冬天只浅耕。还有呢，治虫也有窍门。现在城里人怕农药，要吃无公害蔬菜，我也搞了个无公害水果。今年我到外地学习到一种生物治虫的办法，买回了白花草籽种在果园里，靠草里生长的捕食螨虫吃柑橘害虫，一年就减少农药开支两千多元呢。

如今人们生活水平高了，嘴也刁了，水果也要吃个时兴品种。工业讲调整结构，我们果农也要来个结构调整。近两年，为开发新品种，我去省内外跑了跑，引进了锦绣黄桃呀，布目早生桃呀，砂子早生桃呀，春蕾水蜜桃呀等许多新品种。这样，我一年四季都有水果。不仅有冰糖橙、蜜橘等常绿树的，也有黄桃、柰李等落叶树的。我还陆续把大红呀、广柑呀一些老品种用纽荷尔脐橙、明娜脐橙替换下来，变成高产优质人们爱吃的水果。

你问我种水果是否失败过？哪有不失败的。我培育锦绣黄桃苗木，就连续失败了三年，赔进了几千元，今年在市里技术员的帮助下才搞成功。种水果不懂技术不行呐，为了减少失败，这几年我花了近三千块钱，去华中农业大学、重庆中国柑橘研究所学习经营管理、水果栽培等新技术。今年，我从武汉学到一种新的高接换种技术，在大红、广柑上嫁接新品种，又没有影响果树当年的产量，这真是千金难买的技术啊。所以呢，我又花了一万二千多块钱送儿子到安江农校大专班读柑橘专业，学成后，打算让他回乡当柑橘培植员。

现在大家都知道洪江市黔城乡鱼塘溪村出了个省级科技示范户刘开和，又冒出个为水果申请商标的新鲜事，其实我给水果贴商标，全仗有科技做靠山，同时也是想使我的水果保持优质，创出名牌来。工人能生产名牌产品，农民就不能生产名牌水果？我是共产党员、市人大代表，要带头闯一闯。于是，8 月份，我到市商标管理部门为我的水果申请商标。市里的同志很新奇地说，农民申请商标，我还从来没听说过呢。他们还说，申请商标要到北京去批准注册，要花很多的钱。我告诉他们，只要能创出个名牌来，多少钱也愿意花。现在我的商标从北京批下来了，在水果成熟前两个月一个一个贴上商标，等水果成熟后，商标就印在皮上。明年 4 月，第一批印着“湘洪”商标的水果就可以上市。

我搞商标出了名，溆浦、沅陵等十多个县的农民都来我这里引种、学习，我相信依靠科技能够创出名牌，有了名牌，新的技术一定能更快推广开。我希望每一个农民都能办出一个农产品商标。

（《怀化报》1991 年 12 月 28 日，作者：杨宏森　刘劲军　杨志勇）

又附：

农家土货贴上了商标

新华社北京 2 月 14 日消息　年末岁首，湖南省湘西农村爆出件新鲜事：洪江市黔城乡鱼塘溪村农民刘开和接到国家商标局正式批下来的“红头”文件，凡他栽种的水果，可以贴上“湘洪”商标。

农民为自己的水果贴商标，在我国尚属首次。日前记者采访了刘开和。问他为什么要给水果贴商标。他说："我依靠科学技术种的水果质量好，在远近出了名，给水果贴商标，就是想使我的水果保持优质，创出名牌来。"

共产党员刘开和全家五口承包了村里的140亩荒山坡地，栽种了冰糖橙、蜜橘、柰桃、柰李等十多个不同季节成熟的水果品种。全年都有鲜果上市。为了提高水果质量，几年来，刘开和除经常请市里的农技员上门传授技术外，自己还花三千多元去华中农业大学、重庆中国柑橘研究所学习经营管理、水果栽培等新技术。他又拿出一万二千多元钱，送儿子到安江农校大专班学习柑橘专业，并努力把学到的技术运用到实践中。刘开和给水果施化肥不是施在果树下，而是在三四月份施在草上，等草长好了，割下来沤在树下，让化肥变成有机肥。施这种有机肥的水果格外香甜可口。他还自费从外地学到一种生物治虫的办法，买回白花草籽种在果园里，靠草里生长的捕食螨虫吃柑橘害虫，既生产出了深受人民喜爱的无虫害水果，一年还可节约农药开支两千多元。

目前，首批标有"湘洪"商标的近千担冰糖橙和蜜橘已进行保鲜贮藏，4月即可面市。

（《怀化报》记者杨宏森　刘劲军　杨志勇）（"鹤城杯"短新闻征文）

（新华社新闻稿）

关于新闻的说理

一、写事情意不在事

有两种新闻。一种是很直观简单的信息，这信息牵涉的背景、所含的意义并不很大，但又为人们所需要，如一般的文艺、体育消息，社会新闻等，我们不妨叫它“浅新闻”或“轻新闻”。还有一种虽是一条信息，但这信息所牵涉的背景和内含的意义重大，我们不妨叫它“深新闻”或“重新闻”。两者的区别在什么地方？在其所反映的事物的本质的深度，即所含的道理，这样一来似乎又可以把它们称为“表象新闻”和“理性新闻”。总之，有个层次的深浅之分。

世上的事物是联系的，这赖以系之的是其中的理。大至哲理，小至各行各业之理。它像一根藤，系着许多似无关碍却暗中相连的瓜。不过这瓜有的结在大藤上，有的结在小藤上。“轻新闻”是小藤之瓜，“重新闻”就是大藤之瓜。我们如果要是反过来“摸瓜找藤”，就还得摸那些大瓜。

新闻是事物客观的表面的信息，它还不就是知识，不就是信息，是毛知识，是狭隘的信息。只有读者在对无数现象了解之后，才会得出反映本质的知识和规律，也就是广义的信息。所以记者写新闻时，虽是报道眼前信息，但他心里还是想着尽量要让读者认识本质，认识那个基本的理（藤），并尽快缩短这个认识过程。醉翁之意不在酒。欧阳修借酒寄情山水，其情趣自然比一般的酒徒更深一层。高明的记者借事写理，稿子的分量自然就更重一分。

1948 年 11 月，中国人民解放军解放南阳，标志着我军开始取得战略反攻的胜利。毛泽东同志写了一条消息《中原我军占领南阳》。实际上这消息传达的眼前信息只是开头的一句话：“在人民解放军伟大的胜利的攻势下，南阳守敌王凌云于四日下午弃城南逃，我军当即占领南阳。”下文一下就回到历史，写此地的军事战略价值：“南阳为古宛县，三国时曹操与张绣曾于此城发生争夺战。后汉光武帝刘秀，曾于此地起兵，发动反对王莽王朝的战争，创立了后汉王朝。民间所传二十八宿，即刘秀的二十八个主要干部，多是出生于南阳一带。”下面又写敌我双方过去一年来在南阳地区的争夺，蒋政权在军事上江河日下，我军已将敌完全赶出这一地区，四个根据地已经完全连成一片，部队还增加了20万人。然后推出结论：“白崇禧经常说，‘不怕共产党凶，只怕共产党生根’，他是怕对了。我们在所有江淮河汉区域……不仅生了根，而且枝叶茂盛了。”（《毛泽东文集》，第五卷，185～186页，北京，人民出版社，2001）这样就得出了一个共产党得民心，扎根人民，渐渐强大，立于不败的理。后面还讲了一些注意土改政策，联合中间阶层，争取最大多数，孤立敌人的道理。这篇消息完全可以当作一篇议论文、社论来读。它所传递的信息，远远超出解放南阳这件事，而是一个更深层的、广义的信息。是通过“解放南阳”这颗大瓜牵出了全国战场我军必胜而且正在胜利的大藤。作者从事引起，其意并不全在事。有趣的是，发了这条消息后，毛泽东同志给胡乔木写了一封信：请注意写些综合报道。其办法是借着一个适当的题目如像占领南阳之类去写，并要各地分社负责人（普通记者不能写此类通讯）或党的负责人学会写这类综合性的报道。而我们是长久缺少此类报道的。为什么一般人写不了呢？是因为这种以一条大藤贯穿的综合报道是要把握全局的高度和具有一定的理论修养的。

现在，在新闻评奖中也常会于如山的稿件中发现一两篇借题发挥、以事说理的好消息，总让人眼前一亮。看来我们现在已经有了一些“不一般”的记者了。

二、自己先要理明于心

己之昏昏，不能使人之昭昭。作者在写理性新闻时，他心里先要有理的准备。这不像表象新闻，抓到什么就拿给读者什么，随便摘一个瓜扔给你就是。写这种理性新闻是作者在摘瓜以前，手里先抓有一根藤，仔细掂量到底该摘哪一颗给你。因为作者是希冀读者通过这颗瓜（事）来认识他手里的这整条藤（理）的。所以说，他摘的是瓜，其实对整个生长瓜的理都已烂熟于心。

这个道理说得最生动的是苏东坡谈文与可画竹。“竹之始生，一寸之萌耳，而节叶具焉，自蜩腹蛇蚹，以至于剑拔十寻者，生而有之也。今画者乃节节而为之，叶叶而累之，岂复有竹乎？故画竹必先得成竹于胸中，执笔熟视，乃见其所欲画者，急起从之，振笔直遂，以追其所见。”那竹还在一寸之大的时候，便节叶俱全，后来像蝉脱壳、蛇蜕皮一样地长大，哪怕它长到十寻之高，那完整的内在的结构也是一生根就有的。现在画竹子的人一节一节地添，一叶一叶地叠，这还会有什么竹子？所以画竹，必先得有一个完整的竹子（包括形象、结构）于胸中，提笔细看，眼前便出现了所要画的物，挥笔直追，便画成了。苏子说竹子是个整体（就是那条藤、那个理），先要整个熟悉了它，再动笔，不熟悉整体，一个部分一个部分地往外拿，这是画不成的。我们一些记者就是一个信息一个信息地往外拿，这些信息之间有什么联系，或者只一条信息就能代表什么道理，已之昏昏，不大明其理，消息的效果当然也不能预知。这样，自然只能写一些表象新闻，没有什么深度，出不了大新闻，也成不了什么大家。

记者写一件事，一定要知道这件事所连着的大背景，就像画一节竹，他就该知道这竹的全貌和生长过程。我们写一个村、一个县的变化，就应该知道全国农村的变化，知道党的农村政策。如前面提到的毛泽东同志所说的综合能力。记者基于政策方面的修养，对国家发展的大局有个全面的了解后，他就想说话，只是新闻不是哲学，也不是经济学，作者不能直接说教。他等待着找一个能说明这理的事。他手里执着一条藤，但这藤对消费者没有直接用处，他等待在这藤上找见一颗大瓜。给人一杯水，自己先得有一桶水。作者是先把理研透后，再举例子来说明这理，所以我们看这种文章时，像学生听课一样，觉得那例题和实验后面有厚实、深刻的道理。读者不但见到了瓜，还知道了这瓜是怎样结出来的。同样是一件事，在小说家口里和哲学家口里讲出来就味道不一样。前者追求事情本身的形象生动，后者追求这事实所蕴含的理。所谓理性新闻就是哲学家口里的故事，就是数学老师黑板上的例题，更浑厚的东西还在后面呢。所以写这种新闻的记者应该先将道理明澈于心再动笔为文。就像苏东坡说的“必先得成竹于胸中，执笔熟视”，然后再画竹。

其实任何一件成功的事情都有理掩藏其中。这里有时是无意识地暗合，有时是自觉地循理而为。文学家写成一部成功的小说，艺术家完成一件成功的作品，军事家指挥一场胜利的战役，都是循理而为，因为他们事先掌握了文学、艺术和军事理论。可见记者要讲清一件事，既要有小说家叙述的功夫，又要有哲学家说理的功夫，除此之外还应是一个杂家，他还得了解各种各样的事，通各行各业的理，可见当一个记者是多么不易。

三、用事实层层推出

全国“十佳青年记者”评选中，《中国青年报》记者刘健的通讯《寿光菜》引起我的注意。它是通过种菜这件事来讲一个县怎样发展经济的大道理，由此我想到说理新闻的一种写法——用事实层层推出。

本篇消息的主题是农业要发展，一靠政策，二靠科技。本来消息就是报道一件事，一条信息，无所谓主题。但是说理新闻，作者明显地是想借事实来说一种道理，他在叙事之前胸中先有一个理，就是说已经“成竹在胸”了。他举目四望，只搜寻那些与这个理有关的材料，一落墨纸上，一切材料的调动便都服从于这个理的说明。就是说对作者，是先有藤在手，然后去摸瓜；对读者是藏而不露，指着瓜引导你去看藤。

文章共分四个部分，结构分明。第一部分先说寿光人现在如何富。开头一句就说：“王乐义每年资助他当副省长的弟弟七八百元钱‘养廉’，寿光的菜农都不以为奇。因为人人知道，王乐义是他们中间种菜种得最好的。”多少年来都是城里人有钱，接济乡下人，现在一个种菜的农民反过来接济在城里当副省长的弟弟，作者选择这个典型的事例，真是石破天惊，给读者一个强烈的印象：寿光人真富了。下面接着讲这富的原因。“每年，从寿光卖到北京的蔬菜达 8 000 万～9 000 万公斤。”“寿光农民真靠种菜发了财。今年 9 月份，全县 90 万农民储蓄存款余额超过 6 亿。……在全省 78 个县中排第二位。”无疑，作者这种写法，是先拣一个最大的瓜给你看，让你自己不由要问，这是哪条藤上结出来的？然后他再慢慢道来。

第二部分写“蔬菜在寿光能够成为一大支柱产业，实际上不在于他们种得多，而在于他们卖得好”。指出寿光不但是蔬菜生产基地，还是一个大的蔬菜批发基地。寿光人不只赚生产部分的钱，还大赚流通部分的钱。

第三部分写寿光人是怎样通过痛苦的教训学会抓市场的。1988 年全国白菜大减产，寿光眼看可以发一笔横财，但是县政府决定：白菜最高限价 6 分 5 厘。第二年当地白菜大积压，政府又动员机关买“爱国菜”，价格稳在了 2 分以上。“不正常的市场在人们看得清清楚楚的那只‘手’的作用下，恢复了正常。”（注意，这里顺着瓜指给了你一条支藤。）

第四部分写寿光，这个《齐民要术》的作者贾思勰的家乡，现在是怎样大抓科技。这一部分更是用了大量生动的事例。某村有 144 户菜农，但每次技术辅导都有 260 多人参加。中国科协在这里招农技函授生，一次就报名 400 人。农民王新民到日本研修蔬菜。县委为技术人员奖钱、奖房、奖车、挂匾。从这众多的事例中又推出一个理：恩格斯说，社会的需要，比十所大学更能使技术进步。（注意，又指给你一条小藤。）

经过通篇大量的事例，如层层剥笋，作者终于让你明白了农业一靠政策，二靠科技的理，即连着众瓜的那条大藤。这里应该注意的是，要是写论文，一定在众多例证之后于文章结尾处点明结论。而新闻，则避讳这个。理已经通过事实层层推出，就没有必要再添蛇足，特别不要套论文的路子。

写到这里不妨岔开话题多说几句。靠了解事实来逼近真理，这本是人们认识世界的自然过程。只是人们一旦知道了理后，就只记住那些简单的结论，而甩掉了发现和认识的过程。简明倒是做到了，但同时也就带来了枯燥。这就是为什么教科书总让人感到乏味。我们对知识的了解基本是两种方法：一是通过理论作逻辑的理性思维，如哲学、数学还有各种学科的教科书和理论读物；二是通过事实，作形象的感性思维，如现场参观、报告，还有文学、艺术等（艺术典型是事实的集中）。新闻应该属于后一种方法。我们是用事实，用形象的方法层层推出想要说的道理。

四、借感觉隐隐传递

第七届全国地市优秀新闻作品评奖中，《宝鸡日报》送有一篇 850 字的短文：《魂归无名山》。我读后眼睛不由一热，因为是在办公室，忍了一下，泪水才没有涌出。这是写我国著名奶山羊专家刘荫武教授的。刘先生半个世纪以来致力于一种优质奶山羊的培育和推广，全国有 27 个省的山区农牧民都因此受益，许多地方因此翻身致富。老教授在 70 高龄时仍拄杖上山，串农户，钻羊圈。并嘱咐，死后将骨灰和他写的 30 本辅导养羊的书，送到他最后战斗的地方——陕甘交界的一个无名小村里。该文是写骨灰安葬仪式的。二百多山民自发聚于山包之上槐林之中，以白馍、鸡蛋为祭品，用轰轰的山炮声为他送行。省市县领导也赶来致上沉痛朴素的悼词。刘先生的名字和他的事迹过去在全国已早为传扬，但我现在读这篇文章时，看到一个伟大灵魂的回归，鞠躬尽瘁，死得其所，仍然压抑不住地激动。

该文为什么会有这个效果？固然首先是情，一种感人的生死之情。但又绝不止于此。这里还有理，隐隐传递出一种怎样做人、人为什么而活的大道理。就是说让人感觉出这颗“瓜”后面有一根又粗又长的“藤”。当时，我读完这篇稿子后一下就想起诗人臧克家纪念鲁迅的一首诗：

有的人活着，
他已经死了；
有的人死了，

他还活着。

有的人
骑在人民头上："呵，我多伟大！"
有的人
俯下身子给人民当牛马。
有的人
把名字刻入石头，想"不朽"；
有的人
情愿作野草，等着地下的火烧。
…………
骑在人民头上的，
人民把他摔垮；
给人民作牛马的，
人民永远记住他。
把名字刻入石头的，
名字比尸首烂得更早；
只要春风吹到的地方，
到处是青青的野草。
…………

这首诗和这篇小通讯一样，是讲了一个关于人生观的大道理。按说诗言志，歌咏情，它不该说理；新闻传递信息，也不该说理。但是世间万物哪个能离开理？只不过有时候我们是自觉地按着理去做，有时候是不自觉地暗合着理去做；有时候我们是直接来说理，有时候是间接地拐着弯来说理，就是说隐隐地不露声色地来传递这个理。只是各种艺术形式或表达手段所使用的技巧不同。诗歌使用的是比兴手法，是典型的浓缩，并且锤炼出一些节律优美的警句。新闻使用的是选择最典型的事实，典型的（真实的）镜头。但是它绝对忌讳作者站出来加什么旁白。上面诗中，诗人除比兴之外还可以说几句“有的人死了，他还活着”，“人民永远记住他”之类的话，在新闻中就连这些话也是不能说的。该文作者是用二百多村民祭奠的场面，用刘老汉的话，用悼词，用家属捧骨灰入穴时说的话，还有那山炮轰鸣，“白色的槐花飘落墓顶，如霰、如雪”的镜头，来隐隐地传递着“为人民做了好事，人民就永远不会忘记他”这个理。

新闻不是艺术（是信息），但为了达到更好的效果，就要借鉴艺术手法；新闻的直接目的不是说理（是传递信息），但是为了更深刻、准确、有效地传递信息，就要合乎道理，含有道理。有理又不能直说，就要借感觉来隐隐传递。而找感觉，这已经是艺术范围内的事了，这正是理性新闻的难写之处。有一位大学教授给宣传部门写信，批评我们的新闻不会搞“无意识教育”，总是板着面孔，把理说得太直太露。“无意识教育”就是含而不露，就是润物无声。人们来读新闻是想得到信息，至于这信息在他身上会怎样地发酵而生出新的味道，这要看读者自己了，我们不能给他规定和指定。信息好比酵母菌，选择什么样的菌种，以什么样的方式送给他，由此而会连带产生什么样的效果，这就要看记者的本事。同样是别离，司马迁安排燕太子丹为荆轲送行，是“风萧萧兮易水寒”的悲凉；徐志摩与日本女子在海边的话别是“那一声珍重里有甜蜜的忧愁”。这种不同的效果靠什么得到？靠感觉，靠作者传递而为读者所接受的感觉。记者就是要学会使用感觉这个开关，这根电缆，去遥控读者的神经。

（1993年）

附 24

寿光菜

1

王乐义每年资助他当副省长的弟弟七八百元钱“养廉”，寿光的菜农都不以为奇。因为人人知道，王乐义是他们中间种菜种得最好的。

对于全国上百个大中城市的行政长官来说，寿光就是菜，菜就是寿光。去年一年，寿光农民共出售蔬菜 11 亿公斤，除台湾和西藏外，每个省都尝了鲜。

北京人吃得最多。大钟寺蔬菜批发市场上，专门辟有“寿光菜路段”。北京市蔬菜公司在寿光开办“京寿蔬菜联营公司”，每年，从寿光卖到北京的蔬菜达 8 000 万～9 000 万公斤。

和北京一样，天津、沈阳等大城市的每个区，在寿光都有常驻采购员。

他们在寿光买到的，并不一定是寿光菜。事实上，在寿光蔬菜批发市场里卖菜的，南腔北调都有。至少 12 个省、市、自治区的菜农来寿光销菜，交易量占批发市场总额的 25%。

寿光本身不是个城市，而且不靠近城市。它只是山东莱州湾畔的一个县，中等县。寿光传统上也不以菜出名。当地农民种菜的习惯自然老早就有，但不过是在自留地里种个三分二分的，自给自足。吃不了的到集市上“提篮小卖”。往前推十年八年，谁要是跟农民白话“靠种菜发财”，就跟叫他们“靠种粮食发财”一样，农民们非把他当成低智商的骗子不可。

今天，寿光农民真靠种菜发了财。今年 9 月份，全县 90 万农民储蓄存款余额超过 6 亿。去年人均纯收入 900 元，在全省 78 个县中排第二位。蔬菜收入在其中占了不小的分量。

有一个数据可以证明 900 元中一点水没掺。去年秋季建起的 5 000 多个新式黄瓜越冬大棚，每个纯收入至少 1 万元，加起来就是 5 000 万。

2

蔬菜在寿光能够成为一大支柱产业，实际上不在于他们种得多，而在于他们卖得好。

8个大型蔬菜批发市场，已经打破中国农村“五日一集”的老规矩，日日有集，天天有市。其中号称“海内第一家”的九巷市场，日交易量80万～100万公斤，参加交易的人数达数万人，汽车上百辆。去年全年交易额1.8亿元。九巷蔬菜批发市场的管理人员敢这样宣称：没有在九巷买不到的菜，也没有在九巷卖不了的菜。

9月上旬，记者在九巷市场上看到，甘肃人在这里卖大葱，重庆人在这里卖蒜和蒜薹，海南、福建人在这里卖南方特产菜种。来买菜的汽车牌号，更是哪儿的都有。

有些菜拉到大城市去，反而不见得比在九巷好卖。市管人员自豪地说，1986年，海南岛空运北京一批黄瓜、辣椒，在北京没卖出去，最后还是转到九巷来卖了。从第二年开始，海南菜就省一道手续，直接发寿光。今年春天，天津郊区菜卖不动，也转到九巷一部分。

国家工商局去年在寿光开过一次会，认定九巷市场是中国北方蔬菜价格形成中心。北方各地蔬菜市场价格，都在寿光市场价格上下不大的幅度内摆动。

批发市场售出的蔬菜，占寿光蔬菜总销售量的近一半。另外那一半多一些，由国营商业、合作社企业，乡镇村公司网点及1.8万家运销个体、联合体吐了出去。

许多经济学家来寿光，研究这里的蔬菜市场到底是怎么回事。百家争鸣，众说纷纭。每个学者所发表的议论中，都充满了惊叹号！

蔬菜市场建起来，一大片名堂各异的市场也都围绕它如雨后春笋般冒出来了。什么蒲草市场、包装箱市场、良种市场、生产资料市场等等。其中有个毛竹竹器市场，尤其使专家学者们大伤脑细胞。山东这片土，本来跟毛竹的祖宗八代都没有发生过关系，毛竹一向生长在浙江、福建、湖南、江西一带。但全国最大的毛竹竹器批发市场竟然就诞生在寿光！眼下，南方发往寿光火车站的毛竹，平均一天 120 车皮，7 200 吨。南方毛竹的产地价格，这几年就是叫寿光市场给硬抬起来了。

3

寿光蔬菜发展的历史，正像人们常说的那样，“道路是曲折的”。至今，寿光的官员们仍念念不忘 8 年前蔬菜“大发展，大赔钱”的荒唐往事。那年，寿光农民在县委、县政府的倡导下，大种其菜，结果大白菜烂了 1 亿公斤。

在农民叫苦不迭的惨呼声中，寿光党政领导明白了一件事：抓了生产就必须抓市场。

从此以后，尽管有的地方蔬菜仍在一年又一年地重复演出“过剩—积压—过剩—积压”的节目，寿光菜却总是一年比一年繁荣。

全国的蔬菜供求形势自然仍在左右寿光的市价，但任何大风大浪都被寿光执政当局强有力的行政干预化解为微微涟漪。

1988 年，全国大白菜全面减产，寿光农田里却“一派喜人景象”，产量达到 1.8 亿公斤。各大中城市市长们，眼睛都在盯着寿光的白菜地。武汉、大连、潍坊的市政府负责人就住在寿光宾馆，坐地催菜。省市机关、部队、外地新老客户都纷纷找县领导，要求“保”。市场上蔬菜价格就像当地出了名的风筝一样，从 2 分、3 分 1 斤，20 天内直升到 1 角 8 分 1 斤。有的农民高兴过头，叫白菜长在地里不卖了，准备等价钱涨到顶再说。

县委、县政府极为冷静。他们知道，如果今年狠起心发一次大财，寿光的蔬菜市场也就到此结束。一项“不得民心”的规定出台：大白菜最高限价每斤 6.5 分，不准以高于此价交易，严禁掺杂使假，对各地客户一个也不“保”，一律按先来后到顺序买卖。政府还公告全县菜农：来年不要扩大白菜种植面积，尽量多种其他菜类。

第二年，不出所料，又是一个提倡大吃“爱国菜”的年头。各地大白菜都卖不出去了。寿光因为头一年讲过一番“义气”，许多老客户

“知恩图报”，来给菜农解决了大部分难题。

不够意思的是，有些行政区域画地为牢，搞起了地方保护主义。寿光仍然积压了一些白菜。县委书记指令：县直机关每个单位“承包”15万至20万公斤，20天之内必须给农民卖完！于是工青妇、公检法、党委政府、人大政协、纪检监察、工商税务、商业供销、农林水牧、电信交通……所有部门统统放下手头工作，奔赴各地，分头去找自己的“对口”单位推销大白菜。

寿光的大白菜硬是稳定在了1斤2分钱以上。不正常的市场在人们看得清清楚楚的那只“手”的作用下，恢复了正常。

这是1983年以来，寿光蔬菜遇到的最大一次风浪，安然“度汛”。

在寿光，关于蔬菜的“土政策”挺多。县委一句口号家喻户晓：“谁要是砸了市场的牌子，谁就是砸寿光人民的饭碗！”寿光方方面面的部门都尽心尽意，“像爱护自己的眼睛一样”，爱护着蔬菜市场的成长。工商行政管理部门的市场管理费、交易费，能不收的不收，能减免的减免。交易费费率仅及国家规定最高费率的40%。外地进出寿光拉菜的汽车通行无阻。当地人和外地客户发生纠纷，处置当地人从重，处理外地人从轻。掺杂使假的，查出来倒大霉。有位农民在3吨蘑菇里掺了水，除包赔买主损失，还被罚款2 000元。

4

中国历史上著名农业科学家、《齐民要术》的作者贾思勰就是寿光人。今天，寿光随便一个种菜的农民都可能把这位“高阳太守”考懵。

在孙家集镇，三位种菜能手走出菜地，办起一家“植物医院”。在这家“医院”里，定价19元一本的《蔬菜病虫害全色图谱》，两个月卖出200多本。

这不足为奇。寿光县新华书店的《蔬菜病虫害防治》一书，简简单单地卖出去数千册。

三元朱村，蔬菜技术例会至少每周举行一次。村里要求144个种菜户一家出一个代表，但每次听课的都达到260多人。大多数菜农家庭两口子都到。女人怕小孩爹性子粗，听了记不住。

中国科协创办的中国农村科技致富函授大学，不发文凭，不算学历，但去年在寿光第一次招生，就拢起了400多人。

三元朱青年农民王新民，今年东游日本，半年为期，研修蔬菜去也。

恩格斯说，社会的需要，比十所大学更能推动技术进步。

寿光人把“尊重知识，尊重人才”八字从报纸上落实到了菜地里。

韩永山家本住瓦房店，只因为他种的冬暖式塑料大棚着了寿光一位菜贩子的眼，1989年被“三顾茅庐”请到三元朱来。三元朱人把半青的玉米棒子扳倒在地里沤了肥，清出场地，由他指导建起17个新式大棚。此大棚有些“邪门”，冬不用烧煤，全靠自然光照，棚子里元旦开始结黄瓜。那一年，接受韩永山“再教育”的三元朱17户菜农，腰包鼓鼓，钱挣得财神爷眼睛发紫。亩产黄瓜1万多斤，一斤卖5块！

韩永山于是成为“韩神仙”。县委书记亲自登门送匾，县政府聘请为蔬菜顾问，奖励5万元，赠送商品房一套，配备专车一辆，全家户口农转非，获得“农艺师”职称。

去年，寿光全县共推广新式蔬菜大棚5 000余个。今年，眼瞅着万把个只多不少。

中国的市长们，现在无人不把市民吃菜当成关系到“乌纱帽”的大事。他们越关心，寿光的县长、县委书记越害怕。城里人为保险起见，都忙着在近郊、远郊建设自己的蔬菜供应基地，寿光的菜将来卖给谁？

“大气候”和“小气候”，逼出了寿光的最后一记绝招，取名叫“避旺，补淡，堵漏洞，抓节日”。

这一行政导向今年已在菜市场上初显眉目。9月，九巷批发市场外地菜居多。据寿光人介绍，本地菜大规模上市，还要等到10月份以后。当然，到那时，同样的菜可就不是现在这个价了。

一场风浪推着寿光蔬菜爬上一层楼。便宜不是白捡来的，它得力于四项新技术的推广——除冬暖式大棚外，还有香椿芽大棚密植，塑

料大棚 CO_2 气体施肥，韭菜强控早盖。

不出今年，又有一件更玄乎的事将被寿光人办成。蔬菜期货市场、程控电话、电子信息显示屏……整个“鸟枪换炮”。有经济学家说，叫“期货市场”名不副实。因为按国际惯例，期货市场的特点之一就是允许倒卖合同，而这又不符合中国的合同管理法规。不过，只要寿光那24万亩菜地里黄瓜、白菜、辣椒、大葱长得旺盛，能够赚来不低于其自身价值的人民币，寿光人又何必管自己的那个“实”到底符合哪个“名”干什么！

（《中国青年报》1992年11月7日，作者：刘健　郭笃平）

附 25

魂归无名山

——著名奶山羊专家刘荫武教授骨灰安葬记

在陕甘交界处，有一个连地图上也找不到名字的山庄——陇县跃先村。村后有一个无名小山包，槐林瑟瑟，青草萋萋，可以俯瞰全村。

1992年5月19日上午，全国著名奶山羊专家、西北农业大学教授刘荫武先生的骨灰安葬仪式就在这山包上举行。

“轰——轰——”虔诚的山民们点响庄严的礼炮，迎接这个伟大灵魂的回归。墓前摆着二百多口村民供上的蒸馍、鸡蛋……

七十多岁的刘老汉老泪纵横，把自己的祭品“白馍”捧到刘教授墓碑前说：“羊教授，是你拿自己兜里的钱，帮我家买来羊羔，现在我住上了新房，点上了电灯，喝上了自来水，老刘，你不该走在我前边啊……”

云颤风泣，山鸣谷咽，人们都在心底呼唤着他们的“羊教授”。1986年，这位“羊教授”以七旬高龄拄着拐杖，拖着病躯，爬荒坡，串农户，钻羊圈，5年来跑遍了跃先村一带的穷山恶水，帮助山民们繁育“莎能”奶山羊，制订“生态农业”规划，腾出一半山地来植树种草，养羊养牛，再用牛羊粪来肥地打粮。如今，这里的山青了，水秀了，人富了，粮产翻了一番，人均收入增长了三倍。可是，罪恶的癌魔却把他们的“羊教授”夺走了！

“轰——轰——”陕西省、宝鸡市、陇县的领导干部们肃立墓前，恭敬地揭下碑纱，静聆着悼词在大山中回响：刘荫武先生出身名门望族，早年曾就读于日本帝国大学农学部，抗日战争爆发后愤然回国。五十多年来，他辛勤选育的西农“莎能”奶山羊已遍布全国27个省市，荣获首届全国科学大会奖。他长年奔波于长城内外、大江南北，全中国三百多万只奶山羊中，多数都有“莎能”羊的基因，成千上万的婴儿吮吸的乳汁里，都有刘教授的心血与汗水。在生命最后的日日夜夜里，他还口授录音写出近50万字的奶山羊专著，恳求农办包销发放给各地养羊的农民。在弥留时他嘱咐助手和家属，要把30册书同他的骨灰，送到他最后战斗过的跃先村……

“轰——轰——”泪水在炮声中纷落。专程从数百里外赶来的刘教授的夫人倪诚怀，捧着骨灰盒走向狭小的墓穴，哽咽地说：“先生啊，照你的嘱咐，今天我把你送回跃先村了。安息吧！”

山风呜咽，白色的槐花飘落墓顶，如霰、如雪……

（《宝鸡日报》1992年5月30日，作者：村夫 刘鉴 向阳）

减少信息传递的衰减

1992年五一劳动节前夕，全国总工会搞了一次“宣传工人阶级好新闻”评奖。《“别忘了咱工人”》一稿耐人寻味。

过去每有一项大工程竣工，总是报道领导人如何出席剪彩，哪怕与工程毫无关系的人，只要级别够，也要拉来捧场。这确是形式主义，虽然上面也常有文件戒止，但久禁不绝。又是一个新港建成剪彩的时候，记者采写了一篇颇具新意的稿子。他只用开头一句话交代：“11月5日，大窑湾港披红结彩，热闹非凡。”然后写工人在现场找到记者说：“报纸上这竣工、那剪彩的报道我们没少看，可都是当官的名字一大串儿，没咱工人的份。”接下来800字的短稿，整篇都是引工人的原话。这是一篇批评稿，但不同于记者就某事的揭发或评议；是读者的心声，但又不是读者来信。既以记者身份出现，加强了稿子的客观公正的分量；又以读者的声音出现，显示了舆论自身的力量。我们不妨把它叫作“超客观体”新闻。

伴随事件的发生有信息产生，这是自然信息；通过新闻媒介传到读者手中的，是新闻信息。既然有传播，就有信息在传播过程中的衰减。这是新闻写作中应研究的问题。我们平时说，新闻信息量要大、要实、要准，可以有两方面的理解。一是，力争采访到更多、更好、更难的信息；二是，要讲究写法，在将信息送到读者手里的过程中还要注意尽量减少传递过程中的衰减。所以新闻稿不同于文学作品，要不夸饰，少抒发，不尚华丽，就是为了尽量少干扰信息的本来面貌。但是形式既然存在，就会反作用于内容。新闻写作中除常用的导语提示、记者简述这种最简练的形式外，再发展一步，就是记者不露面或者少露面，他只将人物或事件推到读者面前，自己藏身其后；或者将这人或事拉过来，自己侧身其旁。尽量保存自然信息的原貌，减少加工痕迹，减少传递过程中的衰减。这手法有点像修辞中的暗喻或明喻，让客体直接露面或介绍客体露面。记得十一届三中全会之后，中国农村形势大变，土地分到户，农民一年就变富。当时我们在农村采访，一农民说："今年的共产党最好。"这话极生动，千般感慨尽在不言中。于是我们就决定收集新民谚，在报上发了半个版，记者不出面，纯自然客观的信息，"暗喻"式效果很好。《"别忘了咱工人"》可看作"明喻"式，记者还是出面了，但侧身其旁，只引见不说话。全文六段，除第一段是导语外，其余五段，还有标题，全是工人的原话。"在工地上，常听说来记者了，就是见不到记者的影。""请给所有的记者捎个话，常到工人中来走走，多到第一线看看，多研究研究我们工人苦在什么地方、乐在什么地方、气在什么地方"。这些话掷地有声，而且是连带着当时的现场气氛、人物情绪和这件事的舆论背景一起涌到读者面前。这种信息的真实度和真实感已使人如临现场了。

记者写稿时应想到，读者所以读你的稿子，是因为他到不了现场，才找你做过河石的。他能亲眼看到客观信息，何必看稿?

新闻不同于文学。文学有"我"，尽量融进作者的个性；新闻无"我"，尽量减少作者的影子，最大限度地直接推出报道主体，以避免信息在传递过程中的衰减。

（1992 年 5 月 20 日）

附 26

“别忘了咱工人”

11 月 5 日，大窑湾港披红结彩，热闹非凡。这个港一期工程四个泊位竣工的庆典正在举行。几个脸色黑红、身着工作服的结实汉子找到记者，说是要给记者提个醒：写稿时千万要把咱工人捎上一笔。

周树荣，混凝土工。酷日狂风过早地在这位 39 岁的汉子脸上刻下了道道深纹。说话掷地有声：“报纸上这竣工、那剪彩的报道我们没少看，可都是当官儿的名字一大串儿，没咱工人的份。”

“细想想，哪一项工程不是咱工人用手抠出来的。”老木工于德喜接上话茬：“就说大窑湾港，干得苦哇。从打开工就住进这海湾子，两年多没挪窝。咱心里明白，国际招标的工程，外国人瞪着眼珠子看着，再咋说也不能在国际上丢脸！咱没啥要求，一句话，别忘了咱工人。”

潜水工史振东说：“潜水工是筑港工中最苦的差事，在十几米深的水下，一干就是几个小时，成千上万吨的石头，我们要在海底摆得像足球场那么平，正负不超过三厘米，两千多吨的沉箱下到海底要摆得严丝合缝。建这个港，有两个潜水工下去就再也没上来……这些你们要写进去，不比那干巴巴的‘第一’‘最大’，生动得多！”工人张忍厚说：“我说句话，记者同志别生气，现在有些记者就爱跟着领导跑，在工地上，常听说来记者了，就是见不到记者的影。”

交通部一航局三公司三施工处副主任付兴义说：“工人们讲的都是实情，当前我们确实是报道工人少，搞活国营大中型企业，关键是在工人，不宣传工人的干劲、默默奉献的精神，不给工人鼓劲，政策再好也难见实效。”

几位工人对记者说：“请给所有的记者捎个话，常到工人中来走走，多到第一线看看，多研究研究我们工人苦在什么地方、乐在什么地方、气在什么地方，多反映反映工人的苦辣酸甜，我们工人最欢迎这样的记者。”

（《人民日报》1991 年 11 月 12 日，作者：李小林　张爱玲）

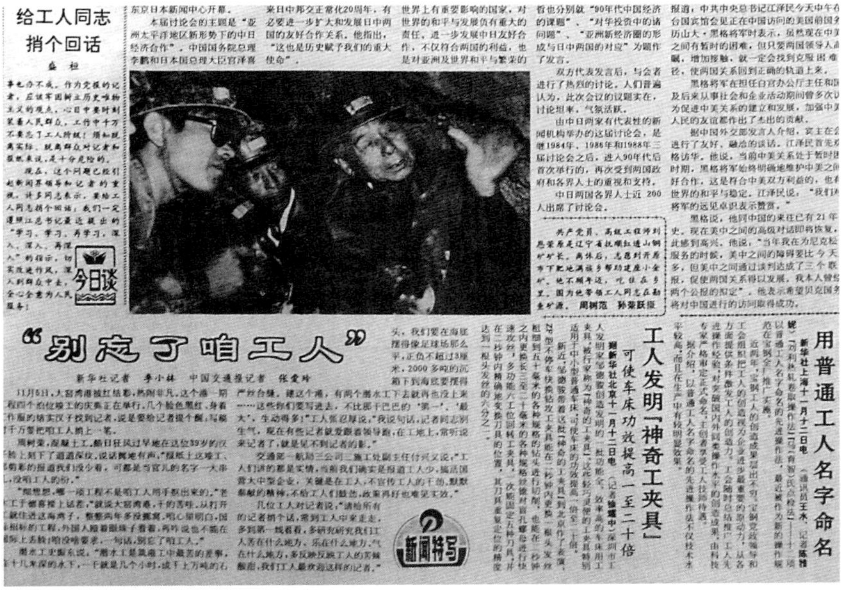

给工人同志捎个回话

森　桓

事也办不成。作为党报的记者，应该牢固树立历史唯物主义的观点，心目中要时刻装着人民群众，工作中千万不要忘了工人阶级！脱离实际，脱离群众对记者和报纸来说，是十分危险的。

现在，这个问题已经引起新闻界领导和记者的重视，许多同志表示，要给工人同志捎个回话：我们一定遵照江总书记最近提出的“学习、学习、再学习，深入、深入、再深入”的指示，切实改进作风，深入到群众中去，全心全意为人民服务！

今日谈

共产党员、高级工程师刘忠荣原是辽宁省抚顺红透山铜矿矿长。离休后，志愿到开原市下肥地满族乡帮助建座小金矿。他不顾年迈，吃住在乡里。图为他带领工人同志在勘查矿源。　周树范　孙荣跃摄

“别忘了咱工人”

新华社记者　李小林　中国交通报记者　张爱玲

11月6日，大窑湾港披红结彩，热闹非凡。这个港一期工程四个泊位竣工的庆典正在举行。几个脸色黑红、身着工作服的结实汉子找到记者，说是要给记者提个醒：写稿时千万要把咱工人捎上一笔。

周树荣，混凝土工。狂风过早地在这位39岁的汉子脸上刻下了道道深纹，说话掷地有声：“报纸上这竣工、那剪彩的报道我们没少看，可都是当官儿的名字一大串儿，没咱工人的份。”

“细想想，哪一项工程不是咱工人用手抠出来的。”老水工于德喜接上话茬，“就说大窑湾港，干的苦呀。从打开工就住进这海岛子，整整两年多没搬窝。咱心里明白，国际招标的工程，外国人瞪着眼珠子看着，再咋说也不能在国际上丢脸！咱没啥要求，一句话，别忘了咱工人。”

潜水工史振东说：“潜水工是筑港工中最苦的差事。在十几米深的水下，一干就是几个小时，成千上万吨的石头，我们要在海底摆得像足球场那么平，正负不超过3厘米，2000多吨的沉箱下到海底要摆得严丝合缝。建这个港，有两个潜水工下去就再也没上来……这些你们要写进去，不比那干巴巴的‘第一’、‘最大’，生动得多！”工人张忍厚说，“我说句话，记者同志别生气，现在有些记者就爱跟着领导跑，在工地上，常听说来记者了，就是见不到记者的影。”

交通部一航局三公司二施工处副主任付兴义说：“工人们讲的都是实情，当前我们确实是报道工人少。搞活国营大中型企业，关键是在工人，不宣传工人的干劲、默默奉献的精神，不给工人们鼓劲，政策再好也难见实效。”

几位工人对记者说：“请给所有的记者捎个话，常到工人中来走走，多到第一线看看，多研究研究我们工人苦在什么地方、乐在什么地方、气在什么地方，多反映反映工人的苦辣酸甜，我们工人最欢迎这样的记者。”

新闻特写

工人发明“神奇工夹具”

可使车床功效提高一至二十倍

新华社北京十一月十二日电（记者杨耀中）深圳市工人发明家邹德骏创造发明的一批功能全、效率高的车床用工夹具，被行家称为“神奇的工夹具”。这些轻巧灵便的工夹具特别适用于中小型普通车床，可使车床的功效提高一倍至二十倍。

新近，邹德骏带着这批“神奇的工夹具”到北京作了表演。ZP型不停车快换钻攻工夹具能在一秒钟内更换一根头发丝粗细到五十毫米的各种规格的钻头进行切削，也能在一秒钟之内更换长三至二十毫米的各种规格丝锥对盲孔螺纹进行快速攻丝；多功能六工位回转工夹具，一次能固定五种刀具，并在二秒钟内精确地变换刀具的位置，其刀具重复定位的精度达到一根头发丝的六分之一。

用普通工人名字命名

新华社上海十一月十二日电（通讯员王水、记者陈雅妮）“刘利扶轧卷取操作法”、“马（有智）氏点检法”——十项以普通工人名字命名的先进操作法，最近被作为新的操作规范在宝钢全厂推广实施。

近两年，宝钢工人的创造成果层出不穷。宝钢党政领导和工会组织把工人的创造视为企业进步最重要的原动力，从各方面提供条件激发工人的创造力。工会随时总结推广工人先进操作经验，对实践国内外同类操作水平的创造成果，由科技专家严格审定正式命名，主创者享受工人技师待遇。

据介绍，以普通工人名字命名的先进操作法不仅技术水平较高，而且在生产中有较明显效果。

远景与近景

新华社 1991 年 11 月 27 日的一条电稿《在肉搏中通过的法案》，获第三届全国短新闻一等奖。就内容而言这是一条很重要的电讯。第二次世界大战日本军国主义对全世界和本国人民所犯的滔天罪行，一直是人们心上的一条深深的刀痕。战后日本宪法限定日本再不往海外派兵，但军国主义阴魂不散，时不时会冒出要派兵海外的低嚎。就像笼子里有一只老虎，总让人不很放心。现在日本国会突然通过了可以向海外派兵的法案，笼子门打开了一条缝，无疑会使世人震惊。这就是这条电稿的新闻眼，作者抓住了事情的本质，也捕捉到了读者情绪的焦点。

但值得一谈的还不是该文的主题，而是它的写法。在这篇七百多字的短通讯中，作者像绘一幅宏大场面的油画，近景、中景、远景，层层推开，人物、动作、言谈又都收拢于一个观点。全文在材料运用上分三个层次。议会里的这场肉搏战是近景。这是画面的主体，是直扑在读者面前的特写。堂堂的国会大厦，那些平时彬彬有礼的议员，竟然怒吼着撕滚在一起，话筒电线被扯断，文件被撕成碎片，主持人委员长吓得躲到五米之外……近景的效果就是作者主观的强调之处，是提醒读者注意的部分，也是事实的主体、核心。在这一部分应该给读者留下强刺激，一看就被吸引，看过就不会忘记。所以作者像用放大镜一样把场面写得很细。同时这里还有一层含义，平时标榜民主的资本主义议会，现在却在肉搏中表决方案。读者尽可从这个特写镜头中玩味文意，如果这真是一幅画，观众一定要惊奇地走近画面，细细看看画中人物是怎样肉搏的。

画面的中景是肉搏之后记者的观察所见，耳闻所得。一位议员说“这是无耻地践踏民主”，国会大厦外群众在集会抗议，一位团体负责人发表谈话，等等。这些不需要多么仔细地刻画，只随便附带几笔，是一种烘托，一种渲染。就像月亮四周的晕圈，像一点墨在宣纸上洇染出的边沿，但是却有效地加强了近景的表现力。议会内的打闹引起社会上的连锁反应，说明这是一条多么敏感的新闻。就是记者不去写，它也要无脚走千家了。

画面的远景是作者提示的 50 年前日本偷袭珍珠港的背景和报上的评论：这个法案将把日本引向何方？因为是远景，只用写意、提示的笔法，不要多么具体的形象，“山色有无中”，更可把画面的景深拉远，把读者的视线引向缥缈的远处，同时触发深沉的思考。这时读者观画就不是趋前细看，反而要退后几步远望，以收宏观之效。

新闻写作，特别是通讯写作中的特写效果，即近镜头的特写手法是很为人看重的。但要视题材而定，有的只用近景特写就够了，有的则要以近为主，近远结合。名画《父亲》整个画面就是一位父亲的头像，作者让你从主人公脸上的皱纹里来近读、细读艰难的岁月。列宾的《伏尔加河上的纤夫》，则不但有弯腰纤夫的近景，还有茫茫大河的远景。作者让你从纤夫的弯腰负重读生活的苦，又从流水烟云的浩渺来读岁月的沉重。作者的深度是因层次的递进、互补来实现的。这篇稿是以一件新发生的事来透视珍珠港事件、第二次世界大战以来 50 年的大背景，捕捉一种新苗头，当然要用近远结合的画法，才能收疏而不漏、详略得当的警策之效。

（1992 年 10 月 16 日）

附 27

在肉搏中通过的法案

新华社东京 1991 年 11 月 27 日电 今天下午 5 时 32 分，在庄严的日本国会大厦众议院 3 楼的第一委员会会议室内，一百多名朝野党议员及几十名警卫在一片怒吼和呼号声中撕扭约 10 分钟，最后执政的自民党及在野的公明党在肉搏中以多数强行通过了所谓联合国维持和平活动合作法案。

为了继续审议上届国会遗留下的以向海外派遣自卫队为宗旨的联合国维持和平活动合作法案，日本众议院专门成立了一个联合国国际和平合作特别委员会，自 18 日以来，连续审议这个法案。但是，以自民党、公明党及民社党为一方，以社会党、共产党及其他在野党为另一方，双方针锋相对，审议毫无进展。

今天上午审议开始后，自民党方面为了实现预想的目的，开始流露出要强行通过法案的态度。于是，会场内弥漫起紧张的气氛。到下午 3 时许，双方进入会议室“旁听”的国会议员已增加到一百多人，到了双方剑拔弩张的时刻，自民党的大岛理森向特别委员会委员长林义郎提出停止审议的动议。话音未落，场内义愤的议员们一拥而上，抢夺委员长席上的话筒和文件，刹那间，双方议员在怒吼声中展开了肉搏。结果，话筒的电线被扯断，文件被撕成碎片，主持审议的委员长躲到离他的席位五米远的政府阁员席间……

法案“通过”了。“审议”结束了。在日本偷袭珍珠港，从而导致太平洋战争 50 年后，日本自卫队从今天开始又有了出兵海外的法律根据。记者目睹着审议散场后的一派狼藉场面时，听到日本国会议员、社会民主联合代表田英夫退场时愤然地说：“这是无耻地践踏民主！”

在国会大厦外，日本的一些群众团体纷纷举行示威和集会，抗议自民党无视日本国民的和平愿望，强行通过向海外派兵法案。一个妇女团体的负责人纪平悌子说，日本政府以国际贡献为名，强行通过向海外派兵法案是违反日本宪法的，是对日本国民的愚弄。

在国会内的“肉搏战”发生后，日本的新闻媒介纷纷加以报道和评论，其中提出的一个共同的疑问是：这个强行通过的法案将使日本走向何方？

（作者：张焕利）

青藤绕苍松

全国总工会组织的1993年五一新闻奖中有一篇好作品，这就是中央人民广播电台1993年12月20日至22日连续播出的《保护“三资”企业员工的合法权益》。这篇作品我一读便有一种受震撼的效果，从题材和反映的问题来看，都明显高于这次参评的所有其他作品。就写作效果而言，我脑子里闪出的第一个评语就是：青藤绕苍松。题材重大，问题严肃，岸然凛然，如青松矗立。但并不是枯燥的说教，材料运用生动得体，如青藤挂树，硬软相间，主次分明。

改革开放以来我国引进了大量外资，出现了“三资”企业。这在引入资金和新的管理方法方面都极有成效。但是，也出现一个问题，一些不法外商侵犯职工权益，甚至是残酷剥削，事情惊人。这个问题为引进外资的主流方面所掩盖，过去人们不大注意。该文尖锐地提出此事，振聋发聩。凡论述新问题一定要注意拿出新材料，这样才能一下子给人以新感觉、新角度、新概念。该文分三个部分（分三天播出）。第一部分以大量事实说明职工权益正在严重地被侵害：有的企业加班时间多达每月200多小时。劳动保护极差，一家餐具厂400多名职工，有130多人伤残，去年接连发生上百人伤亡的大型火灾。甚至工人挨打挨骂，百般受辱，一个外方管理人员发现一个玻璃器皿没有擦干净，就强迫工人用舌头舔。文章在列举事实之后，立即提出问题：工人的合法权益为什么受到损害？且听下段分解。第二部分一开始就一针见血地回答道：这是因为盲目地追求外资，在选择合作伙伴上饥不择食，遇有纠纷，表现软弱。然后举例，有的厂随意开除工人，工会出来干涉，市领导竟认为是破坏投资环境。甚至连工会也不能组织。厦门市独资工会主席要求一家港资企业依法建立工会，港商提出将这个干部调走，市里居然照办。这不禁使人联想到“丧权辱国”这几个字。作者在第二部分结尾时由事及理，这样提问：在“三资”企业里组建工会，到底会不会把外商吓跑？我们该做些什么工作？第三部分一开始就先给出明确的结论，指出组建工会一可代表员工向资方反映职工意愿，监督资方守法；二可宣传党的政策，教育职工守法；三可调解纠纷，消除误会。下面又是事实为证：某省发生罢工事件的“三资”企业，有 90%没有建立工会。效益较好的日本某企业资方厂长说：我们所以追加投资，就是看中了你们的工会，它能调解矛盾，保证正常生产。你们有一个最好的投资环境，就是有个好工会。

为什么说这篇文章是青藤绕苍松呢？它有一个结实的主体，这就是要依靠工人阶级，要保护职工权益，在引进外资时不可忽视不法外商见利忘义的非法行为。这不禁使我们想起马克思的名言：资本主义积累对直接生产者的剥夺，是用最残酷无情的野蛮手段，在最下流、最龌龊、最卑鄙和最疯狂的贪欲的驱使下完成的。文章让我们忆起一个仿佛很久远的原理，同时又始终贯穿着一股凛然正气。开篇就说：“国际劳工组织早在 1919 年就作出了一天工作八小时的规定，但是，有些外商投资企业肆意违犯‘八小时工作制’。”这个“理”和“气”的主体如苍松矗立，然后再用众多的事实来说明，而事实又干净、生动。文章三个部分总是理与事反复交替出现，如青藤挂树，蒙络摇缀；又如管弦相和，鸣奏不已。大大增加了文章的动感和可读性。文无理则无骨，无气则无神，无事实则无血肉。理直气壮，有血有肉，是为好文。

（1994 年 6 月 1 日）

附 28

保护“三资”企业员工的合法权益

(一)

甲：听众朋友：我国的改革开放吸引了大批境外投资者，他们带着相当数量的资金、先进的科学技术和现代化的管理方法，在中国兴办了“三资”企业，对我国经济发展作出了重要贡献。

可是，我们也要看到，有不少“三资”企业在安全生产和经营管理中存在许多问题。我们今天的“热门话题”谈的就是“三资”企业中工人的合法权益被侵犯的情况。

乙：国际劳工组织早在 1919 年就作出了一天工作八小时的规定，但是，有些外商投资企业肆意违犯“八小时工作制”。广东省劳动局曾经向 17 家“三资”企业的 1.4 万名员工做问卷调查，大部分员工反映，每天的工作时间为 10 小时至 12 小时，而且没有休息日。珠海的一个玩具公司，一个月每人加班 170 小时到 192 小时，最多的加班 214 小时，也就是说，平均每人每天加班 6 到 7 个小时，比正常工作时间多出近一倍。有一个针织公司强迫工人连续加班 72 小时，有的工人累得晕倒在工作台上。

甲：有的“三资”企业不明令加班，但随意提高劳动定额。像珠海一家合资企业，每个人一班的劳动定额是 4 000 件，而同一工种在日本的最高劳动定额只有 2 500 件。我们的工人拿着国外工人的几分之一甚至几十分之一的工资，却干着比国外最高定额还多得多的活。

全国总工会政策研究室副主任李永海同志向我们的记者介绍了他考察福建泉州一个制鞋厂时见到的情况：(出录音)

“我们那女工就是卓别林在干活。这边挂大牌子，2 500 双，那边 2 400 双。我问我们的职工，我说，2 500 双、2 400 双到什么时候完工？她们说，到晚上 10 点。我说，天天这样吗？她们说，天天这样。”

乙：听众朋友，在“三资”企业里，工人这么加班加点地干，劳动时间这么长，那他们的工资一定很高吧？也不尽然。根据我国法律，“三资”企业职工的实际工资不得低于所在地区同行业的国有企业职工实际工资的120%，可是，青岛、大连、厦门、天津的一些“三资”企业，职工收入只达到法定最低限的50%到70%，像大连开发区的78家外资企业，有16家的工资低于同行业国有企业平均工资。

甲：在有些“三资”企业，还存在着拖欠、克扣职工工资的情况。深圳市劳动监察大队和市总工会1992年收到的关于“三资”企业拖欠职工工资的投诉就有4 000多件，涉及近3万职工，拖欠工资数额有500多万元。珠海市一个玩具厂，从1989年到1991年的三年中，共拖欠、克扣、侵吞职工工资160多万元。

乙：在一些“三资”企业里，不仅劳动强度大，待遇差，工人连做人的尊严也被无情地剥夺了。在有些“三资”企业里干活，连上厕所的“规矩”也要学一学。

一把乌黑的大锁锁在厕所的门上，当一名工人获准从工头手中接过钥匙，急急忙忙跑进厕所，车间里其他工人就失去了“方便”的权利，任你再怎么着急，也只能等他回来你才能去。

有的厕所男女混用，连插销也被免去，男的戴红草帽，女的戴绿草帽。还有的生产区干脆没有厕所。

甲：在有些“三资”企业里，工人不仅挨骂、被打，还受人身的侮辱和五花八门的惩罚。

沈阳的一家日用品公司的一名外籍管理人员，发现一个玻璃器皿没有擦干净，竟强迫工人用舌头舔，工人没有答应，马上被解雇。

福建省福州市台资永骐鞋业有限公司老板不但打骂工人，还把女工装进有狼狗的铁笼里作为惩罚。

乙：我们再来看看一些“三资”企业的劳动环境。目前，有些“三资”企业的设备是国外的淘汰设备，有的是我国五六十年代的产品，没有任何防护装置。像福建省厦门市的一家不锈钢餐具厂，400多职工，有130人伤残，重伤的有35人。有一位工人被机器切掉了四个手指头，因为家庭困难，他向老板要求让他的弟弟来接他的工作，可是，弟弟来了没有几天，四个指头也被切掉了。

甲：广东的两家外资玩具厂，连续发生 12 次有机化学药品中毒事件，三个工人不幸身亡。珠海市的七家合资企业，苯、甲苯、二甲苯在空气中的含量超过国家标准的 8 倍至 10 倍。天津的一家独资企业，车间里的苯含量超过标准 200 多倍。

乙：福建省泉州的一家制鞋厂的配料车间，一没有通风设备，二没有排污设备，满屋子都是白粉尘，工人戴着口罩，鼻子里还是吸得满满的。全国总工会李永海同志向我们的记者介绍这里的情况时说：(出录音)

“一进去四面看不见人呐，白粉尘啊，污染啊。我说：‘老板，通风设备在哪里啊?’‘没有。’我说：‘去尘设备在哪里?’‘没有。’我说：‘排污设备在哪里?’‘没有。’我说：‘没有能投产吗?’‘我们的设备已经到了，还没有装。’我说：‘没有装怎么能投产呢? 你这在台湾行吗? 台湾这样的制鞋厂能投产吗?’他说：‘不能投产。’我说：‘台湾不能投产，大陆能投产吗?’”

甲：目前，不少中小型的“三资”企业，把劳动保护当作额外负担，能免就免，导致一些惨剧一再发生。广东省东莞市一家制衣厂，一楼是仓库，二楼是车间，三、四楼是宿舍。为了防止丢东西和工人逃跑，他们把三面的窗户上安了铁栏杆，晚上还把大门也锁上。一天晚上，一楼仓库失火，大火把 72 名工人烧死，51 名工人从窗户跳下摔伤。

乙：这么严重的事故，已经暴露出一些外商投资企业在管理上存在的问题，工会、劳动监察等部门的一些有识之士奔走疾呼，有关部门也做了一些工作，但是问题并没有杜绝。

今年 11 月 19 号，深圳市龙岗区葵涌镇致丽工艺玩具厂又发生了一起特大火灾事故，死亡工人 83 人。12 月 13 号，福州市高福纺织有限公司又一次发生特大火灾，烧死 60 人。

甲：这几起特大火灾事故的发生，集中反映了一些“三资”企业在安全生产和劳动保护方面存在的问题，暴露出一些“三资”企业违反我国法律和法规的行为，也反映出一些地方有关部门对“三资”企业的管理和监督工作严重滞后。

乙：听众朋友，就全国范围来说，各级政府部门、工会和劳动监察部门都做了不少工作，可是在一些“三资”企业里，职工的合法权益被剥夺，丧失了做人的尊严，甚至连生命都得不到应有的保证，那么，工人的合法权益为什么会受到损害？请听明天的“热门话题”。

（二）

甲：听众朋友，在昨天的“热门话题”里，我们介绍了在一些“三资”企业，职工的合法权益被侵犯的情况。那么为什么会产生这些问题呢？今天的“热门话题”，我们就来谈一谈这个问题。

乙：改革开放以来，大量的外资涌入中国市场，“三资”企业急剧增加，这就要求人们迅速转变思想，跟上这种发展形势，同时也要求有关部门加强对这些“三资”企业的监督和宏观管理。可是有些地方的部门领导的思想不够端正，他们只是盲目地追求“三资”企业的数量和利用外资的多少。这样有些企业在选择合作伙伴上往往饥不择食，在立项上往往缺乏可行性论证，审核也很不认真，睁一只眼，闭一只眼，发现了问题，也不去纠正。一些不法外商就利用了这种急于引资的心理。

甲：对外商的违法行为，我们有些领导不敢坚持正义，认为坚持原则会把外商吓跑。山东某家独资企业开除了两名工人，工人向劳动仲裁委员会投诉。外商企业负责人威胁说：“如果判企业败诉，我们将重新考虑二期投资的问题。”接着，这家企业又千方百计疏通各种关系。劳动局迫于压力，只好让工人受屈。还有一家外资企业的老板，违反合同裁减员工，遭到工会的反对。没想到市里一位领导竟不顾法律的有关规定，斥责工会主席破坏投资环境，还扬言要严加处理。

乙：法律不健全也是“三资”企业里职工的合法权益被侵犯的一个原因。到现在，中国还没有《劳动法》以及《最低工资法》等相关的法律。由于法律不完善，一些不法外商钻了空子，工人的权益受到损害。在采访中，全国总工会的李永海同志讲了福建省厦门市一家合资企业发生的一件事情。一名工人被没有任何防护装置的机器轧掉四个手指头，工人要求资方赔偿，可资方却蛮横地说：请你们拿出你们国家关于断指赔偿的法律来，法律规定赔多少，我赔多少，拿不出法律条文，赔偿免谈。李永海同志还深有感触地说：咱们不像香港，断哪个手指头，断哪一节，都规定赔多少钱，咱们没有啊！

甲：一些地方领导认识不正确，法律不够健全是“三资”企业劳资关系产生问题的两个重要原因。这在外资企业工会工作中表现很突出。工会是工人利益的代表者，它可以及时地向资方反映职工的意愿、要求和建议，督促资方遵守中国法律，保障中方职工的合法权益。可是在“三资”企业里，组建工会困难重重。在《外资企业法》等法律、法规中，都规定了“三资”企业里的职工有权按照《中国工会法》建立基层的工会组织，开展工会活动。但是有些外商有法不依，拒绝执行。对于这种现象该怎么办？厦门市总工会主席陈垂康认为：（出录音）

“现在这是一个难题。它这个企业不建工会，你要处理它很困难。我们现在没有一条制约的措施。”

乙：大连开发区工委书记阎子奇也有同感：（出录音）

“咱这个《工会法》，有觉悟的，说这是个法，我照着去做。实际上你违了法怎么办？谁受理你？能打官司？能告状？有的厂长违反了《工会法》，能起诉得了他吗？”

甲：而我们有些地方，有些部门的领导同志，把引进外资同组建工会对立起来，也不支持工会的工作。他们怕组建工会把外商吓跑了，一味地迁就、退让。这阻碍了“三资”企业组建工会，也是“三资”企业工人合法权益得不到保障的一个重要原因。

乙：厦门市工会干部王长其筹建独资企业宏泰电子有限公司工会的过程就是一个典型的例子。宏泰电子有限公司是港商独资企业，开业后一直拒绝建立工会。当时的厦门市独资企业工会联合会主席王长其做了大量工作，也没能解决这个问题。1991 年 7 月，王长其在厦门市政协的一次会议上，向政协领导反映了宏泰公司及其负责人的一些情况。没想到宏泰公司的一位主要负责人却向市政府告状，说王长其造谣中伤，声称要在香港召开新闻发布会等等。一时间，波澜四起。宏泰公司还无理要求：把王长其调离独资企业工会联合会，宏泰公司就建立工会。一些领导竟然就妥协了。1991年底王长其被调离厦门市独资企业工会联合会。可到现在已经两年了，宏泰电子有限公司还是没有建立工会。福建省工会的干部很气愤地说："他们这么软弱，工会干部怎么能维护员工的利益?"王长其也对记者说：(出录音)

"我们工会主席要为群众说话，为群众办事。我们说，你'市总'的中层干部你都保不了，那企业职工怎么保?"

甲：听众朋友，那在"三资"企业里组建工会，到底会不会把外商吓跑？为了维护"三资"企业里职工的合法权益，我们还要加强哪些方面的工作？明天的"热门话题"再谈。

(三)

甲：听众朋友，在"三资"企业中，工会的特殊作用是任何人、任何组织也替代不了的。它跟员工群众有着天然的、密不可分的联系，它可以代表员工及时向资方反映员工的意愿、要求和建议，督促资方遵守中国法律，保障中方员工的合法权益；同时，它可以随时随地宣传党的开放政策，贯彻企业高层的决策，教育员工遵纪守法；在劳资双方发生争议、冲突的时候，它可以调解纠纷，消除误会。

乙：十五年来，"三资"企业的发展也证明了工会的作用。凡是成立了工会的"三资"企业，劳资关系都比较和谐，很多矛盾都化解在萌芽之中；凡是没有建立工会的"三资"企业，劳资矛盾就容易激化。今年上半年，福建省发生了多起罢工、集体上访等突发性事件，绝大多数发生在没有建立工会组织和企业调解委员会的企业里。今年"三资"企业出现的罢工，90%的企业里没有工会组织。可以说，工会在"预防"和调节劳资矛盾上有着重要的作用。

甲：据全国总工会对重点开放省市的调查，到目前为止，还没有发现哪个投资者由于中方要组建工会而被吓跑。相反，由于工会围绕“三资”企业的生产经营开展活动，组织员工参与企业管理，激发了广大员工的生产积极性，推动了企业的发展。福建省福日电视机有限公司是全国有名的一家“三资”企业，在公司组建之初，借鉴国外管理经验，过多地强调“高赏严罚”，形成了管理者和员工之间的隔阂，加上其他原因，到1987年，公司亏损3 700万元。面对严峻的形势，公司提出了“以人为本”，加强民主管理，建立了员工代表大会等三级民主管理机构，很快扭转了被动局面，在工会的组织下，员工提出合理化建议5 000多条，技术改革500多项，年生产能力由38万台达到近80万台。

去年，全国外商投资企业工会工作会议在大连召开，在代表参观日本在大连的佳能公司的时候，佳能公司总经理中岛昭称赞了大连开发区总工会的工作。大连开发区总工会主席向我们的记者重复了中岛昭的讲话：（出录音）

“佳能的第一批投资99亿日元，是选准了大连的地理位置和这里的基础设施，接着又增加了200亿日元的投资，我们增加投资是看着开发区总工会增的。为什么呢？我们感到开发区总工会是和我们真心实意合作的，帮助我们办好厂子，我们通过自己的体会也感到开发区总工会和我们厂子里的工会，有能力协调好劳资矛盾，稳定好职工队伍，保证我们企业能够很好地生产经营。”

乙：由于“三资”企业的工会在维护员工合法权益，与投资者合作共事，共谋企业发展方面做了许多工作，许多精明的外商、有远见卓识的境外企业家认识到，组建工会净化了投资环境、完善了投资环境。大连开发区工会主席阎子奇对我们的记者讲过这样一件事：（出录音）

“园田工业的社长跟两位市领导说：‘你们大连总宣传你们的投资环境好，但你们忘了一点，你们有一个最好的投资环境，你们从来不说，你们有个好工会。’”

阎子奇同志还说：（出录音）

“精工企业的总经理，对日本四位教授考察的时候介绍情况说：大连开发区总工会既维护职工的利益，又非常尊重我们的合法权益，它是企业的‘保护神’。”

甲：那在保障“三资”企业员工的合法权益方面，我们应当加强做好哪几方面的工作呢？我们的记者访问了全国总工会李永海同志，他说：（出录音）

“第一，提高各级党政领导，包括工会自身，特别是直接引资部门的同志的认识，牢固树立我们国家的市场经济是跟我们的基本制度紧密结合在一起的思想，牢固树立全心全意依靠工人阶级的思想，牢固树立改革开放要依靠工人阶级，改革开放是为了工人阶级，为了人民的思想。第二，要加快中国的立法步伐，跟职工关联很紧的立法步伐必须加快，尤其是劳动法、工时法、最低工资法、社会保障法、劳动保护法，推动企业加强劳动合同、集体合同、规章制度的建立。”

乙：李永海还说到，要加强劳动监察工作，加强执法监督；要千方百计采取措施加快工会的组建步伐；要提高职工的素质。关于提高职工素质问题，李永海同志说：（出录音）

“形势的发展，国家经济的发展，已经把我们国家的经济转向依靠科技进步和提高劳动者素质的轨道。未来的竞争是人才的竞争，人的素质的竞争。素质包括思想素质、技术素质、法律素质。外资企业职工提高法律素质尤为重要，懂得依法规范自身的行为，更要懂得依法保护自身的利益。”

甲：劳动监察是国外市场经济国家管理劳动事务的通行做法。我国的深圳市和珠海市，在1989年率先组建了劳动监察机构。目前，广东、福建、海南三省已经在全省范围开展了劳动监察工作，北京市和浙江、四川、湖北、湖南、河南、广西、辽宁、吉林等省、自治区的部分地区也开展了这项工作。这些劳动监察机构在监督劳资关系、双方遵守我国劳动法规情况、预防劳资纠纷、减少突发事件、维护社会稳定等方面起到一定的作用。我国劳动部在今年8月初制定下发了《劳动监察规定》，11月上旬在深圳又召开第一次全国劳动部监察工作

会议。劳动部监察司华迎放同志介绍了他们下一步的工作。(出录音)

“一、进行劳动立法工作；二、劳动监察制度的建设；三、加强劳动执法工作，保障企业、职工双方的合法利益。”

乙：听众朋友，有关保障“三资”企业员工合法权益的报道，已经连续播出三期了。回顾这个系列报道的采访过程，我们感到，保障职工的合法权益，迫切需要各级政府部门的充分重视。这是“三资”企业广大职工的愿望，也是工会干部们的呼吁。

保障“三资”企业职工合法权益，建立、健全工会组织无疑是一个很有效的途径。但是，由于缺少有力的支持，在“三资”企业建立工会的工作非常艰难。这也正像福州市总工会副主席路平所认为的那样，“三资”企业工会工作最主要的难处是“受同级政府部门的制约”。因此，要使“三资”企业中的工会工作能够正常开展，各级政府部门必须给以大力支持，使工会能真正发挥出应有的作用。

乙：同时，要保障“三资”企业工人合法权益还需要加强立法工作，加强法制，加强劳动监督，还要努力提高职工的素质，使每一位员工懂得依法保护自己的利益。

(中央人民广播电台 1993 年 12 月 20 日—22 日播出，拟稿：林懿 姜聚杰)

不要只是出卖资源

1993 年全国青年报刊新闻奖评奖中，有一篇《中国青年报》送来的参评作品《珠海消息令人振奋，科技人员喜获重奖》。这篇东西我看过一遍后印象并不深，以自定的十分制标准，只打了五分。起码不能得头奖。但是在评议时有的评委提出该得一等奖，有的说可以给个二等奖。有一点小小的争议。

分歧点在于，一方认为这条消息的内容很重要。一个地方政府给科技人员奖小车、奖别墅、奖几十万元，这在国内是首次，体现了国家对科技的重视，对人才的重视。另一方认为，消息内容是重要，但写作实在平常。在题材重要但写作平平这一点上双方意见都一致，问题是，我们抛开写作技巧不说，只靠这么重要的内容能不能得头奖？话又说回来，既然这么一个难得的好题材，为什么不可以在文字上稍微下点功夫，使之好上加好呢？当然最后这篇稿还是评了一等奖。

新闻信息的基础是自然信息，即原始信息。所以这原始信息质量的好坏，决定着这条新闻的价值。编辑们看稿时常说的“这个稿有基础”，就是指作者抓到了一条有价值的信息，具备了写作的基础。基础是条件，是前提，并不是结果，正像一座大楼，有了基础还待一层一层地去盖，还要外装饰内装修。最后出现在我们面前的是一座漂亮舒适的房子。一般用户并不大注意这房子的基础，只看它的实用和漂亮，因为我们直接住的是房子，不是去住“基础”。但是行家却很注意这房子的基础如何，因为这房子的实用和审美价值正是在这个“基础”的基础上实现的。如果我们来综合评价这个房子，那就既要看它的基础，又要看它在这个基础上的表现了。用这个道理来谈稿子，就是说你这个稿光有基础还不行，还要再加工、深加工，要将自然信息转变为新闻信息。我们不能让读者去直接读“自然信息”，正如不能让用户去住“基础”。

这篇有“基础”的稿在加工时让人不满意处有两点。一是叙事时将事情平铺开来，没有立体和纵深感。在导语之后，将受奖者名单和奖品开了个单子：张三什么项目，奖什么车，什么房；李四什么项目，奖什么房，多少钱。二是说理时说教色彩太浓，给人一种掩饰不住的政治、政策宣传感。导语开头第一句就说：“珠海市为落实‘科学技术是第一生产力’的战略思想开了先河，为中国科技发展史写下了光辉的一页。”读者未闻其后，先听其“说”，然后就是开清单，清单之后是对市长的评论和让他“老王卖瓜”：“市长梁广大有胆有识，主张靠优惠的政策和对科技人才实施重奖来吸引。梁广大说：这是为了实实在在地把科技化为生产力，实实在在地体现对科技人员的关怀爱护。”这样在叙述时一没有将事情展开，二没有寄情寓理，所以就不生动，犯了叙事的大忌；而在说理时又太直太露，也太政治化，没有以事析理，借情传理，犯了新闻说理的大忌。

如果换个高手来处理这个素材，也就是说利用这个基础，他可能会做这样的改动。（1）重奖的起因是科技成果，应将这成果的意义、作用以通俗的语言作一介绍；（2）稿件的主体是领奖人，应将焦点对准他们，特别是当事人的感受、心情；（3）这稿的背景是各地在科技方面从来还没有过大奖，而在此之前已有过文艺、体育方面的大奖，应该在适当的地方拉回一笔，以作对比呼应。这样讲清了意义，稿子就有了深度，加入了背景对比，稿子也有了新的宽度。作者便可在自己开拓的这个又深又宽的空间内尽展他的新闻写作之才。可以举出那些有趣的或者惊人的科技成果，可以举出生动的研究事例，还可以用对比性很强的数字，等等。再加上把焦点对准了“人”，就一定能写出“情”。这样在叙述上就不愁你的稿子不生动。关于“理”的处理，可全部去掉这些直露的表态，要借人和事层层推出，隐隐传递，特别是作者不要直接出来说话。不是不可用结论式导语，但要慎用。这结论必须和作者提供的事实相符。如果想表达一个理，上策是只说事实，让读者自己去作结论；中策是结论和事实都说，但一定要结论饱满，与事实相符；下策是在事和情都没有跟上的情况下就急于说理，稿子就显得干瘪，这叫“藤粗瓜小”。该稿是有点偏于下策。

是作者不会加工吗？倒不一定。这里有技巧问题，但主要还是认识问题。我们的一些记者、通讯员忘记了一篇好稿是材料加技巧，过分看重素材本身，一看到好的素材就“材令智昏”，抱起就跑。不知道将这材再加工一下会更值钱，更吸引人。只有经济不发达的国家，工业、工艺和相应的观念都落后，才只知道出卖资源，卖原油、卖矿石、卖木材，而发达国家一定是搞深加工，加进了新工艺，产品一下就身价百倍。写新闻也是这个理，碰到好素材，不要急于出卖资源，多搞一点深加工、精加工，好让你的稿件尽量升值。尽善尽美虽然很难做到，但是心中应该总是悬着这个目标。人间爱尽美，记者求好文，拿到一个好素材后，我们要珍惜它，不要委屈了它。天下的好事本来也就是一种难事，王勃记滕王阁胜事说：“四美具，二难并”，那件美事和那篇美文真的流传了千古。文章也有情、景、事、理，四样都要美；选材与加工，两样都很难。但如果真的做到了“四美具，二难并”，那便是千古绝唱了。我们就是要下决心写出花好月圆、才貌双全、珠联璧合式的好文章。

（1993 年 11 月 12 日）

附 29

珠海消息令人振奋　科技人员喜获重奖

本报珠海3月9日电（记者李桂茹）　珠海市为落实“科学技术是第一生产力”的战略思想开了先河，为中国科技发展史写下了光辉的一页：今天上午，市委、市政府为该市1991年度为推动科技进步做出突出贡献人员颁发大奖。这是新中国成立以来给予科技人员最高的奖励。获奖人、获奖项目、奖品、奖金如下：

特等奖首席获奖者迟斌元，珠海市生化制药厂厂长、高级工程师。获奖项目：凝血酶。奖品：奥迪小轿车一台；香洲胡椒园新村住宅一套；奖金26.718 4万元。

特等奖首席获奖者沈定兴，珠海市通讯技术开发公司总经理、总工程师。获奖项目：程控交换机。奖品：奥迪小轿车一台；香洲胡椒园新村住宅一套；奖励他和他的助手荣延平、罗向、杨涛、孙玉玲、米卫东、刘谷燕、崔玉龙奖金21.980 4万元。

特等奖首席获奖者徐庆中，珠海市丽珠医药研究所所长、副总工程师。获奖项目：丽珠得乐冲剂。奖品：奥迪小轿车一辆；香洲胡椒园新村住宅一套；奖励他和他的助手陈章谋、苏云驰、邓泽庭、徐孝先奖金121.213 6万元。

一等奖首席获奖者查雁群，珠海市江海电子股份有限公司总工程师、高级工程师。获奖项目：CM－21Z型盒式磁带录音机机芯。奖品：香洲胡椒园新村住宅一套；奖励她与她的助手丁海欧、钱少鹰、蔡金南、李新高、周重威、王克非奖金24.432 0万元。

四等奖首席获奖者寿伟春，珠海市汉胜特种电线有限公司总经理、高级工程师。获奖项目：CTA藕芯电视电缆。奖励他和他的助手冯孝平、林炳生、韩树林、王达明、王健奖金8万元。

改革开放十一年来，珠海市由一个边陲小县建设成为一个初具规模的现代化花园式海滨城市，1991年全市工业总产值突破100亿元大关，比建市初的1979年增长80倍。之所以变化这么快，原因之一在于高科技产业发挥了巨大的经济效益。珠海特区进入第二个十年的开发，需要更多的科技人才。

市长梁广大有胆有识，主张靠优惠的政策和对科技人才实施重奖来吸引。

梁广大说：这是为了实实在在地把科技化为生产力，实实在在地体现对科技人员的关怀爱护。珠海市政府目前虽然不宽裕，但可节约其他方面开支，挤也要挤出一份钱来，给科技人员以应有的待遇，要敢于让科技人员先富起来。给他们奖房子，让他们有好的生活、工作环境，给他们奖汽车，有了交通工具，解除他们的后顾之忧，集中精力从事科技开发。

一石激起千层浪。珠海重奖科技人员的举措，搅动了一池春水。一时间，珠海成为科技知识分子向往的热点。每天都有人带着自己的研究项目到这里来洽谈，每天都有很多来信要求来珠海一展宏图。

有人问梁广大市长，这个重奖政策能维持多久，是不是权宜之计？梁广大市长回答说：这是一项制度，要长期坚持下去。

（《中国青年报》1992年3月10日）

中国青年报
CHINA YOUTH DAILY
星期二　农历壬申年二月初七　第6884期　（代号1—9）

行项目会办　加快开放步伐
资企业挂牌开业仅用半天

新闻

共产党代表团
行副行长

沐浴改革春风　奥运之年健儿再立新功
十佳运动员评选揭晓

奖奥迪车　奖单元房　奖百万元

珠海消息令人振奋　科技人员喜获重奖

市长梁广大说要让有贡献的知识分子先富起来

徐庆中坐在他获奖的奥迪汽车里。　新华社记者张辟文摄（传真照片）

本报珠海3月9日电　（记者李桂茹）珠海市为落实“科学技术是第一生产力”的战略思想开了先河，为中国科技发展史写下了光辉的一页，今天上午，市委、市政府为该市1991年度为推动科技进步做出突出贡献人员颁发大奖。这是建国以来给予科技人员最高的奖励。获奖人、获奖项目、奖品、奖金如下：

特等奖首席获奖者迟斌元，珠海市生化制药厂厂长、高级工程师，获奖项目：凝血酶。奖品：奥迪小轿车一台，香洲胡椒园新村住宅一套，奖金26．7184万元。

特等奖首席获奖者沈定兴，珠海市通讯技术开发公司总经理、总工程师，获奖项目：程控交换机。奖品：奥迪小轿车一台，香洲胡椒园新村住宅一套；奖励他和他的助手宋延平、罗向、杨涛、孙飞玲、米卫东、刘谷燕、俞玉龙奖金21．8804万元。

特等奖首席获奖者徐庆中，珠海市丽珠医药研究所所长、副总工程师，获奖项目：丽珠得乐冲剂。奖品：奥迪车一台，香洲胡椒园新村住宅一套；奖励他和他的助手陈意谋、苏云朝、邓伟雄、徐孝先奖金121．2136万元。

一等奖首席获奖者鲁耀群，珠海市江海电子股份有限公司总工程师、高级工程师，获奖项目：CM—21Z型卧式磁带录音机机芯。奖品：香洲胡椒园新村住宅一套；奖励他与他的助手丁海欧、钱少康、蔡金南、李新海、周嘉威、王志非奖金24．4320万元。

四等奖首席获奖者寿伟春，珠海市汉胜特种电线有限公司总经理、高级工程师，获奖项目：CTA扁芯电视电缆。奖励他与他的助手冯孝平、林炳生、韩树林、王达明、王健奖金4万元。

改革开放十一年来，珠海市由一个边陲小县建设成为一个初具规模的现代化花园式海滨城市，1991年全市工业总产值突破100亿元大关，比建市初的1979年增长80倍。之所以变化这么快，原因之一在于高科技产业发挥了巨大的经济效益。珠海特区进入第二个十年的开发，需要更多的科技人才。

市长梁广大有胆有识，主张借优惠的政策和对科技人才实施重奖来吸引。

梁广大说：这是为了实实在在地把科技化为生产力，实实在在地体现对科技人员的关怀爱护。珠海市政府目前虽然不宽裕，但可节约其他方面开支，挤也要挤出一份钱来，给科技人员以应有的待遇。要敢于让科技人员先富起来。给他们奖房子，让他们有好的生活、工作环境。给他们奖汽车，有了交通工具，解除他们的后顾之忧，集中精力从事科技开发。

一石激起千层浪。珠海重奖科技人员的举措，搅动了一池春水。一时间，珠海成为科技知识分子向往的热点。每天都有人带着自己的研究项目到这里来洽谈，每天都有很多来信要求来珠海一展宏图。

有人问梁广大市长，这个重奖政策能维持多久，是不是权宜之计？梁广大市长回答说，这是一项制度，要长期坚持下去。

在中国，他们先坐上了政府奖的轿车

本报记者　李桂茹

这是中国知识分子最为风光的一幕。

3月9日上午11时许，3位为珠海市推进科技进步作出突出贡献的特等奖获得者，怀着异样的心情，走出会场，来到自己的轿车前。摄影机、摄像机、照相机对着他们猛拍了好一阵子。接着，他们每人都坐上属于自己的、油黑锃亮的奥迪车，一溜烟地开跑了……

“真是做梦也没想到……”“我们是中国知识分子中最幸运的人……”“中国千千万万知识分子，科技人员施展才干的大好时光到来了……”这是颁奖大会上，奥迪轿车的获得者激动之下道出的感受。

追寻“奥迪车”主人的足迹，每个人都是一篇华美的“乐章”。

来到迟斌元所在的珠海市生化制药厂，在电梯口，党和国家领导人邓小平、江泽民、乔石来这里视察的大照片十分醒目。

迟斌元毕业于南京大学生化系，是中国第一代生化专业的毕业生。他用了十余年时间，发现并完善了凝血酶的最经济的提取技术，又仅用了2年时间，论证了这个一流的高科技企业。

在近半个世纪时间里，世界上只有美、英、日等少数国家能人工提取生产凝血酶，价格昂贵，我国只能依赖进口。西方是从人血、牛血中提取，而迟斌元是从来源丰富的猪血中提取。1991年投产第一年，创产值2800万元，纯利800万元，创造人均工作的人均创产值30万元，利税18万元，纯利7万元。

迟斌元获得了一部轿车、一套房子、20余万元奖金，这在中国人眼里的确是个不小的数目。而实际上，他从另外渠道应该得到更多。这个厂里的产品是他的技术，按有关规定，他的技术可计算20%的股份，按20%分红，他可得到的是120万。更不要说，还有新加坡等地的企业聘他去当厂长，给他月薪十几万美金的开价，他说在自己的国家干心里踏实。要问为什么这样？他的回答是质朴的：“我是国家用助学金培养起来的大学生，我的目标是要团结更多的学者，办成一个科研生产密切结合的基地！”

徐庆中，懂四门外语。一些青年知识分子谈起他佩服得五体投地。记者来公司采访时，他不在，自己开着车到广州参加丽珠得乐临床会议去了。

1985年，这个公司成立初期是以贸易为主的，效益比较差。

一个好的科研成果可以振兴发达一个企业。

胃病的复发率高，长期难以解决。丽珠得乐（枸橼酸铋钾）正好能解决这一问题。徐庆中与他的伙伴严格制定了“得乐”的质量标准，攻下了水溶性、胶体铋、稳定性的技术难点。丽珠得乐一投入市场，便显示出神奇的功效，有些准备做胃切除手术的患者得以治愈，免受了一刀之苦。

“丽珠得乐”的出现，使卫生部修改了一项部颁标准。1990年卫生部以某省一个药厂生产的同类药品指标为准颁布了标准。1991年3月，卫生部又以丽珠得乐的标准重新颁布了此类药品的标准。

丽珠得乐开发投产后，当年产值达9000万元。1991年全公司自产产值2亿元，纯利5000万元，其中有丽珠得乐获得的纯利2700万元。

沈定兴，珠海市通讯技术开发公司的总经理，是热衷于用高科技为农民兄弟服务的人。

“谁关心农民，谁就有成果，谁就有贡献，谁就会发达。”沈定兴预测到农村市场电话通讯的需求，很早就瞄准了这个项目。90门—480门适用于乡镇的程控交换机投产后，他又开发了200—1000门适用于县城的程控交换机。同时，适应农村特点开发了遥控交换机，从县局就可以遥控监测到各乡镇的电话线路情况，各乡镇电话局免去了线路维护人员。

温饱、乡村渴求改善通讯条件的农民兄弟纷纷求购，应接不暇，公司已为农村安装了80000门程控电话。农民的需求给公司带来了效益，1991年创产值5000万元，创利税1000万元。

尽管如此，沈定兴仍是一个轮空享受公共汽车的“乘客”的经理。公司有7部汽车，可没有一辆小轿车。买小轿车，他舍不得钱，买自动测试仪2万美金一套，他一下子买了4套。谁不会享受呢？沈定兴说，创业阶段，这样更出效益。

今天，政府给了沈定兴梦寐以求的轿车，犹如为他插上了翅膀……

米饭里不要掺沙子

在1993年的青年报刊好新闻评选中，《生活周刊》有一篇名为《CAAC为何延误?》的稿子，这篇文章应该说是写得很不错的。作者剖析了中国民航经常延误这一现象，从技术、管理、民族素质等方面，以大量的事实来论述，确实起到了振聋发聩的作用。但是在写作上美中不足，文中用的洋文太多。这篇五千多字的文章倒有33处用到英文单词。大标题上就故意不说“民航”二字，而用“CAAC”。小标题又不用中国人习惯的“一、二、三、四、五”，而用“A、B、C、D、E”。这样在视觉上给人的感觉很不舒畅，像吃着一碗米饭，不时就有一粒沙子硌在牙上，这饭自然也吃不香了。

作为一条新闻，从内容上来说，要有价值，重要、新颖，让读者想读、爱读，从形式上说，要能尽量体现这一价值，要把形式的作用恰好发挥到这样一个“度”：它的存在最大限度地表达了内容，却对内容没有一丝一毫的妨碍。譬如演员精细的妆容，是为了对角色的准确表达，增一分则多，减一分则少。又譬如健美比赛时运动员穿的紧身服，是为了准确地勾勒出形体的美，若多一寸就避其美，再窄一寸反露其丑。形式不是内容，却间接地表达内容或者妨碍内容。新闻讲究干净朴素，对形式的要求一要流畅，二要美。就是说首先不能对内容碍手碍脚，妨碍阅读，削弱了内容；其次，如可能的话，再通过语言、结构等创造出一种美感，来强化内容。现在这篇稿子的形式（语言）于内容表达就有点妨碍，要削弱内容了。

造成内容削弱的原因是不流畅。而这不流畅又是因为在文章中人为地掺进了外文，米饭里有了沙子。大凡通顺、流畅是为文的第一要求。流畅又可分为思路的流畅和语言的流畅。这里我们只说语言。语言要流畅先得整齐，而最忌夹杂，无论文白夹杂还是中西夹杂，还有用典、引文、人名、地名等等有异于正常文字的夹杂，都会影响到文章的流畅。所以我们在行文时应该尽量把“夹杂”现象减少到最低限度，就像尽量把米里的沙子拣干净一样。人们的眼睛看东西总是追求舒服，要达此有两个标准。最低标准是整齐，譬如我们看军队的操练，因为服装、步伐、动作整齐，看起来就很舒服。反之，一切杂乱不齐之物人们看起来都不会舒服，如正在施工的工地，交通混乱的街道。还有一个高标准是协调。舞蹈的动作、绘画的色调是已突破了整齐，而达到了更高一级的协调，所以更优美，人们看起来就更舒服，它已经成了艺术。新闻从本质上讲是信息不是艺术，是一种以叙述、说明为主的文体。为了信息能迅速、明确地表达，它首先要求文字的质朴、流畅。即首先要满足人们感官上要求舒服的最低标准。

文章里能不能掺点别的东西？能。但这新加入的东西一定是经过熟化的，人们在感觉上要新而不异，不扎眼，不碍手。就像家里来了一位老朋友，是客人，但不是新客，不会有什么客套、拘谨，反而因打破了家里的平静顿生一种欢愉、融洽的新鲜的气氛。事实上在我们的文章中经常有“外来”的夹杂，只不过因为是熟化了的东西，便习以为常，不觉碍眼，反见生动。比如许多成语、外来语就是这样。语言是在不断地吸收、熟化中发展的，但这个发展过程是渐进的，不能往里硬塞，不能跳跃，否则欲速则不达。一方块木头要制成一个圆球，只能是一圈一圈地旋，劈砍几下虽可以制成，但很粗糙。文章也是这样，要求新求好，但不能留下斧凿痕。外来语的加入一定要遵守两个起码的原则：一是通俗化，大部分读者一看就懂；二是非加入不可，在这个地方用外来语能收到本国语所达不到的效果。否则便适得其反，不如不用。徐志摩在他的名作《沙扬娜拉》中这样写道：“最是那一低头的温柔 \ 像一朵水莲花不胜凉风的娇羞 \ 道一声珍重，道一声珍重 \ 那一声珍重里有甜蜜的忧愁 \ 沙扬娜拉。”“沙扬娜拉”是日语，“再见”的意思。这里只有用外来语才能表现出一个日本女子与情人离别时的那种异国情调，如果用成中文“再见”，是无论如何也达不到这个艺术效果的。从修辞学的角度说，某一个词句除了它的字面意义外，常常还有弦外之音，即背景效果，意蕴内含，只可意会，很难言传，这时就非搬“原版”不可了。比如上面的“沙扬娜拉”。还有比如要说到美国的霸权主义，就说全球到处都能见到 USA；说到哪一个青年人崇美，就说他做梦都想 USA。如果把这两处的“USA”都换成“美国”，表现效果就会减弱。而这一篇新闻稿中，把中国人最习惯说的“民航”硬要改成“CAAC”，把“一、二、三、四”硬要改成“A、B、C、D”，本来一个中国姑娘，一定要叫个什么安娜、诺娃，岂不别扭。

写文章喜用外来语，还有一个心理因素，有的作者总觉得这样才显得有学问。其实这是不成熟的表现。水愈深就愈不起波，只有浅水才经不住风的撩拨。在我的亲身经历中碰到过两次会用而不用洋文的事，印象很深。一次是我出国访问朝鲜，我们的代表团与金日成会谈了约两个小时。我们都知道金日成曾在中国生活战斗了很长一段时间，中文很好，但他从头到尾，没有说一句中文。还有一次是我陪苏联出版代表团访问中国大百科全书出版社，梅益同志接待。梅益是著名的翻译家，是名著《钢铁是怎样炼成的》的译者。苏方的团长比起梅老来年龄和资历都要轻得多，席间他说：“我来过北京两次。”梅老平静而又和蔼地回答：“我到过莫斯科十次。”整个谈话过程中，交流出版业务，梅老没有说一句俄语。这两位名人含而不露，对我教育很深，使我悟到，学问是财富，是本事，平时只供储存以待用，而丝毫用不着卖弄。

（1993 年 10 月 11 日）

附 30

CAAC 为何延误？

● CAAC，是中国民航的英文缩写，但在西方人的眼里，它又有了另一种解释。

● 为何“延误”？为何“取消”？除了不可抗拒的自然力量，我们还遭遇着什么不可抗拒的人文因素？

● 航空业是一个国家的象征，也是一个民族的说明，但愿我们不再等待“戈多”。

A 总是取消？总是延误？

不同时空中的相同事情。

1990 年 9 月 30 日。伦敦希思罗国际机场，一架 CAAC 的波音 747 客机悄无声息地泊在停机坪上。由于发动机燃油棒损坏，在伦敦一时又找不到备件，原定执行的 CA956 航班不得不宣布取消。

旅客们被安排到了四星级 INNHOLIDAY 酒店食宿。尽管条件堪称一流，但对急于归国的人们来说，依然是一个度日如年的感觉。一位华侨感慨系之：“这是我四十多年来第一次回国省亲。我特意买了 CAAC 的机票，现在让我太失望了……”

现在让我们走进 1991 年 3 月 6 日。

原定 10 点 10 分从上海飞往广州的 3524 航班因调配原因一再推迟起飞。下午，一位持有美、英双重护照的头等舱旅客忍耐不住了，他走到航空港服务员面前，拿出了一叠环球机票，说他是威廉·王侯爵，他乘遍了世界各大航空公司的飞机，却从没碰到过这种情形。他又说他的香港、广州朋友已经在广州花园酒店订好了酒席，“今天下午到不了广州，你们必须赔偿我一切损失。”

威廉·王侯爵愤怒地举起一只戴有多枚钻戒的手，向上海港航空服务员叫道。

让我们越过威廉·王侯爵，再回到1990年12月27日的上午。

上海至北京的5143航班正准备着陆。飞机逐渐降低，旅客们已依稀可见首都机场跑道和前面正在着陆的飞机。

蓦然，客舱内回旋起空姐的声音："各位旅客，因首都机场地面风速过大，本架飞机奉命备降天津。"

旅客哗然："前面的飞机已下去了，为什么我们不能下？"

"如果你们正点起飞，我们不也下去了？"

因缺少食品，这架飞机在上海航空港延误了二十多分钟。

在天津机场，一位美籍华人对机组人员说道："我多次乘坐CAAC，从没看见你们正点起飞过。怪不得国外都把CAAC解释为Chinese Airlines Always Canceled（中国的航班总是取消）！"

再次重复，不同时空中的相同事情。

问题已属于老生常谈，在航班正常方面，CAAC似乎名声不佳，但"风起于青萍之末"，CAAC，你又为何延误？

B　天有不测风云

1991年2月6日。上海航空港。从下午2时45分起，机场渐渐被大雾包裹，能见度骤然降至400米以下。当天下午计划出港的几十班航班全部延误。一千多名旅客滞留候机楼，命运抛给他们的是"等待"两字。

事情远远没有就此结束。

当天共有六个航班被迫取消，330名旅客被安排到挂钩宾馆住宿，每一位旅客两餐一宿的费用花去了近半张机票的价钱，航空公司损失惨重。

与此同时，北京首都机场第13卫星厅里也挤满了等待回上海的旅客。原定18点40分起飞的5112航班已宣布延误至20点30分。

继续延误的通知不断发出，21点30分起飞、23点30分起飞……最后，在23点30分宣布航班取消——大雾始终未见散去，而首都机场在24点就要关闭。

数百名旅客以苦涩的心情等待着“戈多”，而“戈多”给予了他们一个嘲弄。

四星期之后，恶劣的天气再次导演了一场“等待戈多”的悲喜剧。

当晚长江、淮海一带生成一片强雷雨区，上海至济南、合肥、武汉、南京等地的航班全部延误。“戈多”何时到达，谁也说不准。无数的旅客再次陷入人类生活中颇为尴尬的处境——等待。

航空器从它被发明的这天起，似乎就注定了受天气制约的命运。今天，即使各种先进的导航设备相继使用，即使航空器对各种气候条件的适应能力越来越强，但它仍然不能随心所欲地飞翔，仍然要受到天气的制约。

CAAC 遇上的是全世界航空界共同的敌手——恶劣气候。

但耐人寻味的是一个旅美华侨的抱怨：“我在美国乘机，多次遇上过比今天更为恶劣的天气，但当地的航空公司很少出现返航、延误和取消等情况。CAAC 为什么在这上面表现得如此软弱无力？”

即使遇上恶劣天气，国外机场也不关闭。一切均由机长决定：是起飞还是降落。我们则由机场掌握“生杀大权”，只要一声令下，任何飞机只能在原地待命或备降或返航。这时，机长的作用等同于零；在对旅客生命高度重视的同时，某种意义上说，CAAC 却葬送了它应有的效率。所幸的是，从 1990 年 9 月起，CAAC 取消了天气不好就关闭机场的做法，向世界标准悄悄地靠拢了一步。

发达国家已经普及了的仪表着陆系统和着陆雷达，我们只装备了一些主要的机场。有些机场虽已安装，却因来不及检验而迄今无所作为。当美国已经在普及、推广更先进的微波着陆系统，我们的许多机场仍在使用传统的导航台指挥系统。由于微波着陆系统的价格昂贵，CAAC 在 21 世纪内无法问津。

在和最大的敌手——变幻莫测的天气——作斗争的时候，CAAC 因此显得力不从心。

CAAC 不得不束手无策。

C 你会乘飞机吗?

学习乘飞机，对中国国民来说，这是必不可少的一课。

1991 年 2 月 11 日，上海至北京的 5143 航班已经通知上客。摆渡车在候机楼外足足等了 30 分钟，但是仍有两位旅客不见踪影。反复呼叫，终于，在候机楼售货柜台边找到了他们，他们正在有滋有味地挑选商品。

两位先生把民航班机当成了自己的私家车。

无独有偶。

1990 年 3 月 10 日，上海至海口 5381 航班正点滑出停机坪……突然，客舱里两位常州旅客叫嚷了起来，不让飞机起飞。这又是怎么回事？他们声称托航空公司某官员买的机票多付了 214 元，要求航空公司退还。辗转找到该官员，才得知这笔钱已交给常州的送行者了。至此，两位常州旅客在客舱里心满意足地放倒身子，但该航班已延误了一个多小时。

这里再举几例。

1990 年 9 月，广州飞往上海的 5306 航班已经上客完毕。空姐反复清点旅客人数，总发现与登机牌发放数不符。这人哪儿去了，最后方才明白：一商贩为了能多托运点货物，一人买了两张机票。

1990 年 9 月 24 日，一名搭乘 MU501 航班前往香港的旅客因出境手续不全被边防警察扣下。由于没有及时向航空公司通报信息，该航班延误了 40 分钟。

1990 年 9 月，飞往太原的 2572 航班因天气原因已经延误两天。以山西、陕西客人为主的乘客愤怒不堪，大骂航空公司是“骗子”，骂服务员小姐是“婊子”，他们拦住正常航班的通道，“我们不能走，你们也别想走！”

候机楼一时秩序大乱，正常航班通道被堵近半小时。

这便是 CAAC 面对的又一个“敌手”：远远没有学会乘坐飞机的旅客。

大量的统计数字表明，相当一部分的延误乃是旅客自己造成的。

以农民般的情感，这些乘客无法确切地明白航空器这一工业社会、现代文明的象征。在他们的潜意识里，航空器类似于他们家乡的招手即停的私家车，随到随走的摆渡舟和永远不会准时、破破烂烂的小客车。

他们需要好好地操练，操练怎么乘飞机，提高人的全面素质。但当中国相当一部分城市被人称为“一个大村庄”，当我们的生活方式还十分“19世纪”，CAAC消灭得了这一“敌手”吗？

D 又是一个敌手

1990年2月20日上午。

上海航空港各出港航班已经准备就绪，只等加满油，便可呼啸于蓝天。

但加油车迟迟不来。等到千呼万唤始出来后，它又不按出港顺序加油，致使当日最早几个航班延误。

第二天，一切又如同昨日。上海至哈尔滨的5613航班快要上客，加油车不见倩倩身影。经现场指挥再三催促才姗姗而来，为此航班被延误了半个小时。

5月1日，上海至东京的MU923航班计划8：10起飞。加油车8：05才到，延误30分钟；同日，上海至巴基斯坦重要包货机也因加油车晚到延误了40分钟。

据不完全统计，1990年虹桥机场始发航班因加油车晚到遭致延误不下数十架次。

国外飞机供油大多由航空公司自己负责，但中国各航空公司油料供应则由他人捉刀，双方并无制约手段，我不来加油，你也奈何不得。

不仅仅是加油车，还有舷梯车、摆渡车、行李车，它们“犹抱琵琶半遮面”，难免常常导致延误乃至取消。

“安检”是又一个大问题。

以上海航空港为例，每天上午始发国内航班28班，每个航班以

100人计，一上午进客2 000多。高峰时，一小时始发10个航班。国内出发厅只有两个“安检门”，由于武警人手不够，“安检门”常常只开一个，就算每分钟检查10人，2 000多个旅客要多少时间？

有些小机场，航班虽然不多，但安检门总要到飞机来了才开放，旅客一多，自然又要延误。

国外一些机场的安全检查一般是由航空公司雇用民间保安公司担任。保安公司听命于航空公司，只要有航班，安检门随时开放。

在中国，把“安检”交给CAAC的呼声已有多年，但至今尚未定夺。

这一次，CAAC面对的“敌手”来自内部，来自亟待进一步改革、完善的体制结构。

早在1987年，中国民航便开始了它的政企分开的改革。每个地区管理局都分为事业性质的行政管理局和企业性质的航空公司、机场、油料公司。四年多过去了，这一改革在显示了它应有威力的同时也带来了一些问题：民航的家越分越细，企业的成本越来越高，而保持航班正常反倒更困难了。

没有体改的深化和完善，怎么会有真正意义的起飞？

CAAC又怎么会不一误再误？

E 何日不再等待“戈多”

应当承认，CAAC的大多数航班是正常起飞的。仅以CAAC的骨干企业——中国东方航空公司为例，一、二月份航班正常率分别达到95.6%和91.6%。但是，或许是对候机楼里苦苦等待的滋味印象太深了，我们对民航的每一次延误都记忆犹新。

我们并不奢望彻底消灭“延误”和“取消”，即使在西方，他们的航空公司也有延误、取消。但那里的人们大多能得到准确的信息，该三小时就三小时，该取消就取消。我们呢？天气何时变好？故障何时排除？晚上去哪过夜？车辆怎么安排？常常会一问三不知，我们等待的是“戈多”。

航空业从来都是一个国家的象征。

航空业也是一个民族的说明。

不能想象一个时常延误航班的民族，她可以高翔于世界民族之林！CAAC，你何时不再延误？CAAC，我们何日不再等待“戈多”！

（《生活周刊》1991年5月）

一篇未“接轨”的消息

第三届全国现场短新闻评奖中有一篇稿《上海证券交易与国际市场接轨》(《解放日报》1992年2月22日)，评选时评委一致通过为一等奖。但是评后总结时，大家又都认为这篇稿有一个明显的缺点，就是不通俗。时隔四十多年后，股票在中国重新出现，这是一件大事。它体现了中国经济的改革和人们思想观念的深刻变化，在国内外引起了不小的轰动。应该说这条消息是抓住了一个历史的转折，很有新闻价值。问题是这种价值怎么表达，怎么让人理解。作者在这篇稿里，一是架子端得大，“证券交易与国际市场接轨”，神秘而陌生。二是主要专业术语不作解释，如“电真空B种股票”，直到看完稿也不知道什么意思。这“电真空”是个发放股票的企业，还是一种发放的技术手段？三是具体技术过程太多，特别是具体数字太多，这部分约占了整个篇幅的2/3。我们说新闻要有现场感，是指要能让人产生感动、理解、投入、亲切等等的感觉，有了现场，但却很茫然，这不是我们要求的现场感。

这篇稿子题为“接轨”，其实写作上并没有接好轨，所以才有不通俗的感觉。写稿是自然信息向新闻信息的转换，事情有其自身的价值是一回事，在变成新闻过程中要让读者能理解它的价值又是一回事，为了实现这个“理解”就要接好两个“轨”。一是与群众接轨，就是说不管你写的是一件多么深刻、多么伟大的事，也要从群众所关心、所理解的那一点说起，也要用群众的语言来说，让群众接受。文中讲了股票交易的细节，讲了专家、行家的评论，这些可以加深这件事的意义，但并不能加深或更有效地加深读者对这事的理解。二是与历史接轨。凡一件大事其现实意义必然是与历史意义对比而存在的。我们应该向读者说清它的背景，指出它的时间和空间坐标。宋世雄在解说体育比赛时，总不断地插入一句：各位观众我们现在正在某地转播某某比赛，现在比赛已经进行多少分钟，几比几。这就是一种“接轨”艺术，首先考虑到群众，与受众接轨，也许观众刚打开电视机，那么就能很快投入；再是考虑到事物的整体性，与它的前后左右接轨，补叙背景，沟通联系。孤立的事总是较难理解，搭起这事与其他事物的桥，它的意义就不言自明了。特别是像股票这种曾在中国出现过，一度被人曲解为资本主义的事物，更应多做一点解释。

通俗是什么？通者，通畅明白；俗者，入乡随俗。以浅近的话说平常事、简单理，容易；以浅近的话说复杂的事、深刻的理就难了。把简单的事写成新闻不算真功夫，难的是深入浅出，把一件大事、新事明白地介绍给读者，让人人都觉得这确是件大事、新事。白居易用老妪都能听懂的话写出好诗，这是真功夫。李白的“床前明月光”也是大白话。钱学森曾要求大学毕业生除写专业论文外还要写一篇科普论文，这才能见真功夫。毛泽东同志的许多高深的思想都是用最通俗的语言说出的。如：愚公移山、糖衣炮弹、为人民服务等。解放战争中我军占领南阳是一次战略胜利，但一般老百姓未必都知道它的意义，毛泽东同志在他著名的新闻稿《中原我军占领南阳》中就十分讲究通俗：他从曹操、刘秀一直说到蒋介石，这是和历史接轨；文中用了许多口语如“不怕共产党凶，只怕共产党生根”，这是和读者接轨。这篇文章成了名文。如果写成一篇军事分析文章，尽管可以分析得很深，但其意义反而只有少数人才能知道。“言无文而不远”，这是事情的一个方面；还有另一方面就是“言通俗而传广”。本文开头提到的这篇谈我国开始在国际上发行股票的稿子说白了，不过就是这样几句话：轨道接通，7 小时 30 万美元入国门；闸门打开，上海人将到国际市场上去发财。

(1993 年 3 月 1 日)

附 31

上海证券交易与国际市场接轨
电真空 B 种股票昨天首场交易一派兴旺

本报讯 上海证券交易首次与国际证券市场接轨。昨天上午 9 点 30 分，“当”，随着一声洪亮的铜锣声，我国唯一的拥有全世界 24 个国家和地区 230 名“股东老板”的电真空 B 种股票，在上海证券交易所开始首场交易。

在交易大厅内，闪烁着红绿灯光的电子行情显示屏，清晰地显示出发行价每股 70.871 7 美元的电真空 B 种股票开盘价每股为 71 美元。开市 1 分 40 秒，显示屏就开始频繁地出现海外客户要求买入 B 股的申报价：71.60 美元、72.80 美元、73.20 美元、74 美元、75.40 美元……由于 B 股的交易完全按照国际证券市场的做法，价格视市场供求随行就市，所以昨天的行情迅速闹猛。上海证交所总经理尉文渊告诉记者：“这里的交易行情，早已通过路透社通信网络，同步向世界各地发出，首次与国际证券市场接轨。”

昨天，担任 B 股交易海外代理商之一的香港新鸿基有限公司执行董事叶黎成对记者说，B 股在香港和国外引起强烈反响，每天都有投资者来询问情况。B 股的发行和上市交易，使得上海与国际市场更接近，使得更多的外国人对中国的改革开放有了进一步了解和信心。他再三表示对 B 股市场交易的前景看好。果然，昨天的 B 股行情看好。被万国证券公司抢先的第一笔以 72 美元成交的 10 股 B 股生意，买入的幸运者是位香港的先生，然而他要求委托买进的却是 1 500 股。新鸿基公司和另一家海外代理商瑞士银行特意从海外派来两位小姐，“驻扎”在主承销 B 股的申银证券公司，通过申银公司为海外客户买进抛出，昨天收获不小，90 分钟成交 1 300 股。昨天整个交易中，从上午 9：30 开始到下午 3：30 闭市，B 股成交 3 440 股，成交价格最高 92.40 美元，最低 72 美元，收盘价 88.50 美元。

不少海外证券专家昨天特意赶到上海察看B股上市的动静。这些西装革履的先生，挤在交易大厅楼上贵宾室的窗前，目睹交易动态，情不自禁、不约而同地为每次成交拍手鼓掌。有一位先生动情地说：B股顺利发行只是成功的一半，交易成功才是真正成功。1992年2月21日上午9点30分，应该记入中国金融改革开放的史册。

电真空B股只对海外投资者发行，然而，它却也牵动着众多上海市民的心。他们关注什么呢？原来是在研究从B股的走向预测电真空A股（国内发行的人民币股票）的前途，而A股的变化是否又会引起上海其他股票的变化等等。本市一位证券公司经理认为：从B股第一天的交易情况看，人们对A股将更具信心。

（《解放日报》1992年2月22日）

主题不能游走

1994年中国新闻奖送评的稿件中有这样一个标题：《盲目投资的代价》。我眼前不觉一亮，心想这是一篇好稿。因为这几年各地在大发展的同时，确实出现了头脑发热，盲目投资的现象，批评一下有好处。可是我读完全稿也没有发现投资二字，原来此稿是说这个厂扩建厂房花掉了240万元，企业从此一蹶不振。我觉得很不解渴，甚至觉得被骗上当，其他评委也有同感，实际上这篇稿讲的是铺张浪费。大概作者自己也觉得有点牵强，有点底虚，于是标题上说盲目投资，文内只好用"跨大步""大作为""大手笔"等一些含混的词。

类似这种主题游走，指东说西，似是而非的稿子，每次评奖都能碰到几篇。如有一篇《不合格的产品，砸烂》，文中并没有说砸烂，只是返工而已。为什么会出现这种主观标榜的思想和实际所举事例的错位呢？这反映了作者采访时功夫不够，或者思想上不认真，于是"问题不清楚，标题上补；事实不典型，观点上凑"，用擦边的手法拔高稿件。这就提出一个问题：是以意来定题，还是以材来定题。写新闻有两点必须把握准，一是导向准确，二是材料准确。要以材定题，合于观点，这样的新闻才有人看。可惜我们有些作者，导向心切，主题先行，以意定题，再凑材料。强拧之瓜，总是不那么甜。

我在《记者札记：没有新闻的角落》一书中曾提出，写指导性的稿件要"三点一线"：政策、形势和事实都一致。采访中记者常会用政策、形势来做取景框。有时能抓到好景，有时一下抓不到理想的景。这时有人宁愿暂时不写，有人却削足适履，硬把相近材料往框里塞，推到花轿里就是新娘。这有点像写诗，找不到很合韵的字，就押相近的；像认老乡，找不到本县的，本省的也算；像唱歌拿不准音，就任它跑一点调。总之不够精确。这种稿子，平时读来也许一带而过，但拿来评奖就经不起推敲了。

这件事再次使我想到，新闻这个东西貌似无学，实则大有学问。为读者写稿就像针灸医生给人扎针，粗看针也相同，穴位也相同，但细品之下只有那唯一的深浅部位，配以唯一的轻重手感才算是做到了一个准字。写稿也是这样，只有在提出了一个读者最关心的问题，同时又运用了一个最切题的材料，这时你的笔尖才能探到读者的“视听穴”，打动读者。所有的事物都有一个唯一的最佳点，如果错开那么一点点，人们就会感觉不到位、不舒服、不满足。法国作家福楼拜有一句名言：“不论我们要说的是什么，要把它表现出来，只有一个唯一的名词；要对它赋予运动，只有一个唯一的动词；要对它赋予性质，只有一个唯一的形容词。我们应该苦心搜索，非发现这个唯一的名词、动词、形容词不可。仅仅发现这些名词、动词、形容词的相似词，千万不可以满足。更不可以因为这种搜索有困难，就用随便的词来搪塞了事。”当我们构思一篇新闻稿时，首先要提炼一个好的主题，同时还要选择一件或几件最切题的材料，这样才能写出好文章。如果你找来的只是一些相似的事件，主题游走，材料含混，这样就很难有针刺穴位、箭中靶心的效果。

（1995 年 9 月 1 日）

从消息到通讯

在不少记者、通讯员头脑里，通讯是一个笼统的概念。“通讯”是个筐，什么都可以往里装，通讯无定章，想写多长写多长。一个材料到手后，为什么不用消息而用通讯，通讯和消息有什么区别，甚至和文章有什么区别，都不大清楚。因此，对使用频率最高的这两种新闻体裁——消息和通讯，有必要从理论上剖析一下。

通讯先得有一个消息的内核

发布新闻、传播新闻是为了传播信息。传播新闻有诸种方式，其中消息是最集中、最简洁、最直接的方式，是满负荷运载，信息含量高。通讯也是传播信息的一种形式，因此，它也必须含有必要的信息，就是说它要有起码的、最低的信息含量。既然消息是满负荷的信息，通讯是在这信息基础上的延伸和开掘，所以通讯成立的先决条件，就是必得有一个消息的内核。不管一篇通讯文字有多长，形式有多么繁杂，像剥壳取核一样，剥到最后总有一个内核，就是信息。就是说通讯里总是裹着一条消息，或者可以说通讯是用一条消息来做骨架的。

作为一条消息，有这样三点基本的要求。

一是要有一件真实的事情；二是这事件必须是新发生的、新鲜的；三是这事件要有足够的受众，有传播价值。即真实性、时效性和受众性。这是构成消息的核心。在通讯中，这个核心依然存在。不过一般来讲，因通讯比消息字数多和表现形式多样，这个核心就包藏得更深些。

因此，我们检验一篇通讯能否成立，最简单的、最基本的方法，就是看它是否传播了有用的信息。如果没有，它就不是新闻，不能叫通讯，可能是一篇小说或者散文。应该说，任何一篇真正的通讯都可以缩写还原为一条消息。如果不能，就说明这篇通讯是假的，是虚张声势。这是检验通讯的第一个标准，也是一块试金石，用它一试，还真的可以检出一些不合格的假通讯。比如，有的“新闻核”是假信息，最著名的是曾窃得 1980 年中国好新闻奖名誉的《钱被风刮跑以后》，后被取消奖项。这类可称为“假核型”通讯。有的“新闻核”与受众无关，没有新闻价值。如 1991 年的现场短新闻奖参评稿《羊年第一“羔”》，是写某城市妇产医院在新年钟声响后，有产妇生下了第一个孩子。这类可称为“空核型”通讯，核中无仁。而有的找来找去，却根本找不见这个“核”，可称为“无核型”通讯，或曰无根通讯。如《生活时报》1997 年 11 月 2 日有一篇通讯《平安大道古迹平安》，是讲北京将穿城修一条大道，古迹将受到保护，但看完全文找不到必备的信息：这条路的起止、走向，沿途涉及哪些古迹，怎样保护，却在大谈过去的工作，现在的难处。

第七届（1996 年底）中国新闻奖共有两篇获一等奖的通讯，一篇是新华社的《让世界走向和平》。其核心信息是“我国宣布暂停核试验”。通讯全文共 2 850 字，也可以缩写成一条 400 多字的短消息，这就是它的“新闻核”。

另一篇是《种树种到联合国》，2 960 字。其核心信息是说“内蒙古一位女副乡长带领群众治沙成绩卓著，被邀请到联合国介绍经验”，它同样可以缩写成一条 276 个字的消息。

现在我们可以看出，通讯与消息的共性之处也即它们间的本质联系，就是必须含有新闻信息，通讯是围绕一条消息的放射和扩充，通讯中必须有一颗消息的内核。

通讯比消息更集中更典型

既然通讯里裹藏着一条消息，为什么我们不直接将一件事写成消息，而一定要写成通讯呢？原来通讯所表达的信息与消息所表达的信息质和量都不同。一般来讲，一是通讯中所含信息的时效性比消息相对弱一些，但正因为它经过了一段时间的检验，这信息的沉稳性又比消息相对高一些。二是通讯中所含的信息，常常是间接的、折映式的，它比消息要水灵一些，表达出来要丰满、生动得多。一句话：通讯比消息更集中更典型。这也是我们检验通讯的第二个标准。

典型性是通讯与消息的主要区别，是通讯区别于消息的新的生命力。消息可以是某一点刚露头的信息，可以是事物的一瞬，是枝叶花絮；通讯无论长短必须有完整的思想、形象、过程，是一个独立的整体。消息是靠信息的真实、新鲜、适用而取悦于读者的，而通讯在完成这层功能时，又特别强调个性的魅力。说到底，通讯是更集中化、个性化、典型化了的信息。但对消息来说，我们则不能要求它每一条都是典型，它的主要任务是要新、要广、要快，而许多也许符合新、广、快标准的信息却不能拿来写通讯，因为它不典型，不反映深层规律和本质，如许多突发事件、珍闻、趣闻就是这样。主要是因为这件事或者在主题立意方面，或者在情节、人物方面等不典型，写不出超过一条消息的深度和丰满度。许多记者和通讯员分不清这一点，常常把本来没有多少典型价值的、面上的信息拿来衍化为一篇通讯。所以，历次评奖时，总会有评委们掂起其中一篇通讯说：这本该是写成一篇消息的呀！

通讯的典型性主要体现在两个方面：一是选题立意的典型化，二是取材用笔的典型化。

在选题立意上，第一，作者一定要选最能满足读者信息欲望的题目。不管是人物通讯、事件通讯还是问题通讯，这人物、事件和问题中所含的信息，都是某一时期、某一地区读者所共同关注、亟待知道的信息。反之，使用的信息达不到这种典型度，这篇通讯就不能成立，虽有一颗信息核，但却是一颗软核。这次参评稿中有一篇通讯名为《六十几封平安信》，是说一个农村姑娘在其兄参军走后不久，父亲去世，她为使哥哥安心服役，隐而不报父丧，每次写信都说家里很好，长达数年，自己一人挑起家中生活的重担。这作为一条消息报一下，也许可以，写成通讯就没有多少代表性。主题立不起来。

第二，这个典型要有足够的纵深度，就是说它内含的信息是大量的、多层次的。通讯中的信息因为较集中地藏于人物个性、事件情节、特定环境和问题之中，所以它在表述时就更具体、更生动、更深刻，能够抽丝剥茧，从容道来，生动形象地回答读者的疑问，充分满足受众的信息欲望。因此，通讯必须有层次，有纵深度。比如这次评奖中有几篇稿是写某家三兄弟都是科学院士，某家六口人五个民族等等之类，内容就构不成多深的层次。

除选材立意外，在取材用笔上，为挖掘典型的个性，最集中地表达信息，作者就要注意选用比消息更典型的材料，这包括典型的情节、环境和语言，也可以叫作二次典型化。比如前述的获奖作品《让世界走向和平》，在选题上，作者将战争与和平聚焦于核武器试验，这是第一次典型化，第一典型深度，但这样还不够，他又再次筛选，将核试验、停止核试验这一题材第二次典型化，再次聚焦于三任试验基地司令这三个典型人物。特别是文章的结尾，安排了一个融战争、和平于一景，有形、有情、有理的典型场面。

这次获得二等奖的通讯《我能摸摸火车吗?》，从选题立意上反映了经济建设成就、京九线通车这个重大典型的事件，但是作者精选了一个更典型的材料细节——那些没有见过火车的山区群众，从几十里外赶来看火车，并问："我能摸摸火车吗?"惊喜兴奋之情跃然纸上。还有一篇获二等奖的通讯《下辈子还当母子》，从立意上是精神文明建设方面的典型，作者在选材时，选了一双父母怎样精心照料患了绝症的孩子，孩子短暂的生命却活得很充实。文章揭示人生的意义，特别是选用了孩子去世后母亲的一句话，更典型："我们下辈子还当母子。"这两篇文章都是用主人翁典型的语言来作为标题的，更增加了文章的典型气氛。

取材用笔上的典型性，只有通讯这样较从容的表现手法才好最大限度地发挥，当然在消息中也可以反映事物本质的典型细节，但这种情况并不多。通讯为了力图反映深层的本质的东西，就要特别注意运用典型的手法。

要克服通讯写作中的浮躁心理

通讯是新闻中的重头戏，许多新手都以能写大块通讯为荣。在这种功利思想的作用下，通讯写作中出现几种弊端。一是越写越长，好像不长就不够分量。全国评奖有规定，通讯不得超过 3 000 字，这次评奖共有通讯 91 篇，就有 15 篇超长，最长的达 18 000 字。二是水分太多，新闻信息少，甚至构不成新闻的要素，就是说皮太厚，剥开后又找不到新闻的核。三是作者的议论、插话甚至抒情太多，既影响文章的客观性，又影响文章的精练，越写越不像新闻。这三种病可以说是多年的老病，积久难治。究其病因，主要有二：

一是没有处理好作者与稿件的关系。不少作者以为消息简单、客观，不好恣意挥洒，通讯则可以大显其才。其实新闻这一行是专显他人他事之名，最忌讳卖弄自我。记者的光辉是月亮之光，先得捧起一个太阳，自己才好从它身上借一点光。我在一篇文章中谈到一个观点："新闻的极品是无我。好稿叙事如意念取物，作者把一条信息交给读者，自己却仿佛未曾出现过。记者于无我的动机下采访，用尽量淡化的形式写作，却传递着最真实、最感人的信息。这种了无痕迹、淡泊而深厚的功力是最难修炼的。"当记者要能心静气沉，用无私无我之心去传信息、写稿子，这是最难的。三年前，我曾写文批评一种流行的"哇"字牌通讯，这种文风仍未大改。比如，这次评奖中有篇参评稿《两个空间的突破》，是写我国在珠海市举办的一次航天航空展，全文 2 000 字，是较典型的"皮厚腹空"型通讯。文章从开头起，写过1/4，用去近 500 字，还未进入主题，还没有见到什么信息。直到下面一段：

因为，这 6 天，航展的规模创下了一项中国纪录：25 个国家和地区的 400 余家航空航天厂商济济一堂，两万参展商云集珠海航展，96 架飞机争奇斗艳。（剖析：本来就是第一次，以前并没有什么记录，又何必谈创纪录，这口气倒像是创造了世界纪录）

这 6 天，航展现场内外共签订投资合作项目 15 项，涉及金额

> 达20亿美元。其中以中国航空工业总公司宣布中国干线客机“ae-100”项目的合作伙伴最为引人注目。（剖析：只是几个大公司同意合作，就值得这样“哇”一声）世界上三大客机生产厂商波音公司、麦道公司和“空中客车”公司在珠海航展上公开竞争，与其他著名厂商一起，纷纷表示要与中国航空界长期合作。

只有这200来个字才是全文的实质，才传递了新闻信息，但仍可压缩，改成一条短消息，有100字也就足够了，而以后所有的文字又都是空泛的议论了。给人一种感觉，作者不是把客观信息推到纸上，而是急切地要表白自己的感想，像中学生写作文一样，大段地感情抒发和文字堆砌。作者的位置没有摆对，像是一个登高临风长吟的诗人，他忘记了记者对读者只能是一个捧札报信的传者，一要真实，二要谦恭。

二是没有处理好新闻与文学的关系，常常不自觉地偏到文学路上去。许多通讯员和记者没有从理论上弄清新闻和文学的基本区别，这个区别大致有十二个方面：一是在本质上，新闻是信息，文学是艺术；二是在功能上，新闻重传播，文学重审美；三是在选材上，新闻以事为主，文学以人为主；四是在视点上，新闻重社会效果，文学重心灵震撼；五是在构思上，新闻是客观事实的剪裁，文学则是情节的虚构或作者主观情绪的抒发；六是在写作过程中，新闻重采访，文学重写作；七是在形式上，新闻淡化形式，文学强化形式；八是在作者主体上，新闻要无我，文学要有我；九是在风格上，新闻重直白，文学重修饰；十是在修辞运用上，新闻属消极修辞，文学属积极修辞；十一是在结构上，新闻求简明，文学求变化；十二是在审美上，新闻求质朴美，文学求绚丽美。通讯是向文学借来不少表现手法，如典型手法、文学语言等。但是真理跨过一步就是谬误。我们要谨防消息变成通讯后带来的信息失真、衰减和作者主观成分的增多，即水分过多。

通过上面的分析，我们可以得出通讯与消息的共性与个性。它们的共同之处是必须含有信息，要合新闻规则。其区别，细分一下：一是在信息时效上，消息快一些，通讯慢一些；二是在信息含量上，消息单一些，通讯丰满些；三是在信息深度上，消息浅一些，通讯深一些；四是在文章结构上，消息较简单，通讯则复杂而有变化；五是在语言和修辞运用上，消息消极一些，通讯积极一些；六是在内容上，消息多表现事件，通讯则由事及人及理；七是在作者的主观倾向上，消息基本上没有流露，通讯则可以有所流露；八是在审美上，消息坚守新闻的简洁、质朴美，通讯则可以有少量的修饰；九是在功能上，消息只求传递信息，通讯已有审美、教化功能的介入；十是在读者效果上，消息求刺激、爆炸效应，通讯则求震撼、思索效果。

可以看出，从消息到通讯是一个动态的变化过程，是一个在新闻大家庭中，在传播信息的前提下，不同表现形式、不同功能的分工过程。我们要准确把握它们的共性与个性。

(1997 年 11 月)

第四编

怎样拟标题

首先要准确

标题是新闻的眼睛。这是大家都承认，又都经常挂在嘴边上的。但是含混不清的标题经常见报，甚至连过五关斩六将，送到全国来评奖的稿件，其题目也常常是一双不大好看的眼。

1994年中国新闻奖参评稿中有一篇《卡拉未必OK》(《人民日报》1993年8月18日)，稿子内容还可以，对当前“卡拉OK”泛滥表示担忧，呼吁重视严肃艺术。但评奖就是评头品足，就是反复推敲咀嚼，这一嚼，在标题上就嚼出一个毛病。“卡拉OK”是一个完整的外来词语，原意为不要伴奏的自娱自乐，作者也没有细想，现在拆开来，“卡拉”已经不成意思，却全篇以此立论。作者在糊里糊涂地写，编者在糊里糊涂地编。虽然报送单位一再说这篇稿曾受到一位中央主要领导同志的表扬，希望能入围得奖，但评委一致认为，还是要尊重新闻规

人民日报

副刊

保护昆剧 刻不容缓

学者专家呼吁救援 六大昆剧院团处境窘迫

“这故事是我的也是你的”

辽宁台拍成《炎黄子孙》等电视片

舞台屏幕

卡拉未必OK

马力

深圳兴建大型电影城

《九三中国农民文艺晚会》将播出

少儿声乐专场演出在京举办

人事管理录像片面世

律、语言规律，当年《毛泽东选集》的编校还请语言专家把关呢。最后此稿还是落选。1994 年全国妇联报刊好作品评选中也有两个类似的标题。在全国发行二百多万份、很有影响的《家庭》杂志，1994 年第一期有一篇通讯，写一个弃婴怎样得到养父母的爱，用了一个这样的标题：《在母亲河快乐流淌的小溪》。作者的本意是孩子躺在母亲的怀抱里，但水是流动的，一条大河中间怎么能保持着一条小河呢？我们可以说山谷中流淌的小溪、平原上流淌的小溪、流入大河的小溪，唯独不能说大河里流淌的小溪，或者可以把这个标题改为《在母亲河快乐飘荡的小船》。另一篇是《家庭教育》1993 年第 3 期的通讯《幸福的孩子是相似的，不幸的孩子有爱能成才》，是说几个离异家庭中孩子怎样得到温暖。这个题很明显是套用托尔斯泰的名著《安娜·卡列尼娜》中的首句：幸福的家庭总是相似的，不幸的家庭各有各的不幸。托翁的话前后关联，有强烈的对比效果，是一个偏正句，集中在不幸上。这个标题前言不搭后语，好像一个人的眼睛，左眼左斜，右眼右斜，让人不知他的目光所在。《国际商报》1994 年 10 月 7 日的一个标题《百闻不如一见，见面方能如故》也是这个毛病。

为什么我们感到上面这几双眼睛不好看呢？因为这眼睛被点歪了、点斜了——这几个题都做得不准确。做标题三步基本功：准确、鲜明、生动。首先是准确。现在不少作者一提笔就想到生动，恰恰忽略了准确，有点像孩子，没有学会走，就想跑，似是而非，不甚了了，就敢见报纸，上标题。这本是不成熟、不扎实的表现。这种似是而非的用法，在孩童中最为多见，他们边学边用，生吞活剥，常出笑话，却也天真可爱。一个孩子在外婆家淘气不听话，大人批评，他顶嘴说：“将在外，君命有所不受。”这是他对“外”的理解。一位母亲在家里叙述她在外受了气，孩子在一旁插嘴说：“好汉不吃眼前亏，上去给他一脚。”他不懂“忍”正是为了不吃眼前亏。孩子们初学语言总是用模糊法，但是作为记者，诉诸大众传媒，怎么好这样马虎呢？这种不准确有时是用词不准，这还比较容易克服，难的是那些句子内容、内涵方面的不准确。这就不只是靠语法知识，而要靠深厚的文学修养、逻辑知识和历史文化知识。有一篇见报稿说知识分子要做学问，不要去经商赚钱，说："不要依市门。"殊不知这个词是指妓女依门卖笑。模糊用法能行吗？语言的准确，源于对事物的概念、事物的内涵、事物内外部的关系、事物的历史背景等等的准确理解和把握。为什么有人总是似是而非呢（他确实相信自己是对的）？一是事物本身常有假象；二是语言在表达事物的积累过程中为求形象、生动，常要使用一些修辞格，造成了语言上的假象。这就要求我们一要积累对比，加深各种知识和语言的修养；二要认真，不要望文生义，弄巧成拙。就像小孩子的理解那样，见个"外"字就和外婆有关，"不吃眼前亏"就是不管如何，上去打一架。你看我们上面举的那几个标题是不是有这个味道？这样来拟题点睛，哪有不点歪、点斜的呢？

（1994 年 10 月 11 日）

请保护好你的“眼睛”

眼睛是心灵的窗户。心灵是抽象的东西，又被掩藏极深，就剩下这个窗口可以窥望。所以历来的作家无不视点睛之笔为自己创作的生命，爱护笔下人物的眼睛如同爱护自己的眼睛。虽然我们也常说“标题是新闻的‘眼睛’”，但是新闻界的认真劲儿比起文学家来还差一筹。

第二届现场短新闻评奖中有这样一篇送评作品《数千学子竞抖擞 昆明破冰迎风走》。内容还没有看，只这作品的“眼睛”就使评委们大眼瞪小眼了。标题的起码要求是清楚明白，这题目恰恰让人不知所云。这是一篇 500 字的短通讯，配一幅大照片。推荐表上附有这样的评介：“作品及时生动地展示了在昆明湖破冰清淤工程中，首都高校大学生们战冰雪参加义务劳动的风采。”这一联 14 个字的标题约有四五处不妥。(1) 上联不通，没有宾语。抖擞是谓语，后面应有个“精神”作宾语。而且“抖擞精神”已约定俗成，这一省略就不知所云。(2) 作者也许说我把“竞”作谓语，“抖擞”作宾语。抖擞是个动词，后面有个宾语组成动宾词组才好作宾语。犹如“比赛划船”，不能简化成“比赛划”，太生硬。(3) 题中有两处歧义。“抖擞”不和“精神”连用而单独使用时可以理解为振奋或抖动、震动，那就成了比赛发抖了。“昆明”不和“湖”连用时，是指云南昆明市，学生们到云南破冰去了。(4) 标题的句子结构可简化为“数千学子迎风走”，中间都是修饰。但“迎风走”让人不理解是什么意思，学生们没事到风里去散步？显然重点应是“破冰忙”，喧宾夺主了。

标题要明白、生动，犹如一个人的眼睛首先是要能睁眼，不是盲眼，其次又有大小、明亮、传神等许多讲究了。上面我们分析的还只是从“明白”这个最低要求出发。可知，这题目实际上已是一条“瞎题”，如打枪遇上“瞎子儿”，这是拟题之大忌。但奇怪的是这种题目却能连过作者、编者、总编等数道关，登在报上又被推荐来评奖。难怪社会上有一种批评叫“新闻无学”。新闻是不同于文学艺术，难免“萝卜快了不洗泥”，但这泥已糊得影响到萝卜的面目，无人来买时，也得洗一洗了。就在我写这篇随笔时，桌上有送来的新报，随手抽出一张，1992年2月12日的某报副刊上有一幅国画，画面是李白月下与几个人宴饮，标题却赫然是《李白春夜宴桃》。这又是一条“瞎题”，李白只能宴人，或设桃宴宴人，或在桃园宴人，恰恰不能宴桃。虽然他曾有邀月亮和自己的影子喝酒的狂态，但没听说过他请一堆桃子来吃饭。这又使我想起一件小事，9年前我在《光明日报》任记者，到甘肃采访。当地有31位曾同校同届毕业的大学生，在荒凉的西北同甘共苦了25年，作出重要贡献。我当时写的通讯拟题为《二十五年祁连月》。见报时编辑又在前面加了一句“三十一位同窗友”，我不觉拍案叫绝，并立即打电话回报社感谢那位不知名的夜班编辑。后来这个标题获当年全国好新闻奖标题奖，我始终感谢那位编辑，称他为“一题师”。

标题是新闻的眼睛，是因为在人体外形的各部件中，唯有眼睛对一个人的形象有一票否决权。一篇新闻你写得再好，标题是个瞎题，或者虽不瞎也平平无光，文章也不会引人注意，更不会令人一见钟情。东晋名画家顾恺之给人画像常数年不点眼睛，问他何故，答曰：“四体妍媸本无关乎妙处，传神写照正在阿堵中。”他不肯随意点，因为这关系作品的成败。真到点睛时便隆重而又郑重地有点像某大工程的剪彩了。史载他为瓦棺寺画维摩诘像点睛时观者如堵，竟收了100万钱的“门票”，他将钱捐给了寺里。艺术家对自己作品的眼睛何其重视。我们也要学会爱护新闻的眼睛。

（1992年2月17日）

附 32

数千学子竞抖擞　昆明破冰迎风走

清华来了，人大来了，中央财政金融学院来了。4 500 多名大学生在寒风中奋战在冰湖上。

22 日上午，天气预报风力五六级。昆明湖 120 万平方米冰面上，西北风恣意呼啸，碎冰如斗随风走。记者刚刚踏冰行，一股劲风扫来，便一个跟头被刮倒在冰湖上。

“哈哈——”周围是一片开心的笑声。四下一看，嘿！坐“屁蹲儿”的，摔得四肢朝天的，滚在冰上还顺风出溜的，大有人在。可这些来义务劳动的大学生谁也没抱怨，反而乐呵呵地爬起，有把冰块重新装进筐里接着拉的，有拖着自制“运冰车”继续跑的，有的干脆就势推着大冰块向前滑起来。

昨天，大学生们的活儿主要是运冰块。刨冰点都在湖中心，这一趟来回要走一二里地。湖面冰泥相间，有时一脚下去便满裤腿泥浆。中央财政金融学院的四川姑娘赖静岚推着冰筐跑起来，连连摔了一路，还高高兴兴地觉得“挺带劲”。

人大毕业班的 750 多名学生干得热火朝天。国经系一位学生边擦着溅到脸上的冰碴，边对记者说，离开北京之前，干这样实实在在的事留个纪念，心里痛快。国政系学生姚博扬、盛吉中则谈起，看过《圆明沧桑》录像，再进颐和园，心中有一股激情。这块土地是我们的，我们得为它出力。

中午一点钟左右，清华大学 2 000 多名学生进了大门，不少学生跳下冰面就抄工具干了起来。环境系的一个男生连棉衣也没穿，他说：“就是为了干活利落，亚运会的那股爱国情还燃烧着呢！”

（《北京日报》1990 年 12 月 22 日）

数千学子竞抖擞
昆明破冰迎风走

本报记者　纪涛写文　李士炘摄影

清华来了，人大来了，中央财政金融学院来了，4500多名大学生在寒风中奋战在冰湖上。

22日上午，天气预报风力五六级。昆明湖120万平方米冰面上，西北风恣意呼啸，碎冰如斗随风走。记者刚刚踏冰行，一股劲风扫来，便一个跟头被刮倒在冰湖上。

“哈哈——”周围是一片开心的笑声，四下一看，嘿！坐“屁蹲儿”的，摔得四肢朝天的，滚在冰上还顺风出溜的，大有人在，可这些来义务劳动的大学生们谁也没抱怨，反而乐呵呵地爬起，有把冰块重新装进筐里接着拉的，有拖着自制“运冰车”继续跑的，有的干脆就势推着大冰坨向前滑起来。

昨天，大学生们的活儿主要是运冰块，刨冰点都在湖中心，运一趟来回要走一二里地，湖面冰泥相间，有时一脚下去便满裤腿泥浆，中央财政金融学院的四川姑娘赖静岚推着冰筐跑起来，连连摔了一路，还高高兴兴地觉得“挺带劲”。

人大毕业班的750多名学生干得热火朝天，国经系一位学生边擦着溅到脸上的冰渣，边对记者说，离开北京之前，干这样实实在在的事留个纪念，心里痛快，国政系新生姚博扬、盛吉中则谈起，看过《圆明沧桑》录相，再进颐和园，心中有一股激情，这块土地是我们的，我们得为它出力。

中午一点钟左右，清华大学2000多名学生进了大门，不少学生跳下冰面就抄工具干了起来，环境系的一个男生连棉衣也没穿，他说：“就是为了干活利落，亚运会的那股爱国情还燃烧着呢！”

眼大无神

评完奖应该说人家的好话，但实说问题可能更诚恳。参加了一次女性题材新闻评奖，翻阅稿件，首先见到的是标题，大略如下：《走向辉煌》《愿为祖国争荣光》《党的好女儿××》《为了妇女的彻底解放》《奋进者的路》《描绘彩虹》等等。标题是新闻的眼睛，对这些眼睛怎样评价呢？我想到了一个词：眼大无神。

我们平时谈到人的美，特别是女性的美，首先要提到她的眼睛。这是因为眼睛除有明眸大眼的外在的装饰之美，还有幽深无限的内在的动态的传神之美。同样一双眼，可以是坦诚地正视、尊敬地注目、威严地逼视、鄙夷地斜视、心虚地偷视，还有含羞低眉、秋波暗送、回眸一笑、凭栏送目等等。总之，一个人眼中传出的神越多，他的内心世界就越丰富、越广阔，这个人也就越有神采和风度，就更为人喜爱。人美在目，目美在神。眼睛一旦无神，人就死了一半。大家一定记得鲁迅笔下祥林嫂的那双无神的大眼睛。老舍先生在他的《断魂枪》里却写了一双很有神的小眼睛："王三可是看出这老家伙有功夫，脑门亮，眼睛亮——眼眶虽深，眼珠可黑得像两口小井，深深的闪着黑光。"其实人和人见面总是手未握而目先接。我相信这双眼睛为这个人物的出场作了最好的提示和深深的伏笔。

读者看新闻也是这样，未读稿，先接触标题。这标题之目有神无神，传出什么神，对读者下面的阅读情绪至关重要。《走向辉煌》，这是可以描述一个时代、一个世纪的标题，实际这里只是写一个女学者获得了科研成果，就像一个人占了一个宇宙。《党的好女儿》，50 年代就有《党的好女儿向秀丽》的宣传，几十年间不知有多少类似的题目。其他几个我想读者不仅似曾相识，更是摩肩接踵，多次碰头了。

一个标题如果不新鲜，如果能像标语口号一样到处贴，它肯定已经失去了神韵。就像祥林嫂瞪着眼睛反复说那一句话：我真傻，真的。

人一看她那一双无神的大眼睛就怕，就赶紧躲开。

如果文章的标题让人一看就茫然、木然，这文章还怎么往下读呢？

标题既然是新闻的眼睛。它的作用或曰它的功能、目标就是要勾住、牵住、抓住读者，要让你一见钟情。美目流盼，摇人心旌。历代的文学家曾塑造了无数个美女和她们的无数美丽的眼睛，曹植笔下有“明眸善睐、转眄流精”的洛神，白居易笔下有“回眸一笑百媚生”的杨贵妃，朱自清笔下的美女阿河是这样的：“她的眼像一双小燕子，老是在滟滟的春水上打着圈儿。”可惜在这次专门写女性的近百篇稿中，我没有发现一双好看的“眼睛”。当然，这个题材的评奖还是第一次，相信以后会有一双双美丽动人的眼睛出现的。

（1992 年 8 月）

不要往读者眼里揉沙子

有一部电影叫《女人・TAXT・女人》，征订时很多公司都不订货，他们说就凭这名字还能卖出拷贝？无独有偶，在新闻评奖中也常见到一些类似的怪标题如：《插秧女与“ FUN”》《曾胡氏——棘托竹荪》，读者能知道这是什么意思吗？也许作者说：就是让人不懂才好，才有悬念，才会吸引你读。

不对，吊胃口不是随便拿什么都可以吊的。一只猫，你在窗户上吊一条鱼，它可以跑过来；你要是吊一块石头，它理也不理。你拿一个玩具逗一个孩子，他可能跑过来；你如果高举一本《资本论》，他只能迷茫地眨眨眼。标题是什么？是诱饵。诱惑人接着读下文。这个诱饵必须首先为对方所接受。无论是人还是动物，都有一些固定的欲望，如人就有吃的、看的、听的和享受的、求知的等等欲望。写新闻就是满足人们的信息欲望、求知欲望和了解外部世界的欲望。我们不妨因俗就俗，把标题理解为勾起人们阅读欲望的诱饵。

诱饵在被诱者的眼里首先是要能引起美感、愉悦感，看着舒服、顺眼，起码不能产生厌烦感。根据相似学的原理，外界的事物与人的内心有相似共鸣时才可能产生美感，才令人有接受的欲望。所以聪明的办法是，要引他上钩，就先拿出一点与他相似的东西，撩拨他的欲望。对饥饿的人先给他看一眼丰盛的饭菜，对爱下棋的人先给他看一眼棋盘。《金瓶梅》里，作者就先安排潘金莲挂帘失手，西门庆抬头一看，才引出无穷的故事。饭菜在饥饿人眼里，棋盘在棋手眼里，美女在色鬼眼里都能产生美感、愉悦感。《资本论》在经济学家眼里美，在小孩子眼里就不美，因为没有共鸣。人们初接触事物时，如果是相似的东西，就美，容易引起追求的欲望；如果是完全相同的东西，就已经不太美，因多次重复它已使人厌烦；如果是完全相异的东西，也不会美，因为陌生会使人产生距离感和排斥心理。所以制作标题的诀窍就是要掌握分寸。题中所示与读者所知不能相同，同则烦，比如上篇提到的《党的好女儿××》《走向辉煌》这类曾多次、多年使用过的标题；也不能相异，比如本篇所举的标题；而是要正好去取那一点相似，读者又能接受，又不知底细，又想去刨根问底。

说到现在，读者可能还是不知道上述那两个标题是什么意思。《插秧女与“FUN”》是说一个农家女办了一个合资的乡镇企业，出了一种牛仔服叫“FUN”；《曾胡氏——棘托竹荪》是说曾、胡夫妻两人研究出了一种新的菌种叫“棘托竹荪”，如此拗口，真是专业论文中也不多见。这两个标题前者中文、洋文混杂，后者专用词当道，作为新闻稿，谁看了也不会舒服。

有一个成语叫“秀色可餐”，眼睛这个东西也是求舒服的，遇到好看的风景恨不能吃下去。标题是进入读者眼中的第一形象，是个诱饵，是吹向饿汉的一缕饭菜香，是在单身男子面前晃身而过的美女。生僻怪异的标题，读者一看就刺得眼睛发痛，或者像吃鱼，第一口就卡上了刺。“诱饵”变成了揉进读者眼中的一粒沙子，他怎么还会看下文呢？

（1993年1月18日）

拟题先夺势

在第三届现场短新闻评比中，有几篇稿子的标题引起我的注意。

一篇是《“洋劳模”受奖》(《中国石油报》)，说的是一位外国公司的总裁当上了中国劳动模范，并受到嘉奖。第二篇《百余农民学“洋文” 唐家村有座“外院”》(《大连日报》)，是说一个村搞了外向型经济之后，常与外商打交道，便办了外语夜校。第三篇《“芝麻官”退休也风采》(《广西日报》)，是讲农村经济发展之后，村干部也实行了退休保险制度。第四篇《犯人赶考》(《法制日报》)，是说中国的监狱怎样为犯人学习创造条件，热心组织他们参加高考。这几篇报道都是说的新事、奇事，从标题上一看就很新鲜，很特别，你不由得就要看。只一个标题为什么就有这样的效果呢？这是因为它先声夺人，造出了一种“势”(信息的势头)，让你势在必看。这是拟标题的一个诀窍，拟题先夺势。

《孙子兵法》上有这样一段专门讲势：“故善战者，求之于势，不责于人，故能择人而任势。任势者，其战人也如转木石。木石之性，安则静，危则动，方则止，圆则行。故善战人之势，如转圆石于千仞之山者，势也。”善于作战的人主要是要懂得去追求一种势，而不是硬责求于作战的人，所以能择人而驭势。掌握形势而用人作战，就如转动木石。木石的特性是：放得平稳，就安静；放得危险，就容易推动。如果滚动起来，它要是方形的就容易停住；要是圆形的就容易往前冲。所以善于作战的人会造成一种势，就如在千仞山顶上往下推石头，可贵的是这种势。孙子这里讲的是，与其你指挥人去做，不如造成一种势，让他们自己一定这样去做——势在必行。

为将之道，打仗时一是考虑如何调动自己的兵力，二是如何调动敌人，把敌我力量调整在一个对我最有利的势态之下。这时胜利就已经到手了一半。写稿之时也要考虑“敌我”双方，“我方”就是笔下调遣的文字，“敌方”就是看稿的读者。把文字和读者都放到一种对作者最有利的势态中去。这最佳“势态”是什么？就是读者想读这篇文章，爱不释手，一气读完，最好还要读后激动不已，衷心折服，唏嘘感叹，永志不忘。打仗的目的是征服敌人，写稿的目的是征服读者。所以一出场就要先声夺人，气势逼人，占住优势。让读者感到势在必读，不读不行。就是说造成一种惯性，让你的文字（我方）和读者（敌方）都在这个势的惯性中自然运行。其实这时你已经成功了一半。这是高手的为文之道。

“势”是什么，就是一种由此向彼的动感、趋向和必然。物理学叫势能，哲学家叫趋势。是能量的积蓄，是对事物的驱动。所以说“势”的形成，首先是要拉开距离，树起矛盾，形成反差。上述所举几篇新闻稿的标题，首先给人的印象就是有强烈的反差感。不管是打仗、处事，还是写文章，都要能用势、造势，韩信用兵“兵置死地而后生”，用生死的强烈对比来造成一种求生之势。对一般人来说，小说、戏剧这种叙事文学为什么比诗歌、散文更吸引人？就是因为它讲究情节，即讲究构势、造势，能把读者裹卷到一种欲罢不能的情节（势）的旋涡里。一部《红楼梦》就是用宝、钗、黛构成一种三角之势，一种理想与现实的反差。军事家因势用兵，文学家构势造文，记者就是要学会选择那种积蓄着势能的反差最大的信息。就是孙子说的“如转圆石于千仞之山”，反差越大，信息的新鲜度就越高。信息刚一露头（势），还未及细写，读者便有一种路边拾块金子、天上掉下馅饼的惊喜效果，势在必成（文学创作称为意料之外，情理之中）。以上这几篇新闻都符合这个标准，外国人当了中国的劳模，农民学外语，犯人去赶考，村干部能退休，都是对角大反差，先征服了读者，必得一读。

（1994 年 5 月）

附 33

"洋劳模"受奖

戴上金光闪闪的"劳动模范"奖章，美国埃索中国有限公司总裁博尔曼先生激动得嗓音发颤，深情地对南海西部石油公司总经理卫留成说："我能成为贵公司唯一的'洋劳模'，感到非常非常的荣幸。"——这是5月31日晚，南海西部石油公司湛江基地外招宴会厅里出现的动人镜头。

是晚，完成了在中国的工作任务、即将光荣退休的博尔曼举行告别宴会，盛赞美中双方勘探开发南海石油的良好合作和友谊，与南海西部公司的领导依依话别。

博尔曼是南海西部石油公司的老朋友。1983年，埃索中国有限公司与中国海洋石油总公司签订了中国南海珠江口盆地40/01/和/04/27合同，博尔曼当时作为作业副总裁携夫人来华"安营扎寨"。9年来，该公司在南海海域的3个合同区块共做地震测线1.7万公里，打井17口，总进尺3.3万余米。其中在南海西部海域打的两口井获重大发现。

在此期间，博尔曼表现出高度的责任感和诚挚友好的合作精神，与中方建立了深厚的友谊。为表彰其突出的贡献，总经理卫留成、党委书记张云中代表南海西部公司授予他"劳动模范"奖章和荣誉证书，副总经理郭永生向他赠送了礼品。这是十余年来南海西部公司对外合作中的首位"洋人"获此殊荣。

受奖后，博尔曼倾吐了心曲："我十分清楚这个荣誉的特殊意义。这也是对我们两个公司之间长期友好合作的嘉奖。"看到佩戴奖章、春风满面的郎君，博尔曼夫人情不自禁伸出手抚摩着这亮闪闪的奖牌，连连说道："呵，太好啦！"

目睹此情景，张云中打趣地对她说："这功劳章有博尔曼先生的一半，也有你的一半。"

顿时，宴会厅里响起了热烈的掌声。博尔曼夫人感动得泪水在眼眶里滚动，结结巴巴地说："我平时很会讲话，但今天一时不知道说什么好，千言万语也无法表达我的感情，只有一句：非常感谢你们！"

（《中国石油报》1992 年 6 月 12 日，作者：邓柏之　黄康生）

附 34

百余农民学“洋文”　唐家村有座“外院”

本报讯　从4月2日开始，每当夜幕降临，金州区石河满族镇唐家村百余名过去连普通话都说不地道的农民，却都拿着外语书，满脸认真地坐在本村的农民礼堂里学起了日语。村党支部书记石仁福对记者说：“打外语班开课以来，大伙学习的劲头可足啦。农民都争着来学‘洋文’。”

唐家村兴起学习外语热，是这个村外向型经济发展的大气候给带来的。近几年村里有服装、塑料制品、纸制品等产品销往美国、日本等十几个国家和地区，许多外国客商也常常前来参观和洽谈业务。日本的一家公司还和这个村的服装厂建立了补偿贸易的业务，并有专家长期在这里做技术指导。在相互交流中，语言不通成了最大的障碍。村党支部从实际的需要出发，决定从区里请位老师，再组织30人先学学日语。谁知这个消息一传出，凡是那些与“洋人”“洋文”能打上交道的人个个都来了劲，一下子就有一百几十号人报名。没办法，村里只好做出硬性规定：为保证学习质量，先办两个日语学习班，每班60人，每晚3小时课，学制一年。这个村正在筹备下一步办英语培训班。

自日语班开课以来，傍晚在村口道旁再也见不到那些聚在一起唠闲嗑、摔扑克的人，因为几乎每一个农家都有一位坐在礼堂里学外语的人。青年农民王正文悄悄告诉记者：“我现在先学日语，以后还要学英语，因为我听说村里要到国外去办厂子。打好基础，兴许咱也能出去开开眼界哩……”

（《大连日报》1992年4月15日，作者：孙红　秦福田）

附 35

“芝麻官”退休也风采

5月6日上午，玉林市龙安乡大各村村公所的露天剧场上，人头攒动，笑语阵阵。笔者好奇地凑过去，只见大幅横额上写有“欢送村干部光荣退休”几个遒劲大红字。乡长梁奎进、乡党委副书记严金荣和几位年富力强的村干部陪着两位须发皆白的老人坐在舞台上，全村的男女老少把舞台围得严严实实。

一阵喜炮齐鸣后，乡长梁奎进代表乡政府向退休的村干部表示敬意。他说：“村长李英茂、文书李盛彬为党、为人民勤勤恳恳干了三十多年。他们几十年如一日付出的辛劳，上级领导和村民是不会忘记的。今天他们光荣退休了，根据村干部退休养老保险制度，今后政府将发给他们养老金。祝愿他们退休后健康长寿，并希望他们当好村干部的参谋。”说完，他亲手将大红花给老人戴上。严副书记也将镜框、热水壶等纪念品送给两位退休村干部。这时，全场欢声雷动，一百多名小学生挥动鲜花向老人致敬，两位老人也频频向村民鞠躬致谢。老村长激动地说：“我当干部期间，没有什么出色成绩，但上级领导仍给我们这么高的荣誉，还实行养老保险制度，真是太感谢党对我们的关怀啦。”说着，他转过身拍拍村党支部书记梁启初的肩膀说：“老弟，今后主要看你的了！”说完两双古铜色的大手紧紧地握在一起……

一位年轻的农村经联社社长对笔者说：“以前，我们村的年轻人都不愿当这‘九品芝麻官’。现在不同了，上级关心，又实行养老保险，当村干部没有后顾之忧了。”

（《广西日报》1992年5月18日，作者：钟小平　张龙春）

标题制作要挑出新闻要素　抓住读者心理

《人民日报》7 月 3 日见报稿《反腐倡廉警钟长鸣》内容很好，在头版各种国事活动、会议消息中能占据版心，实属不易。原题“反腐倡廉立党之本”，从政治上提法不妥，夜班改现题，改得好，在政治上把住了关。但从新闻业务上考虑，还可以改得更完美一些。至少可改为“广东举办反腐倡廉展览”，如有副题或提要“数大案发人深思叫人猛醒”更好。

大约有 70%的人看报是随便浏览，只看题，不看内容。只有当他觉得题目引人时，才渐观其文。一个标题就是多半个新闻，所以标题制作一是必须挑出新闻要素，把最主要的内容标出，求实忌空。按修辞学划分，新闻属“消极修辞类”，要平实。标题更忌口号化、情绪化，不要形容、比喻、渲染之类。二是要抓住读者心理，用新闻要素来回答读者最关心的问题，这叫“两点一线”。标题是新闻之眼，不能眼大无神。有神之目，才可能“一见钟情”，引起读者回眸，捧读全文，爱不释手。同理，6 月 26 日 4 版，新疆记者站的简讯《塔克拉玛干沙漠喜逢甘霖》，可改为“塔克拉玛干沙漠突降大雨”，以增加反差，增加新闻的亮点。文中如再说清这是多少年来最大的雨，再多些现场实景就更好。既是珍闻、趣闻，又是“开发西北”热潮中的社会新闻，位置也可发得更好些。

（2000 年 7 月 5 日）

第五编

怎样写评论

新闻是西瓜　言论是瓜藤

1991 年度全国地市报优秀新闻作品评选中，一二等奖的言论候选稿有 21 篇。评奖中一向较弱的言论终于有所进步。

言论难写。因为它虽是版面的一部分，但已超出新闻而有了自己的个性。新闻是捧给读者的一颗西瓜，言论是帮助读者找出那根瓜藤；新闻是送给读者的猎物，言论是送给读者的一支猎枪；新闻是沙漠上的绿洲，言论是沟通绿洲的地下河；新闻是剪裁社会现象，言论是追寻这现象后面的本质。记者写一条消息就像爱迪生发明了一个电灯泡；编辑写一条言论就像法拉第发现了磁变电的原理。所以言论难，也就难在它源于信息，高于信息，难在它比消息多一些理论思维。

言论还不能令人满意的原因之一是思想太浅。大千世界纷繁复杂，一个人要生存就要了解周围的世界，新闻就是为他提供这种信息（现象）。但信息是社会表层的东西，帮助读者分析这些信息间的联系，是报纸的又一功能，是更深层的服务，这就是言论。事物间的联系由浅到深分成许多层次，言论既以揭示这种联系（不是提供现象）为己任，就要努力去揭示最深的一层，这言论才有分量。人类文化史上，一个理论或一个伟人，他们的座次都是依这种提示的深浅来排定的。科学史上曾有四次理论大统一：牛顿的万有引力、焦耳的能量守恒、麦克斯韦的电磁理论及爱因斯坦的相对论，一次比一次更深入事物本质。他们的言论（科学论文），也就鹤立鸡群，成了某一时代的无以替代的标志。话可能扯得远了一点，这是为了放大来看言论的本质。不管是政治方面的、科学方面的还是报上讲的某一具体问题的言论，都是去抓藤，而不是摸瓜。谁抓到了最主要的瓜藤，谁就能向人揭示事物最深层次的联系，所涵盖的事物就最多、最广，他的言论就为人所承认。

言论为什么常会有薄弱之感呢？现在的言论就质量来说大致分三个层次。第一个是浅层，就事论事，还没有摸着藤，只是拍着瓜说：

“好瓜、好瓜！”第二个是次深层，刚摸到瓜与瓜藤的结合处，就高兴地说：“瓜是结在这里的。”第三个是最深层，摸到了主藤，而且找到了根。现在报上的稿子属于一、二层次的多，第三层次的少。这次评比中获一等奖的江西《宜春日报》的言论《四靠市场》立论不凡，很有新意。前几年我们讲发展农业一靠政策、二靠科技、三靠投入。这篇 500 字的小稿现在提出一个大问题：四靠市场。确实，我们长期以来不懂得利用，甚至不承认商品经济，农业更是长时期统购、统销，直至计划规定到每个村里该种什么。现在要使前几年的改革再深入一步，要适应开放大趋势，非得走市场经济这步棋不可了。这比起一些讲具体的措施、作风、方法的言论，真是大大深了一层，它抛开了西瓜（不管它长得多好），分开浓密的叶子，一下抓住了瓜藤，而且一直摸到了根。事有凑巧，这次评比中，有一篇新闻稿就是讲全国的西瓜比赛，最大的一个 42 公斤，这是一篇好稿。

现在我们可以分清新闻与言论的大致分野了，一个是抱瓜，一个是摸藤。消息靠事情的大、奇来引人；言论靠道理的高、深来服人。写消息一定要采写到别人没有用过的最引人的材料；写言论一定要提炼出别人没有想到的最深刻、最新颖的观点。

（1992 年 8 月 3 日）

附 36

四靠市场

前两年，关于农业发展，有几句话已深入人心：一靠政策，二靠科技，三靠投入。概括得十分精当。在大力发展商品经济的今天，除了以上“三靠”，似还有“一靠”不可或缺。这就是：四靠市场。

政策、科技和投入对于促进农村生产力，提高土地产出效益起了根本作用，使农业逐渐走出了产品和项目的匮乏。然而有时增了产却不能增收，许多农产品积压着不能变成商品，农民的经济收入没有得到相应提高。在“劳而无功”的情况下，农民的生产积极性不稳定，对科技与投入的兴趣不浓。主要原因便是市场封闭、流通不畅。可见市场也是“一靠”，农业与企业一样，也得强调市场，否则，便会反过来制约生产。追求效益与利润，农业与工业都是一样。

那么农业市场如何打开？窃以为：一是调整结构适应市场，二是提高产量满足市场，三是利用加工开拓市场，四是强化服务亲近市场。市场打开了，生产与流通都处于生机勃勃状态，农村商品市场中的消费、购买角色也就会活跃起来。占我国人口百分之八十的农民提高了购买力，这对增加我国的市场活力，促进经济繁荣是有利的。现在，我区正着力走农业工业化的路子，这便是使农业与市场相关的明智之举。

（《宜春日报》1991年6月1日，作者：张涵）

“论”不惊人死不休

1991年度全国地市报优秀新闻评选中，山西《吕梁报》的短评《是天旱还是地旱?》引人注目。初、复评意见是二等奖，最后评委定评时一致同意升为一等奖。这种殊荣在评奖中是不多见的。

这篇六百多字的短文提出一个新观点：吕梁地区这个有名的旱区，不是天旱，而是地旱。文章列举了每年的降雨量，证明基本可以维持作物需要，又列举了水土流失、土地肥力、标准农田数字，说明地不保水，旱因主要在地不在天。天旱、天旱，我们祖祖辈辈都这样说，作者却一反其意，另作解释，而且居然言之有理，自成一家，使读者如梦初醒般折服于他。这就是该文受评委青睐的原因。

做事情讲效果。效果是什么？就是突破。科学发明是突破，体育运动破纪录是突破。写文章也是有突破才有效果。文艺作品讲究艺术上的突破，杜甫说“语不惊人死不休”。新闻作品追求信息上的突破，斯诺冲破封锁，冒着生命危险向世界披露了红色的中国，范长江报道了神秘的中国西北角，都有惊人的效果。言论追求什么？追求论点的突破。抗日战争进入相持阶段，有人悲观地说这战争要输，有人说能速胜，毛泽东同志立新论，说是持久战；进入80年代，不少社会主义国家开始瓦解，不少人对建设社会主义产生动摇，邓小平同志说要建设有中国特色的社会主义。论点的每一次突破都把人们的思想引上一个新台阶。大突破上大台阶，小突破上小台阶，大小亦然。没有突破，等于什么也没有说。试看历史上或我们生活中站得住脚的论点，哪一个不是力排众议或独辟蹊径取得了新的突破?

当过几年记者的人都有这样的常识：报上报道过的消息不能再写；报过的同类消息要少写；那些从未报过、出人意料的消息才有爆炸效果。记者们终生都在追求“信息不惊人死不休”。“爆炸”是什么意思?就是打破平衡，把平静的生活撕开一个洞。相比之下写言论的人这种求新观念就弱一点。报上重复的论点太多，人云亦云，甚至相同的标题都很多。当然基本道理不能像信息那样天天翻新，但新角度、新论点总是可以找到的：上面说的这篇稿不就从“地旱”角度找到了治天旱的新论点吗？言论的突破比消息要难，但不是不可能，言论作者要有“论不惊人死不休”的志气，要像斯诺到中国、范长江到荒凉的西北，一定要找到独家新闻那样，到理论的群山中去跋涉，一定要攀上“一览众山小”的最高峰，高标独树，论惊社会，去打破人们旧的思想平衡，像好消息一样取得爆炸效果。

当然，这种“爆炸”“惊人”不能是对正确的反叛，不能是出轨越界。它是炸破传统的旧观念、旧习惯，让人突然惊喜地发现眼前还有这样一条新坦途。

(1992 年 8 月 19 日)

附 37

是天旱还是地旱？

——一论治旱兴农

长期以来，人们一直把我区农业低产落后的原因归之于“十年九旱”，即天旱，这是片面的、不正确的。我区农业生产低而不稳的深层原因，主要是地旱。

理由之一，我区干旱的本质不是降水少，而是降水与农作物生长需水不同步。我区年降水 400 至 600 毫米，基本能够满足农作物生长需求。建区以来的五个粮食高产年，有四年降水在 450 毫米以下。这说明，我区常年降水量可以满足一年一茬和两年三茬农作物正常生长的需要。干旱的本质不是降水少，而是时间和空间分布不均。

理由之二，耕地蓄水保墒能力低下。我区耕地中蓄水保墒功能强的高标准基本农田还不多，在 156 万亩水浇地中，真正保浇的仅占 45%。坡地面积占总耕地面积的 47.9%，水土流失严重。加之耕作粗放，耕层浅薄，相当一部分耕地活土层不足 15 厘米，其蓄水保墒性能极差，极易出现旱必减、旱必灾现象。

理由之三，土地土壤营养不足。据测定，全区耕地中有机质含量在 0.6%以下，全氮含量在 0.5%以下，速效磷含量在 5PPM 以下的耕地占 60%左右。瘠薄的土地不仅难以有效地接纳天然降水，而且加大了蒸发量，土壤的自我调节功能十分微弱。据实测，我区土壤的无效蒸发水量占年总降水量的 60%以上，远远超过地面径流的水分损失。

从上述理由中我们可以得出这样的结论：天旱可以导致地旱，但在同等降水量的情况下，解决好地旱也可以减轻天旱。天旱，我们暂时还拿老天爷没办法。地旱，我们则可以通过科学的措施加以改变。这就是我们确立治旱兴农指导思想的基础。

（《吕梁报》1991 年 12 月 14 日，作者：本报评论员）

附 38

是天旱还是“人旱”?

——二论治旱兴农

长期以来，尽管我们对全区生态恶化和干旱有着切肤之痛，但在指导农业生产过程中，又往往带有侥幸心理，治旱兴农意识不强，许多行之有效的措施不能一以贯之。这充分反映了我们对自然规律认识不够，对我们自身的力量认识不足。这种思想，与其说是天旱，不如说是“人旱”。

必须充分认识到在农业自然再生产和经济再生产的过程中，气候是变化的条件，土地是变化的依据，人的主观能动性则是变化的核心。降水是大气条件所决定的，也是目前科技水平难以改变的自然现象。但是，人类能够顺应和利用这种自然条件，通过一系列科学的、行之有效的工程措施和耕作措施，增强土壤的储水功能，把全年的降水积蓄起来，调剂使用，实现稳定高产。在这方面，我区一些地方通过改土、蓄水、培肥地力等工程、生物和耕作措施，在大旱之年实现不减产或少减产的典型是很有说服力的。

交口县上硖石村苦战十年，人均建成三亩高标准基本农田，去年人均产粮 1 300 公斤，今年遇大旱，6 月至 8 月降雨仅 80 毫米，人均产粮仍达 1 000 公斤。中阳县城关镇农民曾经作过对比：同是今年的大旱，坡地亩产 50 公斤，而机修梯田则达到 300 公斤。这说明，在像我区这样的半干旱地区，夺取农业的高产稳产不仅是可能的，而且潜力是巨大的。那种一味地把低产的原因归结于“老天不帮忙”“十年九旱”的观点，是消极的、盲目的、无所作为的观点。

各级党委和政府，必须认真总结历史经验，主动适应自然规律，利用自然规律，坚决摒弃无所作为、靠天吃饭的思想，牢固确立治旱兴农的战略地位和指导思想，组织各行各业，同心协力，治旱兴农。

（《吕梁报》1991 年 12 月 16 日，作者：本报评论员）

笑谈真理又何妨

这个题目是我读初中时，在《人民日报》上见到的一篇文章的标题。文章引列宁的话意说，我们谈话写文章为什么一定要板着面孔？就是严肃的真理也可以笑着来谈。这是讲宣传方式和效果。几十年过去了，我一直没有忘掉这个题目，因为天天读报，特别是读言论时，看到的仍是板面孔多，笑面孔少。所以在参加了一次言论评奖后又拾起这个少时的旧题想再做篇文章。

这次参评作品中有一篇题为《“揉屁股”现象及其他》（《承德市报》）的言论，终于使我笑了起来。文章说小时候惹了祸，父亲气得拉过来狠揍一顿屁股；过后母亲又搂过来心疼地揉一揉。现在不少单位在报上挨了批评后，便要求接着发篇改正稿，甚至表扬稿，不发还不行，非得给“揉一揉”才算了事。此稿批评捧场、作假、护短甚至耍赖的社会风气，入木三分，却又让人忍俊不禁，可谓笑谈真理。

真理的内容是一回事，表达方式又是一回事。许多重大的、艰深的问题是可以通过轻松、幽默的方式来笑谈的。毛泽东同志一生大都在笑谈真理。重庆谈判，人问：“和谈破裂，毛先生能战胜蒋先生吗？”他说：“蒋先生的‘蒋’是将军头上加棵草，不过草头将军而已。”说完大笑。“那‘毛’字呢？”“我的‘毛’是毛手毛脚的毛，又是个反‘手’，代表大多数中国人民的共产党战胜国民党易如反掌。”这是何等的自信，又何等轻松。当大革命失败，许多人心灰意冷时，他说，革命高潮就要到来，是海上已露出桅尖的航船，是喷薄欲出的红日，是躁动于母腹的婴儿。革命快胜利了，我们要进城了，他说，这是万里长征第一步，要警惕糖衣炮弹。作为接班人的林彪突然叛逃，他说，天要下雨，娘要嫁人，由他去吧。科学家也在笑谈真理。有人向爱因斯坦请教相对论，他说，与老妪相坐日长如年，与漂亮的姑娘相坐时快如梭。法拉第作学术演讲，并表演磁变电实验，台下一位爵士问：

可是这又有什么用？法拉第说：用不了多久它就会向你交税的。现在全世界用电创造的财富究竟有多少，谁能统计清楚？

真理是既深刻又平凡的。深刻是因为它反映了事物的本质，又常为表象所掩蔽；平凡是因为和人的切身利益有关，人人可以感受感知。新闻不断通过信息（现象）的叠加，供读者分析认识事物；理论直接揭示规律（如原理、定理、公式）给读者；笑谈真理则借读者已经感受到的现象或道理喻知事物的本质，如诗歌艺术中的比兴手法，由此及彼，由浅入深，渐入佳境，更见效果。

真理而能笑谈，第一是作者拥有真理的自信，第二是他知识的渊博。笑，是胜券在握时表现出的轻松。两人辩论，理屈词穷的一方总是紧张得手心都出汗，而将胜一方可以一言不发，只以微笑来逼视对方的窘态。笑谈又是一种附加了形式美的对内容的阐述。像足球射门，可定点射入，也可凌空倒钩一脚射入，虽然都得一分，但后者更能博得观众雷动的欢呼。杂技舞台上的丑角恰由水平最高的演员担任，他能在技巧之外又加进艺术（语言的、形象的），从而使观众获得轻松的享受。苏东坡词“谈笑间，樯橹灰飞烟灭”，那是一种何等自信的实力的显示。

言论作者只有在吃透了自己所论的问题，同时在知识、语言、方法上又都绰绰有余时，才能笑谈真理，举重若轻，深入浅出，又真又美。

（1992 年 9 月 18 日）

附 39

"揉屁股"现象及其他

这些年，人们对社会上的各种现象见得多了，一多，就会有麻木之感。小的时候，每当自己惹了"祸"（不过就是打碎了人家的玻璃抑或打破了人家小孩的头一类而已），当爹的总是不问前因后果就先揍一顿屁股；过后，当娘的又疼心疼肝地给揉那屁股。

现实生活中，类似这种"揉屁股"现象是时有发生的。例如，今天甲企业因生产不合格产品而受到有关部门或新闻单位的批评；未过几天，又见报纸上刊出甲企业如何接受教训，全力以赴抓产品质量，目前产品质量已达到国家规定的标准，云云。短时间内，反差如此之大，倒使人产生出批评有误或别的什么想法来。不过，在这类现象里，又出了另一种新的现象：小时候屁股挨了打，当娘的总是主动去揉的；而今天的被"打"者，却找上新闻单位或有关部门，要求给"揉一揉"。这里，揉者一个主动，一个被动，便引了一些问题出来。

打碎了玻璃自然不对，但当爹的不问青红皂白就揍屁股，这是典型的主观意志和家长作风，孩子肯定会感到委屈，当娘的也就主动去揉了。而今一些被"打"者，多半是有些前因后果在里面的，既然挨了打，就应痛定思痛，不再犯这样的过失，如果觉得疼，也得事后等人家主动来"揉"，找上门去，硬让人家揉，那总归显得有些尴尬，也会使人觉得缺少改正错误的诚心。

其实，有些单位和部门明明问题不少，但总是自吹自擂，老虎屁股摸不得更打不得。如其不然，就兴师动众，这儿找那儿找，似乎是受了天大的冤枉；既要求给其"更正"，又要求恢复其"名誉"，好像批评单位或个别同志有意为难似的。相比之下，那些找上门去，要求"打"后"揉一揉"的，倒成了最为文明的了。这显然是不正常的。

从"揉屁股"现象反映出，目前一些单位和部门的领导存在着严重的本位主义、小集团主义思想，甚至是官官相护的封建意识，这与我们党一贯倡导和奉行的三大作风是完全相悖的。真正的领导者面对批评则应是闻过则喜，而决不应视为洪水猛兽；即使感到有些“委屈”，那也只能是从局部看的相对的“正确”，但从全局来看，则是绝对的错误。对此，还请三思而后行。

（《承德市报》1991年11月6日，作者：吴志国）

大喝一声， 慢慢道来

全国妇联组织的 1993 年好文章评选中有一篇参评稿《青春靠不住》(《妇女之友》1993 年第 2 期)。我一看着实吃了一惊。如火如荼、美丽多彩的青春怎么会不可靠呢? 细看之后，又着实佩服作者实在是提出了一个问题，而且论述得有根有据。当下我便联想到一段历史故事。曾国藩雄心勃勃拥重兵镇压太平军起义，但是初次交战就损兵折将，一败涂地。他无脸见人，备好棺木，决心一死。左宗棠前来慰问，见状便破口大骂："好你个不忠不孝、不仁不义的曾国藩，大丈夫不做，却效愚夫村妇，你快死，死了我就鞭尸扬灰。"本已什么都不想听的曾国藩被这么一激，倒要听个究竟。然后左宗棠细细剖析道理，分析形势，痛陈利弊，指点前程，曾终于回心转意。这时左宗棠才露出笑容说："为劝你，刚才不得不先危言耸听。"曾国藩过了这个坎，以后成了"大业"，他始终不忘左宗棠。这一招叫什么? 叫先大喝一声，再慢慢道来。

新闻评论和学术研究不同。学术理论，不管是社会科学还是自然科学，每一个命题的确立都是经过长期的、严密的实验和论证，是一寸一寸打隧道式的方法。比如社会主义也要搞商品经济，这个结论经过全党全国几十年的艰苦探索才逐渐取得，在这期间正反所论的文章也不知有多少，这是持续攻坚。新闻评论是抓住社会生活中的某一具体现象和问题速战速决。这种方式一方面是由所论问题的特点决定的，这些问题一般不可能是多么艰深的问题。报纸的新闻属性决定了新闻工作者主要在"信息层"活动，这是社会生活中的浅层，如同湖面上层流动着的那一层水。信息论告诉我们信息还不是知识，只能是毛知识，是浅层的。新闻评论虽比新闻信息深一些，它还是与信息相连的一种"流行色"。另一方面，新闻报刊是连续出版物，对读者只能少量多餐，每期不可能长篇大论，占用读者太多的时间。读者面对每天成堆的报刊本已经麻木，你论述问题时首先要设法引起他的注意。这类似说书人未曾开讲先把醒木“啪”地一拍，然后再慢慢道来。

现在社会上流行一种说法叫“吃青春饭”。青年人，特别是女青年，靠着年龄或者还有外貌的本钱，争着从事艺术、娱乐、服务等行业的工作。作者对此大喝一声“青春靠不住”！这个醒目的标题本身就是一声惊堂木。他指出现在女孩子过多地自信青春，外人也过多地吹捧她们。“于是观众和她们自己往往就忽略了，绚丽夺目的有时主要是青春本身。才智和理想多半是为它所照亮渲染和放大。”青春不等于才学。更有说服力的是作者以一个 29 岁的女化学博士的成长为例，细细地剖析。这位女博士小时候多才多艺，在歌、文、画上都曾获得不少的夸奖，也做过艺术家的梦，但真的一考就败下阵来。她及时修正方向，发愤读书，终于学业有成，并为以后的发展打下了一个坚实的基础。青春作为一个必将流逝的时间段，本来就是不能靠的，吃青春饭无异于刻舟求剑，聪明的办法是借青春的大好时光快快积累资本。其实凡历史上有为的人物大多是这样做的。居里夫人年轻时貌极美，只身在巴黎那个花花世界里求学，每天她的身后就像拖着一张大网一样，总是兜着一大堆追慕的眼睛珠子。但她把心沉在学问里，终于成为科学史上唯一获得两次诺贝尔奖的女性。就是业有所成的反面人物也懂这个理。武则天、慈禧都是吃青春饭入宫，但很快就转而吃政治饭，赶快来充实自己。要不，怎么到后来青春不再，脸已皱如树皮，还能执掌朝纲、生杀予夺呢？青春可爱，但人所赖以立身的毕竟不是青春，十三年前我写过一首小诗为证：“时兮时兮去不回，生命生命逝难追。莫叫明镜悲白发，宜乘青春急攻垒。时兮时兮去不回，韶华流水不东归。英雄不夸少年美，春华待有秋实垂。”

新闻评论的责任是什么？是拨乱、导正、解惑。如果说新闻记者所追踪的是社会上新出现的有价值的信息，那么新闻评论员所追踪的就是社会上新出现的值得注意的思想或思潮。记者好比货车司机，每天不停地装卸信息；评论员好比交通警，于十字路口指点方向。如果发现走错了就大喊一声（拨乱），再讲解该怎么走（导正、解惑）。最近还看到几篇评论也都不错。比如，过去我们总是把土地和政治、主权连在一起，改革开放了，有人对土地向外出租想不通，有一篇评论的题目叫《土地观也应该理一理》。我们在政策上注意吸引外商来投资，也宣传保护外商合法利益，但是一些不法外商，不注意劳动保护，甚至欺压工人。一篇评论的题目是《对外商要说两句话》，指出：第一，我们热忱欢迎；第二，必须遵守中国的法律。这两文都是这种写法。所以从某种角度说，评论员比记者还难当，他要有清醒的头脑，还要有相当水平的政治修养和知识修养；要能大胆判断，还要言之有理，自圆其说。

（1994年11月1日）

附 40

青春靠不住

赞扬、鲜花和微笑，别相信。那是星光闪耀的效应，只不过是因为你拥有年轻，拥有青春，拥有活力，所有的人都借此快乐，也为此宽容。千万别把它当生存的资本，那不过是瞬间的爆发。要真正开创人生吗？那就借助于青春的光环积蓄生命的能量吧！

在某宾馆，我给一位爱好文学创作的服务小姐写赠言。我心里跳出的句子是：如诗的年华，如梦的女孩。但我随即想，数年后若再见，那诗与梦可还有痕迹？

十年前，极相似的一景。女孩李在招待所把习作呈给某位成熟作家。李是大集体工人，功底虽浅，春草般鲜嫩的灵气却隐现于字里行间。女孩李自己也如一株春草，未必美丽，却清新畅透，十分可爱。正如通常，李很快甩下了她同道的文学青年，大有脱颖文坛的势头。见诸报刊的几首小诗虽不足称大作，但关注抬爱者不乏其人。更重要的是李有路径出入那些够档次的风雅场合，认识的人多，能助力的人自然也多，一时极尽热闹。“灵气”在一些人的评价中包括自我评价中，飞快地上升为正式的“才华”。

李在三年后销声匿迹。原因很简单，她结婚了。结婚不过人生之常，似不应构成如此严重的影响。可是确实销声匿迹了。依然是大集体工人。

没有多少人为李惋惜或是不解。李的一时风华绝非个别现象，在事业的各种领域里都普遍存在，司空见惯得不足为惜。我们在一切社会竞争的舞台上都常看见青春女性一瞬间的亮相，迸发出和男人一样甚至更显夺目的光芒。在这一瞬，她们常常是比男人更容易绚丽的。

于是观众和她们自己往往就忽略了，绚丽夺目的有时主要是青春本身。才智和理想多半是为它所照亮渲染和放大。有如月亮之于太阳。

忽略了作为女人，除非你在那瞬息的青春迸发中，还能拥有更实质持久的生命能量，否则就社会存在而言，青春便是你唯一登台展示声色的季节。附着于青春的才智、理想倘无更坚实的人生土壤育化，将只是一朵无本无源的花，难免与青春一起朝开夕落，飘零难觅。

重复珍惜青春的老调可能多余，但是每一个青春都是新的，珍惜的内涵、方式也与时变异。也许不变的只是青春宝贵而并非仅仅在对那一份美哉少年的活力、情怀和印象。人迟早会发现，它最终将着落为决定人一生形态的关键投资。对女人尤其重要。

那么，在女人皆知“珍惜”的泛泛共识或本能之上，能否把投资处理得更明悟更可把握些?

29岁的有机化学女博士严栩认为：女孩太容易犯傻，不懂得青春少女当然人见人爱，社会和男人眼光都会绝对宽容，给以慷慨扶植。这时谁被表象迷惑，把建立在别人愉悦感上的小还报当成自己的立身之本，自己的能耐，准定玩完。我看好多本来能干成点什么的女孩后来一事无成，个人生活也不尽如人意，八成是栽在这种青春效应上，误会了世界也误解了自己。

严栩能超脱那效应那误会，回想起来是一种“幸亏”。今日出类拔萃的女学者当年也曾高考落榜，失利原因非笨非懒，乃是她太多才多艺了。从刚刚步入少女时期，就开始不断有人从她身上发现各种禀赋，热心引导开掘。学唱歌，学绘画，学写诗，学朗诵，总有人乐于纳为高徒，倾力玉成。严栩也确实仿佛干啥像啥。高中期间，她得过业余歌手大赛的奖，油画参加过市级美展，刊物上发表过散文。

什么都干，毕竟不能什么都干。严栩权衡和请内行多方参谋之后，报考了艺术院校，希望主攻声乐或作曲。结果考场上败得很惨，预选都没通过。训练有素的主考教师忠告她，她变声迟，嗓音根本没有未来保障，乐感也平常，谈不到独到的领悟力。

许多人闻知后，开导她是专业方向没选好。严栩却自有想法了，她第一次决心跳出由别人灌输给她的自我感觉来审度自己。她登门拜访一位素不相识的女性知名画家，带去几幅自己最受推崇的作品，恳请对方实言鉴定。女画家随便看看画，又看看她，说：“技法入了点门，不过你的色彩感觉实在不怎么样，想象力更糟，我是说艺术方面的。只看看你这一身搭配的。”

严栩红了脸，问：“感觉差，勤奋能弥补吗？”女画家微笑了：“那看怎么说。能是应该能，但你何苦和无数天分既高又肯勤奋的人单凭勤奋排高低？拿一条腿和两条腿赛跑？我看你这年龄，又难得这么美丽，干表演什么的倒是优势，大有前途。”

严栩豁然开朗。当然不是开朗于女画家建议的“干表演”。“人得能一通百通，要换思路幅度得大点。”她埋头拾起了曾一度荒疏的学业。许多人说她错了，在现代，读书已非最佳出路，天生一个好材料的女孩甚至也不必钻“艺术”的牛角尖。模特儿、公关、影视剧、广告、节目主持人，都不妨试试，哪样都可能带来大红大紫的前景。那段时间，严栩还的确遇到过数次找上门来的这类机会。

她未为所动。

未为所动的原因别人不明白，是严栩的小隐秘。从她记事起，母亲却是不怎么美丽的，过于高大粗壮，圆脸庞也线条粗糙了些。母亲才过青春期便是这样了。严栩从中悟到和母亲相似的自己，把前途押在外表美丽上恐怕很悬。而今的青年化学博士果然已相当壮硕，大脸盘聪慧明净，却确实不像个当演员占镜头走一字步的。“这对女人挺遗憾，是吧？青春比别人短似的。好在与我的事业关系不大，对于我那位肯爱上女学究的丈夫关系好像更不大。我们是同行，相互欣赏才能高于其他一切。我想我对自己的今天该说满意。”

严栩和丈夫正准备双双飞渡重洋，去国外做为期两年的访问学者。

面对严栩，我想，世间所有走上成功之途的女性，对过去，对未来，从容泰然，透着信心和主宰意识的女性，或许在作为女孩时，都曾经使人惊讶或纳罕过她们的举动，不是在这方面就是在那方面。都曾有过不从众的主见和独立。这样的女性，或许都曾在关键的几步自己为自己拿定了至关重要的主意。

在此有必要补述严栩生活中的一个小插曲。大学毕业之际，她也正沉醉于初恋。那男孩样样出人头地，为众多出色女孩暗自视为爱情第一人选。男孩独独对纯情才女加玉女的严栩猛追不舍，钟爱备至。唯一分歧只在，男孩要求严栩放弃考研究生，全心全意做他的家园和后方，使他能放手去为她征服世界。严栩已经动摇了，可能对于女人，有时确实很难说做一番事业和得到一个如意郎君哪个更有价值更有诱惑。她告诉他，为了他，她可以不读研究生，但得考一下。严栩想，考场将是她和事业的告别仪式。

她复习考试的当儿，男孩移情别恋了。对她的解释是，你骨子里并不甘心只做妻子，将来会觉得委屈，而我不想欠谁牺牲的情。

严栩的痛苦可想而知，一度怀疑自己是错失了真正的幸福。现在严栩说的是："幸亏!"说得轻松而由衷。

另一个甘心只给那男孩做妻子的女孩并没有得到幸福。男孩倒是真的身手不凡，先从政再从商，终于把经理当到了珠海，业绩累累，声名大振。只是他征服的世界没容得妻子看一眼，已随时被新的爱情和女人抢先占据了。

"青春无悔"这句话充满了激情和生命力，似乎是对青春的某种特权的许诺。体味它时，却不应忘记了至少在今天，它毕竟更多是艺术或理想的命运。无悔当然好，然而这远非青春所能限定和控制。并且无悔丝毫不能说明什么，你硬要无悔，怎么着也能无悔。确定的只是，诗也短暂，梦也短暂，在生命之树繁花落尽的日子里，结出什么样的果只能由你自己承受。

用好你的青春，那易逝的韶华才能灿烂于整个人生时序之中。逝去虽无奈，却也不会是悲哀。

（《妇女之友》1993年第2期，作者：匡文立）

评论是报纸的宝塔尖

评论难写。搞评论在新闻各行中算是一种难事、苦事，又是很不容易出成果的事。所以一说搞新闻，大部分人愿意当记者，而避之写评论。评论为什么这样难呢？因为评论是报纸的宝塔尖，是报纸的最高层次。

报纸的内容，它的质量构成，光从体裁上来讲，有三个层次。最主要的，或者说最基本的层次是消息，即信息。信息多，报纸才能立得住。但一张报只有信息不行，还得有最突出的信息，这就是典型，这是报纸质量的第二个层次。如果一张报纸一年二年三年都推不出一个有影响的典型，这张报在读者心中就没有什么印象。比如焦裕禄、雷锋这样的典型，虽然过了三十年，但人们心里觉得还像昨天一样。这就是典型的力量。报纸质量还有第三个层次，也就是最高层次，这就是评论。而这一点往往容易被人忽略。

我过去当记者时写消息、写评论，有时也研究一点散文。现在愿借散文的层次论来说明一下报纸的层次。我曾提出过一个散文美的“三层次论”。第一层是描写的美，将客观的事情说清楚，就是说要有足够的信息。第二层是意境的美，将作者主观的意思表达清楚。第三层是哲理的美，要能上升到客观的普遍的理性。我常举范仲淹的《岳阳楼记》为例。他写了洞庭湖里天气的变化，写了不同时候的心情，最后总结一句话：“先天下之忧而忧，后天下之乐而乐。”如果没有这一句话，这篇文章是传不下来的。因为它达到了三个层次的美，说出了一个永恒的理。作为文学作品尚且要借助理性来提高自己的说服力，对宣传性极强的报纸来说，就更少不了说理。一张报纸如果只是大量的信息，如果只是一些典型，而不能提出新思想，特别是转折时期说不出新话，举不起旗，这张报纸恐怕没有什么竞争力。有些报纸是靠重大典型在读者中留下印象的，如《工人日报》曾树起李瑞环等这样的典型。有些报纸则是靠评论给读者留下印象，如《光明日报》发表过《实践是检验真理的唯一标准》。

为了说明问题，我们还可以这样来比喻：消息是水珠，评论是阳光。一滴水可以见太阳，平常报上的一条信息就好比一滴水，它体现着报纸的观点。如果不是一滴水，而是一片湖呢？自然映照的内容就更多一些，这就是报纸上的重大典型报道。它的折射更有广度和深度。如果我们再换一种思维方式，干脆不用折射而用直射，直接给读者以思想，如阳光直射大地，这就是评论。它不必借一件事（一条信息）来说一个理、一种观点，而是明明白白地告诉你应该怎么办，不该怎么办。严格地讲评论不是新闻，但是它却领导新闻，就像诸葛亮不会舞大刀却要指挥关羽、张飞。它在性质和档次上是根本高出一截的。

其实这三个层次论，不只是指办报、写文章。我们办任何事情都有一个从实践到理论再到实践的过程。理论高于实践，这决定了它不但在报纸上处于领导地位，在任何领域都是如此。一个人担负领导工作只有实践不行，因为实践不能指导实践（那是经验主义），他还得有理论；一张报纸要担负导向任务只有消息不行，因为消息毕竟是当时当地的事（那是就事论事），它还得有评论。评论是一张报纸综合“报力”的最好标志。首先看总编的水平，他能不能出了好题目，然后是记者、评论员能不能写出好稿子。新闻评论不同于写小说，也不是做专业论文，要以社会为对象，详细调查，占有材料，既要有很高的理论修养，说到点子上，又要有一定的艺术修养，说得让人爱听。

千军易得，一将难求；好记者易得，好评论员难求。一张报纸有了好记者，有了好编辑，再有好评论员，这张报就立于不败之地了。

（1994 年 8 月 27 日在《山西日报》评论工作研讨会上的讲话）

第六编

新闻的编辑与策划

报刊需要好文章

现在全国有两千多种报纸，八千多种刊物，每天在读者面前，如过眼云烟，令人目不暇接。许多东西，看过就忘，记不住，有的也不必要记。不少是信息，只起即时效应。但总有一些好文章让人记住了，它除了信息外，有知识，有思想，有较高的文化含量。我们的报刊，离不开这些好文章，必须花十二分的力量去追求这些好文章。

好文章是报刊生命力旺盛的标志。

报刊如林，靠什么去竞争？靠质量。质量的集中体现是有没有拔尖的文章。这些文章根据报刊的宗旨，一要能代表最高的艺术成果；二要能代表最新思想；三要有文采，即能代表最新的写作艺术水平。一份报纸、刊物有了这样的文章就有了个性，就有了存在的必要，有了与众不同之处。读者就会拥着它，捧着它，记住它，而且会想着它，盼望着下期再有好文出现以解人饥渴。这就是它旺盛的生命力。这样的报刊就像一棵亭亭玉立的绿树，而其余报刊，如一片小草，但只能作这树的陪衬。

好文章是报刊的招牌、标识和旗帜。

我们说哪一本刊物好，其实是说在这个刊物上常常能读到好文章。英国有一本叫《柳叶刀》的医学杂志，在医学界很有权威，全世界最新医学成果常在这里发表；我国的大型文学刊物《当代》《十月》《收获》很有名，是因为当代好多好作品在这里首发；文摘刊物《新华文摘》《读者》有名，是因为它基本上收录了社会上最新的上乘质量的作品，分别满足了高档和中档读者的需要。就像一个名牌商品，消费者认这个牌子，而卖这个牌子的商店也就有了名，有了信誉。一个好刊物就是好文章的专卖店。如果一个商店里没有好货，这个店便会日渐衰落，最后倒闭关门。办报纸最愁、最急的是每天要找个好头条；办刊物，是每期要有一篇好文章。这好头条、好文章就是一报或一刊之帅，要能帅得动其他所有的文章。它是报刊的旗帜，报刊的标志。一篇好文章给一个报刊带来的荣誉常常是跨越时空，无法以金钱来衡量的。《实践是检验真理的唯一标准》这篇文章，首发在《光明日报》。现在时间过去了 20 年，仍然是《光明日报》的骄傲。人们一回顾改革开放的历程就忘不了《光明日报》的功劳。爱因斯坦关于相对论的论文首发在 1905 年《欧洲物理学纪事》杂志，因此这个杂志也成了物理学上的丰碑。有人说一个没有英雄的民族是悲哀的民族，同样，一家没有好文章的报刊，也是令人悲哀的报刊。试想，如果没有孔夫子、司马迁、秦皇汉武、岳飞、孙中山、毛泽东、周恩来等，我们三千年的民族史是多么的暗淡。如果一个报刊，三个月、一年还没有一篇好文章，这是多么的乏味和悲哀，当然，最终这个报刊就会悄悄地消亡。

好文章要有好作者。报刊追求好文章实际上是追求、发现甚至是高价搜求好作者。

要有求贤若渴、三顾茅庐、千金买一相如赋的诚心和毅力。只有当一个报刊有一支稳固的名家作者队伍时，这报刊上才会好文迭出，质量才能相对稳定。当年陈独秀办《新青年》，聘得的撰稿人是李大钊、鲁迅这样的名家。我在鲁迅博物馆见过陈独秀写给周作人的一封短信，请他代向鲁迅为杂志求一点稿件，大意是说豫才兄的文章青年实在喜欢，措辞十分恭敬、恳切。80 年代老作家舒群曾有一篇回忆，讲他当年在延安《解放日报》办副刊，毛主席亲自为他们向名人求稿。一天傍晚，主席在枣园摆了两桌便饭，出席的名人有范文澜、彭真、吴玉章，可见级别之高。主席一一敬酒，并风趣地说，不能吃了就走，要送来好文章。80 年代末，我陪一位香港政协委员访问，言谈间知道他办的刊物编辑人员很少，我说人少怎么改稿？他反问：好稿难道还要改吗？可见报刊要有好稿，要把力量放在组稿上。首先要有一支稳固的好作者、名作者队伍。现在我们一些刊物喜欢在首页排长长的顾问名单，抬出本系统单位的领导或权威，但往往这些同志顾不上问办刊之事，倒不如很认真地排出一个名作者名单，像毛主席枣园设宴一样，将好稿落实到人头。读者是检验报刊质量的权威。报刊每年岁末都应该印一次读者调查表，评选本年度最受欢迎的文章。这样，脚踏实地，一年一年，报刊就会办出名气，办出权威，成为名牌。

（《出版广角》1999 年第 2 期）

总编，你总在干什么？

报纸、刊物都有一个总编辑，这是一个辛苦的差事。业内流行一句话：总编，总编，总在编。其实不对，总编的主要时间、精力不是在编，而是在想。

报刊是传播新信息、新知识、新思想的。凡出新的东西都重创造，重突破，所以报刊不但内容要新，形式也要新。报刊又是在市场竞争中求生存和发展，这也要求它时时出新，在同类中必得有过人之处。这一个“新”字，决不是埋头一“编”，就可以求得。

世界上的事情，总是心胜于力。要办成一件事，办得超越现在，超过别人，独领风骚，标新立异，都是靠谋，靠奇思巧想，想别人之未想，才能做别人之未做。你看《水浒传》，本是写一批力拔山兮、武艺超群的草莽英雄，但作者还是设计了一个军师智多星。任梁山好汉有多大的力气，也得按这个军师的思想去发挥。一部《三国演义》，简直就是一部计谋竞赛大全。魏、蜀、吴各有自己的参谋部，三国首领每天总在想，怎样削弱对方，发展自己。那些轰轰烈烈的战斗，不过都是这些大构思后的小玩意儿。所以，最善于想问题的诸葛亮一死，后半部的《三国演义》就没有多少看头了。科学史上有一个例子，两次获得诺贝尔奖的卢瑟夫，曾主持著名的卡文迪许实验室，他看到一个学生总在不停地工作，就问他：“你上午干什么？”答曰：“做实验。”又问：“下午干什么？”“做实验。”“晚上呢？”“还是做实验。”卢瑟夫说：“那你什么时候思考？”这个物理大师问得何等好。大师与匠人的区别，就在于一个在动脑，总想新东西；一个在动手，总重复旧动作。科学史上的所有发现、发明，军事史上的大胜仗，企业竞争中的胜算，可以说主要不是干出来的，是想出来的。先有想，想到了，想好了，再组织人去干。

一张报纸、一份杂志，有一个专门操思想之责的人，这就是总编辑。要我说，总编倒未必编稿，更不能说“总在编稿”，就像诸葛亮不舞刀，毛泽东不打枪一样。但他必须时时处处在想，想得夜不能寐，想得食不甘味，一日虽有生活起居各样事，眼中虽有街、树、车、人各样景，但在他脑海中这全是怎样编报刊。只有想到这种程度才可能知己知彼，才可能随时完善自己，发展自己；只有想到这种程度，才可能随时取人所长，补己所短，在竞争中立于不败之地。

总编辑，总在想。一张报纸，一本期刊，就是总编的思想。

（1999 年 5 月）

大牌大打　后发制人

发于4月14日《人民日报》4版的《大寨海绵田退耕植树》是一篇重要稿。“重”在它有名牌效应。可惜这张牌出手太急，有点太早了、太小了。全国学大寨，以粮为纲，在过去很长一段时间内曾是我们的基本口号和方针，搬山、毁林、造田，客观上造成了生态破坏。今天大寨都要带头还林了，这本身就有很大的新闻价值和轰动效应，并有指导、示范作用。这个稿子还可以比现在处理得更好一些。新闻的要害在“快”和“深”。从该稿中看，现在并没有太急的新闻由头，所以不必急发，在“快”上得不了多少分。而应积蓄力量，等待时机，后发制人，再深挖一些有关思想和数据、资料，比如，这几年大寨粮食生产的情况，退耕还林的可行性、规划，其间的思想过程，等等。这是一块新闻含金量高，又时效长的坯料。不必太急，可以做大些、细些，静待时机，完全可以上头版甚至头条。今天要闻太多，不可能挤上去，而且消息自身也写得轻了些。

关于发稿时机问题，编辑部要帮助一线记者设计、出主意，有时要急、要挤，有时要等、要选。写深度消息、通讯，是地方记者的长处，有些地方独有的名牌新闻资源，如大寨——山西，黄河——山东、河南等，要特别慎用，用足、用好。奇货可居，奇货要居，看准大材，用好大材，不要操之过急，一斧下去，玉碎如瓦。稿不在多，在重、在名、在头条、在轰动效应和指导作用。记者要尽量做到稿过留名，渐成其名，终成大器。

（2000年4月14日）

既要采新闻　更要挖新闻

6 月 2 日第二次关于大寨退耕还林的报道见报了（《以春风染绿虎头山》，《人民日报》4 版头条）。至此，这锅夹生饭终于煮熟了。二稿与一稿相比多了许多深度。一是群众思想转了弯："不顾生态环境，只管打坝造地，大自然报复咱呢。"二是大寨富了，已有条件退耕还林：1991 年农业在总产值中的比例是 40%，到 1999 年下降到仅占 0.07%。还有一点遗憾（可算是第三条），未说粮食总产值和亩产的提高情况。但比第一稿是丰满多了。

我们常说采新闻，其实新闻只采不行，很多时候还要挖。采摘的只是树上的绿叶，深挖则是连根托起，让读者知其所以，知其由来，这样稿中就有更多的信息和思想，阅读率会更高，指导性更强。

记者写新闻，有的情况下是只采不挖，如现场短新闻、特快专递、时间性很强的会议和事件等，这都属"瞬间新闻"，不可能挖，也不需要挖。读者这时急切想知道的是突发事件的最新信息，也顾不上听你去挖其他东西。有的情况下是既要采又要挖。对一些大题材、老题材或老树发新叶的"稳态新闻"，必须在采集最新信息（新叶）的同时又挖其由来（树干甚至树根）。当然只采不挖也行，也有一定的新闻性，但稿子的分量就要打折，大材小用，可惜之极。大寨退耕一稿，谁都觉得是新闻，抢着摘新叶：《人民日报》最抢先，4 月 14 日消息 390 字；几日后新华社又发了图片；5 月 14 日《光明日报》又发一稿，600 字。大家都抢，说明它有新闻价值。在报过一次后，还有传媒去报道，又证明这种急采式只能采一点皮毛，它所包含的新闻信息还没有说尽。而一个事件的新闻信息没有全部释放出来之前，它就始终会被人关注。记者在发了第一稿后为补遗憾又深入大寨，挖新闻，写来第二稿。虽是煮夹生饭，但读者还是等着要吃这锅饭。5 月 28 日我上夜班时此稿本已排上头条，后因另有重要消息挤下。我说上二条，4

版编辑觉得可惜，又多留了几天，终于以头条推出。这说明无论是读者、编者，对它的新闻价值都是认同的。所以，以后对这类题材最好的办法是沉住气，争取连采带挖成功。在先采过几次后，又不得不再去挖一次，这时送到读者面前的虽也是一棵完整的树，但新叶已摘掉几许，新鲜感和轰动效应就要受影响了。

有没有只挖不采的新闻呢？没有。挖是指深，采是指新。有深无新不成新闻，再重大的稳态事件你也必须采到一点“由头”的新叶才能构成新闻。没有由头的旧事无法见报。

（2000年6月3日）

头条，头条，条条都应是闪光的金条

编辑部每年为各省留一个头条位置，称“头条工程”，这也可以说是《人民日报》编委会对记者的特殊照顾，是记者难得的表现机会、贡献机会，要特别珍惜，写好、编好它，切不可因“特”而轻心。盛名之下，其实难副。既然先定下头条之名，必得去争头条之值，以实其名。因为这个头条不但涉及记者名声，也直接关系着本报声誉。为公为私都要竭尽全力，好上加好。头条，头条，条条都应是闪光的金条。在实际上这可能较难做到，但目标却要这样定。今年预定的 38 个头条已发了 3 条，要珍惜以后的 35 条，精益求精。

(2001 年)

去抓与社会和读者共振的稿件

××同志：

在市场经济条件下，保护消费者的安全和权益是一个永恒的新闻主题。

5 月 22 日，在广州记者站检查工作时，你们提到某公交公司为顾客的安全做出承诺并行保险赔偿的事值得再挖掘。此类事为读者关注的热点。若此公司没有做成功，亦当注意发现其他典型，必能引起较大反响。近日读《生活时报》一则短文，是从法律上谈此事，附后送上，请参考。

人权问题，首先是生存权。过去我们闹革命，是救民于水火，解决他们的生存问题，所以大得人心。现在我们掌权了，为官的最低标准则是保民，保境安民，而后才能谈到发展繁荣、丰衣足食、两个文明。同此理，服务业的最低标准，是安全服务，顾客上车、进店，首先是保其安全，然后才是微笑服务、满意服务。人身安全之不保，微笑何用，满意何来？现在虽常把顾客捧为上帝，而上帝又常抱怨自己有如刀俎鱼肉之苦。

社会安全、消费者权益、综合治理，已是新闻报道的老话题。问题是这种文章怎样做。过去常见的方式有二：一是揭露车匪路霸、黑店假货，这种稿子多了不行，有损形象，徒增恐惧，不利稳定；二是宣传见义勇为的英雄，这从道德上讲当然好，英雄亦很可敬，但服务者一方的责任何在？法律何在？群众不服。社会稳定首先是法律上的强制保证，然后才是道德上的自觉约束。以前报上揭露或者表扬的稿子写过不少，现在不妨换个切入点，多一点思考型稿子。而有许多在法律、政策上已明白的问题，群众不知道，我们记者自己也不知道。写稿的思维方式应该是，一要选择群众最关心的问题，即热点话题，这样你就有了读者，并能引起反响；二要研究这个问题的法律、政策依据，这样你就有了高度，并得到了一种“势”，所谓高屋建瓴；三要找一件符合新闻要素的事实，即典型。这样稿件就有了思想深度，就有了导向性。这叫三点一线。因为我们是在写新闻，不是发文件、写社论或开会说教，是要用新闻手段，用新近发生的事情去回答群众的关心和疑问，去阐释政策和法律，去引导社会舆论，建设两个文明。现在最缺的就是这种用事实阐明政策、法律，解答群众所急的好稿。

刘邦《大风歌》云：大风起兮云飞扬，安得猛士兮守四方。我们可以说：改革潮起兮群情扬，安得好稿兮耀版面。

同理，对其他群众关心的问题，如国企改革、环保、西部开发、反腐败、科教改革、农业发展及农民负担、民主监督等等，每个地方记者都应该而且一定能在自己身边发现典型，一定能写出读者爱看，有反响，导向好，有实效的好稿。而当一篇好稿诞生之时，一个名记者庶几也就出现了。

盼着你们的好稿。

(2000 年 5 月 6 日晨)

当记者就要适应竞争

记者部最近召回上半年工作量统计排名末位的记者进行工作谈话，这是加强管理，帮助记者提高工作效率的新举措。以后“工作谈话”将形成制度。

自5月份开始公布记者发稿排行榜以来，各站争先恐后，多写稿、写好稿的空气渐浓。5、6、7三个月的来稿量、用稿量比去年同期分别增加12%和28%。这说明管理出效益，出业绩。

为什么要实行“排行榜”？一句话，我们的报纸需要最好的记者。《人民日报》作为党中央机关报，不能没有一支最能战斗的队伍。在目前报纸如林、市场竞争激烈的情况下，我们的记者只有始终保持最佳阵容，才能保住报纸的优势和牌子。报纸日出不断如流水，记者每天抢稿子、挤版面如逆水行舟，管理上动态跟踪和定期公布，这好像有点残酷。一月、半年、一年排下来总有人排在最后。不是说这些同志不好，是报纸需要不断筛选出最好的记者，需要在竞争中保持一支常胜军。

排在后面的同志怎么办？当然，首先是找原因，可能是用功不够、业务不精，也可能力不从心，先天就不适应这种竞争性太强的行业。原因找到，对症下药，能改则改，能追就追，该转则转，总之要活出质量，对自己的人生要有一个最佳的选择。既然选择了记者这一行，就要习惯竞争，就要争取当一名好记者、名记者。

（2000年8月）

选择那些妨碍中心工作的事批评

8月29日发表的《瞎指挥搅黄了退耕还林》一稿所引起的强烈反响和积极效应说明，批评报道是记者工作中的一个重要部分。我们在坚持正面报道为主的同时，要选择那些最典型的、妨碍我们当前中心工作的，又是群众意见最大的问题，通过事实进行报道、分析，化解矛盾，这也是在帮地方做工作，推动经济发展、社会进步。

一个只会照章办事而不能主动发现问题、解决问题的干部不算好干部；同样，只会按报道提示写稿而不能和不敢发现问题、不会独立分析问题的记者也不是好记者。这需要高度的政治责任心和新闻敏感，还要有成熟的新闻艺术，以把握批评的角度、尺度。

《人民日报》的《各地传真》版在配合党和政府的中心工作、研究热点问题、匡正时弊、引发思考、引导舆论方面已经逐渐摸索出一条路子，并开始得到社会和地方领导的关注。请继续扩大影响，争取办成名牌专版。

（2000年8月3日）

选国法所不容、群众所不平的事批评

一个批评报道刊出后，被批评单位能组织学习，并争相复印，很不容易。《各地传真》版近几个月来稳扎稳打、步步改进，已很有特色。特别是沉下心来研究、报道读者关心的焦点问题，反响较大。上次8月29日贵州站的批评报道和这次福建站的批评报道都能做到严格依据事实，把握尺度，社会效果很好。党报是党和人民的喉舌，以后批评报道的选材要严格把握：揭露批评国法、党纪、党风所不容和百姓心中所不平之事，二者缺一不可。要么不见报，一见报就要能引起领导、社会重视，尽快处理解决，树立党报威信。《各地传真》的方针要坚持："关注焦点，研讨问题，化解矛盾，促进稳定。"无论是正面报道或批评报道都要强调深度，强调思想性，通过报道和研讨读者关心的焦点问题来引导舆论，帮助地方党委和政府做工作。

(2000年9月)

新闻是报纸的主体

《人民日报》一个月的总版面约208块，专版占去109块，剩下的版面又分成广告、国际、领导人活动等版块，这样与读者贴近的重大政治、经济、社会新闻就再没有多少版面。每天虽然12块版（节假日更少），但夜班总共能编的也就是一、四版和二、三、五各半块版（常要扣广告、文章等），一般的经济、政治、文化消息，只能在各自的半块版上挤。各专业部的新闻尚且用不出去，地方记者的新闻就更难挤上。每天夜班初上，总编、部主任、主编围着那半块画样黑板抓耳挠腮，如热锅之蚁；记者催稿电话铃声不绝；遇有头版要向后转活，各版就寸寸相争。报纸是新闻纸，新闻却在报上难以找到安身之处，每晚掌握经济、政治、文化一方的各版主编，只有半块版的阵地，而值班老总和总编室主任也只能在一、四版上做点文章。每日连举各版之力都做不到，何言举全社之力办报？

从发行角度讲，长年看不到当地新闻和贴近自己生活的新闻，当然用户订报积极性不高，报纸发行工作便成了无源之水。从稿源角度讲，前一段千方百计调动起来的记者写稿积极性也恐难持久，这将潜伏着下一轮的稿荒。现在看来，编采不分、专版过多、报纸杂志化、新闻地盘太少，已成了提高报纸质量、争取读者、扩大发行的瓶颈。报纸的改革必须先从这里开刀。

报纸是信息载体，无新闻、少新闻，就无读者、少读者，舆论导向、指导工作、教育宣传、批评监督等功能就都无从谈起。机关报应善于将党的政策、指示，上面的精神转换成新闻形式，诉诸报端，吸引读者，争取读者。就是言论也必须有足够的新闻相配合，才能立得住。一张报纸的副刊、广告等也都是只有在新闻性强、读者多的情况下才可能争取到好的作者和众多的广告客户。新闻是报纸的主体，报纸以新闻为本，抓住了这个主体，才能言其他。机关报改革的关键就是怎样运用新闻这种传播最新事实和信息的手段来体现党的机关的意图，引导舆论，从而达到统领群众实现建设的大目标。这要从两个方面来抓：第一，要版面保证；第二，改进文风。现在版面不保，发行不旺，采编积极性不高，改进文风就更无从谈起。这方面许多兄弟报纸也早已有了成功的改革。

当务之急是发行季节已经来临，如全面改革一时不能启动，可应急每周抽出 4 个专版，专发经济、政治、地方和综合新闻。总编室作为一线阵前指挥部没有预备队可用，很难相机行事。有了这几块版，可将愈积愈大的新闻存量导泄一部分。一方面，缓解一下记者编辑的无用武之地的情绪，以慰其爱报、为报、办报之心；另一方面，满足各地盼望上《人民日报》的焦渴之情。当然，根本还是为提高本报的质量，完成党中央机关报的任务。

（2000 年 9 月 30 日）

不能有“揭伤”“喜乱”情结

《京华时报》10 月 30 日头版头条通栏大标题《58 名局座 174 名处长落马》不妥。并且编辑为更吸引人又做了这样一个提要：“从去年至今年 9 月底，北京共查处大案 525 件，其中 50 万元特大案 129 件。”报纸怎么吸引人，用什么新闻去吸引人，有个倾向和导向问题。该题从位置看，将社会上的非主流问题处理成头条通栏；从口气上看，有调侃，甚至还有幸灾乐祸之嫌，这都是不妥的。我们的一些编辑取舍稿件总有“揭伤”“喜乱”情结，以为这是传媒间竞争和引起轰动的诀窍。从来没有听说哪一份报纸靠这一招就能闯出名牌。晚报、都市报容易犯这个毛病，唯恐天下不乱，有“揭伤”“喜乱”情结。《京华时报》创办伊始，在这一点上一定要清醒。批评时弊本是我们工作的一部分，但要准确适度地运用好这个武器，要对全局负责，对社会稳定进步负责。

（2001 年 10 月 30 日）